Konzepte. Ansätze der Medien- und
Kommunikationswissenschaft

herausgegeben von
Prof. Dr. Patrick Rössler und
Prof. Dr. Hans-Bernd Brosius

Band 19

Stephanie Geise

Meinungsführer und der
Flow of Communication

 Nomos

© Titelbild: fotolia.com

Die Deutsche Nationalbibliothek verzeichnet diese Publikation in
der Deutschen Nationalbibliografie; detaillierte bibliografische
Daten sind im Internet über http://dnb.d-nb.de abrufbar.

ISBN 978-3-8487-3229-6 (Print)
ISBN 978-3-8452-7589-5 (ePDF)

1. Auflage 2017
© Nomos Verlagsgesellschaft, Baden-Baden 2017. Gedruckt in Deutschland. Alle Rechte, auch die des Nachdrucks von Auszügen, der fotomechanischen Wiedergabe und der Übersetzung, vorbehalten. Gedruckt auf alterungsbeständigem Papier.

Vorwort der Reihenherausgeber

Etliche Jahre schien das Fehlen von Lehrbüchern auch die akademische Emanzipation der Kommunikationswissenschaft zu behindern. Doch in jüngerer Zeit hat der fachkundige Leser die Auswahl aus einer Fülle von Angeboten, die nur noch schwierig zu überblicken sind. Wie lässt es sich dann rechtfertigen, nicht nur noch ein weiteres Lehrbuch, sondern gleich eine ganze Lehrbuchreihe zu konzipieren?

Wir sehen immer noch eine Lücke zwischen den großen Überblickswerken auf der einen Seite, die eine Einführung in das Fach in seiner ganzen Breite versprechen oder eine ganze Subdisziplin wie etwa die Medienwirkungsforschung abhandeln – und andererseits den Einträgen in Handbüchern und Lexika, die oft sehr spezifische Stichworte beschreiben, ohne Raum für die erforderliche Kontextualisierung zu besitzen. Dazwischen fehlen allerdings (und zwar vor allem im Bereich der Mediennutzungs- und Medienwirkungsforschung) monographische Abhandlungen über zentrale KONZEPTE, die häufig mit dem Begriff der „Theorien mittlerer Reichweite" umschrieben werden.

Diese KONZEPTE gehören zum theoretischen Kerninventar unseres Fachs, sie bilden die Grundlage für empirische Forschung und akademisches Interesse gleichermaßen. Unsere Lehrbuchreihe will also nicht nur Wissenschaftlern einen soliden und gleichzeitig weiterführenden Überblick zu einem Forschungsfeld bieten, der deutlich über einen zusammenfassenden Aufsatz hinausgeht: Die Bände sollen genauso Studierenden einen fundierten Einstieg liefern, die sich für Referate, Hausarbeiten oder Abschlussarbeiten mit einem dieser KONZEPTE befassen. Wir betrachten unsere Lehrbuchreihe deswegen auch als eine Reaktion auf die Vorwürfe, mit der Umstellung auf die Bachelor- und Masterstudiengänge würde Ausbildung nur noch auf Schmalspurniveau betrieben.

Die Bände der Reihe KONZEPTE widmen sich deswegen intensiv jeweils einem einzelnen Ansatz der Mediennutzungs- und Wirkungsforschung. Einem einheitlichen Aufbau folgend sollen sie die historische Entwicklung skizzieren, grundlegende Definitionen liefern, theoretische Differenzierungen vornehmen, die Logik einschlägiger Forschungsmethoden erläutern und empirische Befunde zusammenstellen. Darüber hinaus greifen sie aber auch Kontroversen und Weiterentwicklungen auf, und sie stellen die Beziehungen zu theoretisch verwandten KONZEPTEN her. Ihre Gestaltung und ihr Aufbau enthält didaktische Elemente in Form von Kernsätzen, Anekdoten oder Definitionen – ebenso wie Kurzbiografien der Schlüsselautoren und kommentierte Literaturempfehlungen. Sie haben ein Format, das es in der

Publikationslandschaft leider viel zu selten gibt: ausführlicher als ein Zeitschriften- oder Buchbeitrag, kompakter als dickleibige Forschungsberichte, und konziser als thematische Sammelbände.

Die Reihe KONZEPTE folgt einem Editionsplan, der gegenwärtig 25 Bände vorsieht, die in den nächsten Jahren sukzessive erscheinen werden. Als Autoren zeichnen fachlich bereits ausgewiesene, aber noch jüngere Kolleginnen und Kollegen, die einen frischen Blick auf die einzelnen KONZEPTE versprechen und sich durch ein solches Kompendium auch als akademisch Lehrende qualifizieren. Für Anregungen und Kritik wenden Sie sich gerne an die Herausgeber unter

patrick.roessler@uni-erfurt.de   brosius@ifkw.lmu.de

Inhaltsverzeichnis

Abbildungsverzeichnis		11
1.	Grundzüge des Meinungsführerkonzepts	13
1.1	Entwicklung und Perspektiven der Meinungsführerforschung	14
1.2	Zentrale Prämissen des Meinungsführerkonzepts	17
1.3	Theoretische Grundlagen: Massenmediale und interpersonale Kommunikation	20
1.4	Die Rolle massenmedialer Kommunikation bei der Vermittlung politisch und gesellschaftlich relevanter Informationen	24
1.5	Die Rolle interpersonaler Kommunikation bei der Vermittlung politisch und gesellschaftlich relevanter Informationen	26
1.6	Zur Interdependenz von massenmedialer und interpersonaler Kommunikation	28
1.7	Theoretische Grundlagen: Soziale Netzwerke	29
2.	Pionierstudien der Meinungsführerforschung	38
2.1	Die Erie-Studie: „The People's Choice. How the Voters Make Up their Mind in a Presidential Campaign"	39
2.2	Die Rovere-Studie: „Patterns of Influence" – Typen von Meinungsführern	48
2.3	Die Decatur-Studie: „Personal Influence. The Part Played by People in the Flow of Communication"	51
2.4	Die Elmira-Studie: „Voting. A Study of Opinion Formation in a Presidential Campaign"	55
3.	Meinungsführerschaft in Diffusionsprozessen	59
3.1	Massenmediale und interpersonale Kommunikation im Diffusionsprozess	62
3.2	Die Drug-Studien: „Social Relations and Innovation in the Medical Profession" – „The Diffusion of an Innovation Among Physicians"	64
3.3	Die Bedeutung des Nachrichtenwerts im Diffusionsprozess: „Diffusion of a Major News Story"	67
3.4	Weitere Befunde zur Bedeutung des Nachrichtenwerts im Diffusionsprozess	70
3.5	„Two Cycle Flow of Communication"	79

3.6 Meinungsführer und „Opinion Sharing" 82
3.7 Meinungsführer und Persönlichkeitsstärke 86
3.8 Meinungsführerschaft im sozialen Kontext 90

4. Forschungs- und Analyselogik: Wie findet man heraus, wer Meinungsführer ist? 98
   4.1 Befragungen von Meinungsführern zur Selbsteinschätzung 99
   4.2 Befragung der Peer-Group von Meinungsführern zur Fremdeinschätzung 107
   4.3 Kombination von Fremd- und Selbsteinschätzung ... 108
   4.4 Soziometrische Studien/Netzwerkanalysen 109
   4.5 Selten genutzte Methoden der Meinungsführerforschung: Beobachtung, Inhaltsanalyse und Experiment 111

5. Funktionen, Eigenschaften und Typen von Meinungsführern 117
   5.1 Eigenschaften im Zusammenhang mit Persönlichkeitsmerkmalen und Charakterprädispositionen 118
   5.2 Eigenschaften im Zusammenhang mit Wissen, Expertise und Themeninteresse 119
   5.3 Eigenschaften im Zusammenhang mit der sozialen Integration und Soziabilität 121
   5.4 Eigenschaften im Zusammenhang mit der sozialen Position 122
   5.5 Soziodemografische Merkmale 122
   5.6 Kommunikationsrollen: Opinion Follower, Opinion Sharer und Inaktive 123

6. Weiterentwicklungen und neue Perspektiven in der Meinungsführerforschung 125
   6.1 'Virtuelle' bzw. publizistische Meinungsführer in traditionellen Massenmedien 125
   6.2 Parasoziale Meinungsführer 132
   6.3 Opinion Leadership Online: Meinungsführer in Online und Social Media 137

7. Fazit und Ausblick: Zur gesellschaftlichen Relevanz des
   Meinungsführerkonzepts 151
8. Die „Top Ten" der Forschungsliteratur 158
9. Literatur 162
Bisher in der Reihe erschienene Bände 179

Abbildungsverzeichnis

Abb. 1:	Egozentriertes Netzwerk	33
Abb. 2:	Visualisierung des Two-Step-Flow of Communication	43
Abb. 3:	Netzwerkmodell bzw. Soziogramm als Ergebnis der soziometrischen Befragung.	65
Abb. 4:	Two-Cycle Flow of Communication	80
Abb. 5:	Revidiertes Flow of Communication-Modell	85
Abb. 6:	Strong vs. Weak Ties sowie Brückenkommunikation im Netzwerk	92

1. Grundzüge des Meinungsführerkonzepts

Der Großteil der gesellschaftlich und politisch relevanten Entscheidungen beginnt mit einem Diskurs, in dessen Verlauf Argumente, Standpunkte, Fakten, Interpretationen und Einordnungen ausgetauscht werden – und mit denen bei den Beteiligten *Prozesse der Meinungsbildung* angestoßen werden. Dass es dabei Personen gibt, die sich besonders für bestimmte, gesellschaftlich und politisch relevante Themen interessieren, zu diesen eine starke, oftmals fundierte Meinung haben, diese auch offen und offensiv nach außen vertreten und dadurch andere Personen in diese Richtung beeinflussen wollen und/oder können, dürfte uns allen bekannt vorkommen. „Alltägliche Beobachtungen [...] zeigen, dass es auf jedem Gebiet und für jede öffentliche Frage ganz bestimmte Personen gibt, die sich um diese Probleme besonders intensiv kümmern, sich darüber auch am meisten äußern. *Wir nennen sie die ‚Meinungsführer'*" – so formulierten es Lazarsfeld, Berelson und Gaudet (1969: 84–85) in ihrer frühen Pionierstudie (Herv.n.i.O.).

Meinungsbildung durch Meinungsführer

Wir alle sollten also mit Meinungsführern schon in Berührung gekommen sein. Gefragt nach Personen, die in irgendeiner Weise als ‚Meinungsführer' erscheinen, haben Studierende so unterschiedliche Antworten gegeben wie: Angela Merkel, Joachim Gauck oder Horst Seehofer, haben den bekannten Lokalpolitiker neben dem jüngeren Bruder Anton genannt, auf Journalisten und Moderatoren von Meinungsführermedien wie Günther Jauch, auf Satiriker aus dem Unterhaltungsfernsehen sowie auf Blogger aus sozialen Online-Netzwerken verwiesen, haben demagogische Meinungsführer neben Vorbildern wie den Dalai-Lama angeführt, haben in die Diskussion eingebracht, dass selbst fiktive Charaktere – wie z.B. Batman – unter bestimmten Bedingungen als Meinungsführer gelten können.

Beispiele für Meinungsführer

Das Phänomen der Meinungsführerschaft ist, das illustriert bereits diese erste Aufzählung, enorm facettenreich. Und obwohl diese kleine Sammlung vor jeder theoretischen Beschäftigung mit dem Thema stattfand, war allen dem Grundsatz nach klar, welche Art von Person überhaupt als ‚Meinungsführer' infrage kommt. Offenbar besteht ein ‚informelles Erfahrungswissen' darüber, was zur Meinungsführerschaft qualifiziert: etwa eine öffentliche Präsenz bzw. ‚Reichweite', Kompetenz und Expertise, Vertrauen, Glaubwürdigkeit, vielleicht auch Status, Macht oder die Legitimation über Dritte sowie die Fähigkeit zur aktiven Kommunikation der eigenen Position – schließlich, dass sich Dritte durch die als Meinungsführer Wahrgenommenen in ihrem Denken, Fühlen und Handeln beeinflussen lassen.

Facettenreichtum des Phänomens

Begriffe

Meinungsführer bzw. *Opinion Leader* sind Akteure (Personen oder Organisationen), die durch interpersonale und/oder medienvermittelte Kommunikation, durch ihr Verhalten und Handeln Einfluss auf die Meinungen, Einstellungen, Verhaltens- und Handlungsweisen Dritter ausüben. Diese Dritten, also die Personen, die sich in ihren Meinungen, Einstellungen, Verhaltens- und Handlungsweisen durch die Meinungsführer beeinflussen lassen und ihnen ‚nachfolgen', werden meist als *Opinion Follower* bezeichnet.

Von Meinungsführern und Followern abzugrenzen ist die – oft gar nicht so kleine – Gruppe der *Inaktiven*, die am Informations- und Meinungsbildungsprozess nicht wesentlich partizipieren. Für die kommunikative bzw. informationale Inaktivität kann es eine Reihe von Gründen geben, z.B. fehlendes Themeninteresse oder eine geringe Eingebundenheit (*soziale Isolation*) in das soziale Netzwerk (vgl. Kap. 1.7).

1.1 Entwicklung und Perspektiven der Meinungsführerforschung

drei Perspektiven — Auch die Kommunikationswissenschaft hat sich dem Phänomen der Meinungsführerschaft, den Personen, die diese ausüben sowie den Faktoren, die zur sozialen Konstruktion von Meinungsführerschaft beitragen, schon früh gewidmet; das Thema begleitet die Kommunikationswissenschaft seit ihren Anfängen. Die Ansätze können in drei unterschiedliche Perspektiven eingeteilt werden, je nachdem, ob das ihnen zugrunde liegende Verständnis von Meinungsführern auf 1) Individuen, 2) Angebotstypen oder 3) Institutions-/Organisationsformen fokussiert (Bulkow, Urban & Schweiger 2010: 110–111):

Institutionen als Meinungsführer — Im Zentrum der zuletzt genannten, der *institutionalistischen Perspektive* (3) stehen *Meinungsführer-Institutionen*. Obwohl sie von der frühen Meinungsführerforschung fast gänzlich ausgeblendet wurden, können gesellschaftlich oder politisch relevante Institutionen, Unternehmen und NGOs – wie etwa das Bundesverfassungsgericht, der Rat der Wirtschaftsweisen, Amnesty International, Greenpeace oder Stiftung Warentest – einen erheblichen Einfluss auf den Meinungsbildungsprozess nehmen.

Medienangebote als Meinungsführer — Zur (2) *angebotsspezifischen Perspektive* zählen Ansätze, die Meinungsführerschaft auf spezifische *Medien- bzw. Informationsangebote* übertragen – etwa auf politische Nachrichtenmagazine wie den Spiegel oder überregionale Tageszeitungen wie die FAZ oder die SZ. Leit- oder *Meinungsführermedien* – Mathes und Pfetsch (1991: 36) sprechen von „*Media Opinion Leaders*" – sind Medien, denen aufgrund ihrer Reichweite, ihrer Beachtung oder Positionierung ein besonderer Einfluss auf den Meinungsbildungsprozess in der Gesellschaft sowie auf gesellschaftliche Eliten (v.a. auf Journalisten und Politiker) zugeschrieben wird. Meinungsführermedien verfügen über eine hohe Auflage bzw. Reichweite in der Bevölkerung; sie werden zudem intensiv von gesellschaftlichen Eliten und anderen Journalisten rezipiert, weshalb ihre Themen häufig in anderen Medien aufgegriffen und sie dort auch oft direkt zitiert werden (Weischenberg, Malik & Scholl 2006: 359; vgl. Mathes & Pfetsch 1991; Reinemann 2003). Neben ihrer Themensetzungsfunktion haben Meinungsführermedien auch in Bezug auf die Interpretation und Einordnung der Themen sowie hinsichtlich der formalen Gestaltung für andere Medien eine Leitfunktion (Mathes & Czaplicki 1993: 153; Wilke 1999: 302–303). Studien zu Meinungsführermedien finden sich insbesondere im Kontext der kommunikationswissenschaftlichen Journalismusforschung. Hierbei wurde u.a. die spezifische publizistische Intention der Meinungsführermedien, das normative journalistische Selbstverständnis, der besondere Anspruch an die journalistische Qualität der Mitarbeiter und ihrer Arbeit sowie ihre Integration in die Machtstruktur der Gesellschaft bzw. das politische System herausgearbeitet (vgl. für einen aktuellen Überblick auch Wilke 2009).

Die meisten Meinungsführer-Studien entstammen der *individualzentrierten Perspektive* (1), womit die Person des Meinungsführers und sein soziales Umfeld im Mittelpunkt der Betrachtung stehen. Dieser Ansatz ist damit nicht nur für die frühe Meinungsführerforschung kennzeichend (vgl. Katz & Lazarsfeld 1955), sondern bildet – wie auch in diesem Band deutlich wird – auch den bis heute dominierenden Forschungsstrang.

_{Individuen als Meinungsführer}

Neben dem Fokus auf Meinungsführerindividuen teilen die frühen Studien die besondere Würdigung der sozialen Eingebundenheit von Rezipienten, mit der sie den Rahmen der Medienwirkungsforschung um soziologische und sozialpsychologische Konzepte erweiterten, die ursprünglich nicht im Zentrum einer vor allen an Massenmedien und ihren Wirkungen ausgerichteten Kommunikationswissenschaft stand (Höflich 2005: 69). Die Erweiterungen waren auch für das Verständnis von Medienwirkungen und Publikum allgemein folgereich.

_{Sozialpsychologische Wurzeln}

Laut Katz und Lazarsfeld (1955) trugen sie dazu bei, dass die Vorstellung von Medienwirkungen nach dem *Stimulus-Response-Modell* (siehe Infokasten unten) das von einem manipulierbaren „Massenpublikum" – als Gruppe isolierter, heterogener und anonymer Rezipienten – ausging, zugunsten der Idee zu überwinden, dass Menschen in vielfältige soziale Netzwerke und Kontexte eingebunden sind, die als

_{Stimulus-Response-Modell}

Bezugsrahmen individueller Meinungen, Einstellungen, Verhaltens- und Handlungsweisen dienen und das Einflusspotenzial der Massenmedien relativieren (vgl. Schenk 2007: 337–338; vgl. **Kap. 1.7**). Brosius und Esser (1998: 351) haben zu dieser Einordnung allerdings herausgearbeitet, dass der frühere Glaube an die „Allmacht der Medien" (vor 1940) als *Mythos* der Kommunikationsforschung gelten muss, den die Forscher selbst mit-konstruiert haben, um ihre Studien noch stärker als Pionierarbeiten erscheinen zu lassen (vgl. Meyen & Löblich 2006: 187).

Boom in der Forschung — Die ‚Entdeckung' der Meinungsführer und die Idee des *Two-Step-Flow of Communication* haben der Kommunikationsforschung fruchtbare Impulse verliehen (vgl. Bonfadelli & Friemel 2011). Zwischen 1960 und 1970 gab es einen regelrechten Boom der Meinungsführerforschung. Allein in dieser Dekade, dem „golden age of the opinion leaders" (Weimann 1994: 29), wurden mehrere hundert Studien realisiert. Auch in den 1980er- und 1990er-Jahren haben sich zahlreiche Forscher unterschiedlicher Disziplinen mit Meinungsführerschaft auseinandergesetzt, was u.a. in eine zunehmende Etablierung des *Multi-Step-Flow of Communication* resultierte. Merten (1988) proklamierte in den 1980er-Jahren daher das „Ende des Zweistufen-Flusses". Auch außerhalb der Kommunikations- und Medienwissenschaft zeigte sich eine rege Forschung – vor allem im Bereich der *Markt- und Medienforschung*, wo der Anteil der mit einem Medienangebot erreichten Meinungsführer in Online- und Printmedien heute ein wichtiges Argument u.a. für Werbekunden darstellt (vgl. für einen Überblick aus marketingstrategischer Perspektive: Dressler & Telle 2009).

Dennoch geriet die Forschung theoretisch und methodisch ins Stocken, sodass Noelle-Neumann (2002: 134) zwischenzeitlich die „Versandung der Forschung" konstatierte. Friemel (2008b: 476) vermutete, der Stillstand sei durch die Fokussierung auf die Kommunikationsrolle von Meinungsführern bzw. die Vernachlässigung der weiteren Kommunikationsteilnehmer (Follower, Inaktive usw.) begünstigt worden. Tatsächlich geriet die Bedeutung interpersonaler Kommunikationsprozesse in der empirischen Kommunikationsforschung auch insgesamt etwas aus dem Blick.

Renaissance der Meinungsführerforschung — Mit der Jahrtausendwende zeigte sich jedoch wieder ein verstärktes Interesse an Meinungsführerschaft – nun stärker mit Blick auf medienvermittelte Formen von Meinungsführerschaft, insbesondere in und durch Online-Kommunikation. Friemel (2005: 31) sah daher eine *Renaissance der Meinungsführerforschung*. Von den frühen Studien bis heute hatte sich aber einiges verändert – insbesondere der Medienwandel sowie die damit verbundenen Veränderungen lassen fragen, wie sich Meinungsführerschaft heute konstituiert, wie sie ausgeübt und erfahren wird, mit welchen Konsequenzen dies verbunden ist: Haben in Zeiten von Social Media und Online-Kommunikation, der Globalisierung und Individualisierung noch die gleichen Theorien Gültigkeit wie vor 60 Jahren? Welche Anpassungen müssen aufgrund der veränderten Medienumgebung und des veränderten Kommunikationsverhaltens vorgenommen werden? Diese Fragen stehen im Mittelpunkt der gegenwärtigen Forschungen (vgl. Kap. 6 und Kap. 7).

1.2 Zentrale Prämissen des Meinungsführerkonzepts

Die grundlegende Idee des Meinungsführerkonzepts und seiner theoretischen wie empirischen Analyse lässt sich auf einen Korpus gemeinsamer Prämissen zurückführen. Wir wollen uns diese Prämissen zunächst vergegenwärtigen und dann eine Reihe bedeutender Studien besprechen, die als Basis der Meinungsführerforschung gelten können.

Kernsätze

1. Menschen sind soziale Wesen. Sie sind in ein *soziales Netzwerk*, d.h. in ein Beziehungsgefüge aus eng verzweigten sozialen Gruppen (Primärgruppen im unmittelbaren sozialen Nahraum) sowie aus weiter verzweigten sozialen Beziehungen (Sekundärgruppen, Gesellschaft), eingebunden (vgl. Kap. 1.7).

2. Menschen haben ein (mehr oder weniger stark ausgeprägtes) Bedürfnis nach Informationen, Austausch und Orientierung. Dieses Bedürfnis können sie über die Nutzung von klassischen Massenmedien (z.B. TV, Radio, Zeitung) oder von Online-Medien (z.B. Social Network Sites, Blogs, Nachrichtenportale) und/oder über interpersonale Kommunikation (z.B. Gespräche mit Freunden, der Familie, den Arbeitskollegen) befriedigen. Die beiden Kommunikationskanäle weisen unterschiedliche Besonderheiten auf (z.B. indirekte technische vs. direkte persönliche Vermittlung; vgl. Kap. 1.3); ihre Bedeutung und Funktion kann personen- und situationsabhängig variieren. Sie sind aber nicht isoliert zu betrachten, sondern werden auch ergänzend und im wechselseitigen Bezug aufeinander genutzt.

3. In den sozialen Netzwerken laufen vielfältige a) interpersonale sowie b) medienvermittelte Informations-, Kommunikations- und Interaktionsprozesse ab, bei denen Informationen bzw. Bedeutungen von den Medien zu den Netzwerkmitgliedern und/oder zwischen den Netzwerkmitgliedern vermittelt werden (vgl. Kap. 1.7).

4. Dabei kann sowohl von interpersonaler Kommunikation als auch von den Medien eine *beeinflussende Wirkung* ausgehen, die zu Veränderungen der Meinungen, Einstellungen, Verhaltens- und Handlungsweisen der Rezipienten führt. Derartige Effekte sind aber nicht ausschließlich über einen direkten Einfluss zu erklären (z.B. von den Medien zu den Rezipierenden; von den Meinungsführern zu den Meinungsfolgern), sondern vielfach das Ergebnis des Zusammenspiels beider Kommunikationskanäle, die sich in ihrer Wirkung wechselseitig sowohl relativieren als auch verstärken können.

5. In den Informations-, Kommunikations- und Interaktionsprozessen erfüllen die Netzwerkmitglieder – auch auf Basis unterschiedlicher Eigenschaften (z.B. Mediennutzungsverhalten, Kompetenz, Bildungsgrad, Interesse) – unterschiedliche Funktionen (z.B. *Meinungsführer; Opinion Follower*), die mit unterschiedlichem Grad an interpersonalen Einfluss verbunden sind. Nicht alle Personen nehmen zu jeder Zeit aktiv an den Informations-, Kommunikations- und Interaktionsprozessen im Netzwerk teil (*Inaktive*). Die Rollen bzw. Funktionen im Netzwerk sind nicht starr, sie können situativ variieren und auch in situ gewechselt werden (vgl. **Kap. 1.7**).

6. Die Funktionen sowie die Art, die Stärke und die Richtung des interpersonalen Einflusses sowie der ‚Beeinflussbarkeit' durch interpersonale sowie massenmediale Kommunikation lassen sich über bestimmte Identifikatoren mit empirischen Methoden (z.B. Befragung) identifizieren (vgl. **Kap. 4.4**). Sie sind nicht nur abhängig von den individuellen Charakteristika der beteiligten Personen sowie von den Normen, Werten und Zielen des sozialen Netzwerks, sondern auch abhängig von zahlreichen Kontextfaktoren (z.B. der Art der Information und ihrem Nachrichtenwert, dem Zeitpunkt, der Verfügbarkeit von Kommunikationskanälen usw.).

Ziel des Buchs

Ziel dieses Lehrbuchs ist es, das Konzept der Meinungsführerschaft – wie es gerade in seinen zentralen Prämissen umrissen wurde – in seiner Breite detaillierter vorzustellen und anschaulich aufzubereiten. Zuvor wollen wir aber noch einige Grundlagen auffrischen, die für das Verständnis wichtig sind. Dies betrifft zunächst die Differenzierung von *massenmedialer* sowie *interpersonaler Kommunikation*. Da die mit Meinungsführerschaft zentral verbundene Idee eines *Flow of Communication* auf der Differenz dieser beiden Kommunikationswege basiert, werden die Begriffe einleitend erläutert. Hierbei wird erklärt, warum politische Kommunikation zu einem großen Teil *medienvermittelte* Kommunikation ist und welche Rolle Massenmedien im Prozess der

Politikvermittlung einnehmen. Dann wird besprochen, welche Rolle interpersonaler Kommunikation zufällt und welchen Einfluss persönliche Gespräche über Politik auf die Vermittlung politisch und gesellschaftlich relevanter Informationen haben. Schließlich wird das Wechselverhältnis zwischen interpersonaler und massenmedialer Kommunikation thematisiert.

Da Meinungsführerschaft vor allem *ein soziales Phänomen* ist, ist die Betrachtung des sozialen Kontexts und damit der *sozialen Netzwerke*, in denen Meinungsführerschaft entsteht und über die dort vorhandenen interpersonalen Kommunikations- und Interaktionsbeziehungen ausgeübt wird, zentral für die Meinungsführerforschung. Aus diesem Grund werden in Kapitel 1.7 die zentralen theoretischen Grundlagen von sozialen Netzwerken sowie der verbundenen Netzwerkanalyse (**vgl. dazu auch Kap. 4.4**) zusammengefasst.

Aufbau des Buchs

In Kapitel 2 und 3 lernen wir dann die theoretischen Grundzüge von ‚Meinungsführerschaft' und ‚Meinungsführern' kennen. Hierzu folgt eine systematische Aufarbeitung zentraler Studien, die zur Entwicklung des Meinungsführerkonzepts beigetragen haben. Dabei besprechen wir auch drei verwandte Konzepte ausführlicher: 1) Den *Two-Step-Flow of Communication* und seine Weiterentwicklung zum *Multi Step Flow*, 2) Ansätze der *Nachrichtendiffusion*, die als ein Teilbereich der Diffusionsforschung gelten (vgl. den Band *Diffusionstheorien* von Veronika Karnowski (2011) in der Konzepte-Reihe) sowie 3) das Konzept der *Persönlichkeitsstärke*, das einige Schnittstellen zur Meinungsführerforschung aufweist. Vor allem die ersten beiden Ansätze waren in der Forschung anfänglich sehr eng mit dem Konzept der Meinungsführerschaft verwoben, haben sich dann aber zunehmend ausdifferenziert – wobei die Rolle von Meinungsführern aus dem Blick geriet und heute nicht mehr im Zentrum steht. Daher werden die Konzepte auch nicht – wie im Rahmen der *Konzepte-Reihe* eigentlich üblich – als ‚verwandte Ansätze' in separaten Teilkapiteln thematisiert, sondern in die Entwicklungsgeschichte der Meinungsführerforschung (Kapitel 2 und 3) eingebettet.

Kapitel 4 ist der Beschreibung der Forschungslogik und der methodischen Erfassung von Meinungsführerschaft gewidmet. Hier geht es um die Frage, wie man herausfindet, wer Meinungsführer ist. Einige der wichtigsten Befunde zu Funktionen, Charakteristika und Typen von Meinungsführern werden in Kapitel 5 zusammengefasst. In Kapitel 6 wenden wir uns dann neueren Entwicklungen der Meinungsführerforschung zu. Ein Forschungsfeld, das gegenwärtig viel Aufmerksamkeit erhält, ist die Untersuchung von Phänomenen der Meinungsführerschaft im Internet sowie in virtuellen sozialen Netzwerken – auch damit werden wir uns ausführlicher beschäftigen.

Abschließend wollen wir ein Resümee ziehen: Wie tragfähig und wie aktuell sind die Konzepte bzw. ihre bisherigen theoretischen und empirischen Fundierungen? Welchen Fokus hat die bisherige Forschung gesetzt? Was wurde bisher eher ausgeblendet, welche Forschungslücken bestehen noch? Wo liegen Potenziale der Weiterentwicklung? Darum geht es in Kapitel 7.

1.3 Theoretische Grundlagen: Massenmediale und interpersonale Kommunikation

zentrale Grundbegriffe

Für die Auseinandersetzung ist ein Verständnis einiger zentraler Grundbegriffe hilfreich. Insbesondere betrifft dies den Kommunikationsbegriff sowie die Differenz von interpersonaler und massenmedialer Kommunikation – viele Forschungsarbeiten, die wir im weiteren Verlauf kennenlernen werden, lassen sich auf die beiden zentralen Fragen zurückführen: Welche Bedeutung kommt interpersonaler Kommunikation bei der Vermittlung relevanter Informationen zu – und welche massenmedialer? In welchem Verhältnis stehen die beiden Kommunikationskanäle zueinander? Im Folgenden werden diese Begriffe daher zunächst geklärt, bevor wir uns den Meinungsführern zuwenden.

Kommunikation

Kommunikation

Allgemein beschreibt *Kommunikation* die „Bedeutungsvermittlung zwischen Lebewesen" (Maletzke 1963: 18), sie bezeichnet also grundsätzlich den Austausch von Informationen, genauer alle Übermittlungs- und Austauschprozesse von Bedeutungsinhalten. Die Bedeutungsvermittlung kann sich sowohl sprachabhängiger als auch sprachunabhängiger nonverbaler und visueller Elemente bedienen (Pürer 2003: 62–63). Unabhängig vom Modus (lexikalisch, visuell, akustisch), in dem die Botschaft kommuniziert wird, wird eine Vermittlungsinstanz, ein *Medium*, benötigt. Dieses Medium kann personal – wie bei der *interpersonalen Kommunikation* – oder technologisch spezifiziert sein (wie bei der *massenmedialen oder digitalen Kommunikation*). Der Kommunikationsprozess kann dabei interaktiv oder auch einseitig verlaufen. In Anlehnung an Lasswell (1948) umfasst er im Wesentlichen sechs Komponenten: den Kommunikator, den Kommunikationsinhalt, das Medium, den Empfänger, den Kommunikationseffekt sowie die Bedingungen der Kommunikationssituation.

Besonderheiten massenmedialer Kommunikation

massenmediale Kommunikation

Bei der *massenmedialen Kommunikation* bedient sich der Sender hoch entwickelter technologischer Kommunikationsvermittlung (Zeitung,

Zeitschrift, Radio, Fernsehen, Handzettel, Plakat, zunehmend auch Internet). Den verschiedenen Medien ist gemein, dass sie die „raumzeitlichen Bindungen und Bedingtheiten der Kommunikation von Angesicht zu Angesicht überwinden" (Höflich 2005: 69). Für die Interaktion und ihre Kontextbedingungen hat dies weitreichende Konsequenzen: Ort, Situation und Arrangement von Sender und Empfänger sind meist nicht identisch; ein Wechsel der kommunikativen Rollen bzw. eine soziale Interaktion zwischen den Kommunikationsteilnehmern findet in der Regel nicht statt.

Begriffe

> Massenkommunikation ist eine *einseitige, indirekte* und *technisch vermittelte* Form der Kommunikation (vgl. Maletzke 1963: 28). Die Kommunikationspartner sind abwesend, sich in der Regel persönlich nicht bekannt, direkte Rückkoppelungen sind meist nicht möglich. Massenmediale Kommunikation ist zudem eine Form der *öffentlichen* Kommunikation, die sich an ein ausgedehntes, raum-zeitlich divergierendes, „disperses Publikum" wendet (Maletzke 1963: 28; Herv.n.i.O.).

Wechselseitigkeit und Rollentausch, die für die Face-to-face Kommunikation typisch sind, sind bei massenmedialer Kommunikation die Ausnahme (Pürer 2003: 78). Die ‚klassische' massenmediale Kommunikation über TV, Radio, Zeitungen oder Zeitschriften verläuft primär *einseitig* und *asymmetrisch*; die Übermittlung von Informationen vom Sender zum Empfänger steht im Mittelpunkt, wobei der Empfänger weitgehend passiv bleibt. Die fehlende Wechselseitigkeit kann das Verständnis der kommunikativen Situation erschweren, da der Rezipient keine oder nur sehr begrenzte Möglichkeiten hat, die aufgenommenen Informationen im Rahmen einer interaktiven Rückkoppelung zu präzisieren.

Besonderheiten von Online- und Social-Media-Kommunikation

Für die Kommunikation in Online- und Social-Media-Umgebungen gilt dies natürlich nur bedingt: Im Unterschied zur klassischen massenmedialen Kommunikation über TV, Radio, Zeitungen oder Zeitschriften zeichnen sich die Angebote ‚neuer' Medien (Internet, Social Network Sites, Blogs usw.) gerade dadurch aus, dass sie explizit die *medienvermittelte Interaktion* zwischen den beteiligten Rezipienten und Kommunikatoren ermöglichen und fördern (z.B. durch Kommentare, Postings, Ratings, Liking). Damit weichen Online- und Social-Media-Kommunikation die starre Trennung zwischen – auf der einen

Förderung medienvermittelter Interaktion

1. Grundzüge des Meinungsführerkonzepts

Seite – massenmedialer und – auf der anderen Seite – interpersonaler Kommunikation – zunehmend auf.

Austausch mit Unbekannten

Dabei ist die soziale Interaktion weniger als in typischen Situationen direkter Interaktion an die persönliche Bekanntschaft der Interaktionspartner gekoppelt. So findet in Online- und Social-Media-Umgebungen ein reger Austausch oft auch mit ansonsten Unbekannten statt, deren personale oder soziale Identität nicht oder nur bedingt nachprüfbar ist. Die Glaubwürdigkeit und Seriösität von Quellen sowie die Authentizität von Informationen kann daher oft nur schwer beurteilt werden.

kontextbezogene Rezeption

Dazu kommt, dass einzelne Medieninhalte in Online- und Social-Media-Umgebungen nicht mehr isoliert, sondern stärker kontextbezogen rezipiert werden. So werden Nachrichten von ‚professionellen' Kommunikatoren (Journalisten) zunehmend in der Umgebung von weiteren Kommentaren der Nutzer (z.B. von Meinungsführern) wahrgenommen, die ihrerseits auch eigenständige Beiträge in die Diskussion einbringen können. Eine ‚Beeinflussung' im Sinne von Meinungsführerschaft kann daher auch von ansonsten vollkommen unbekannten Personen ausgehen (vgl. Kap. 6.1 und Kap. 6.3).

Relevanz von Medienkompetenz

Zudem lässt sich die lineare Logik klassischer Argumentationen nur bedingt in multimodale und hypertextuelle Online-Kontexte übersetzen. Von den Rezipienten werden daher auch andere Kompetenzen zur Informationsaufnahme und -verarbeitung der Online-Informationen erwartet. Beispielsweise verlangen informationsdichte Online-Umgebungen stärkere individuelle Konstruktionsleistungen (Warnick 2007). Die sich dadurch ergebenen Besonderheiten für die Kommunikation von und mit Meinungsführern spielen entsprechend eine große Rolle bei der Analyse von Meinungsführerschaft in Online und Social Media (vgl. Kap. 6.3).

Besonderheiten interpersonaler Kommunikation

direkte Kommunikation

Interpersonale Kommunikation wird häufig auch als soziale, direkte oder persönliche Kommunikation bzw. Face-to-Face-Kommunikation bezeichnet. Der Prototyp der interpersonalen Kommunikation ist damit das persönliche Gespräch zwischen zwei oder mehr, unmittelbar kopräsenten Gesprächsteilnehmern, die sich kommunikativ austauschen und aufeinander beziehen. Im Fokus der Meinungsführerforschung stehen dabei diejenigen Kommunikations- und Interaktionsprozesse, die mit der Ausübung von *interpersonalem Einfluss* verbunden sind.

1. Grundzüge des Meinungsführerkonzepts

> **Begriffe**
>
> *Interpersonale Kommunikation* beschreibt den Austausch von Bedeutungsinhalten zwischen zwei oder mehreren Personen, die in der Kommunikation meist unmittelbar präsent sind und wechselseitig aufeinander Bezug nehmen.
>
> *Interpersonaler Einfluss* kann mit Merton (1968: 415) definiert werden als „communication involving a face-to-face exchange between the communicator and the receiver which results in changed behavior or attitudes on the part of the receiver."

Interpersonale Kommunikation ist damit eine *spezifische Form* der sozialen Interaktion. Der Begriff der *sozialen Interaktion* wird daher auch oft synonym verwendet. Im Unterschied zu (massenmedialer) Kommunikation ist soziale Interaktion aber immer ein symmetrischer Prozess, bei dem die Interaktionspartner fortlaufend ihre kommunikativen Rollen wechseln. Dieser Rollentausch trägt wesentlich zur Erschließung der kommunikativen Inhalte bei. Dies gilt besonders, da die Kommunikationspartner ihrerseits den Rahmen der Kommunikation durch Interaktionsrituale definieren, damit Klarheit darüber besteht, was in der jeweiligen Interaktion erwartet werden kann (vgl. Goffman 2002).

soziale Interaktion

> **Begriffe**
>
> *Soziale Interaktion* liegt vor, wenn zwei oder mehr Personen sich, in der Regel gleichzeitig und reflexiv, in ihren Handlungen und Äußerungen *intentional* aufeinander beziehen und ihr Handeln aneinander ausrichten. Diesen Überlegungen liegt ein Begriff von Interaktion zugrunde, der auf dem *wechselseitigen intentionalen Bezug der Handelnden aufeinander* basiert.

Im Kontext der Meinungsführerforschung richtet sich der Fokus oft auf eine besondere Form der interpersonalen Kommunikation, nämlich die Kommunikation in *sozialen Gruppen*, v.a. in *Primär-* bzw. *Kleingruppen*. Diese sind durch eine begrenzte, oft geringe Gruppengröße gekennzeichnet. Zudem bestehen sie relativ dauerhaft, sind durch Face-to-Face-Kontakte und vielfältige, mehr oder weniger spezifische, gemeinsame Gruppenziele und Vorstellungen geprägt (Katz & Lazarsfeld 1955: 48).

Kommunikation in sozialen Gruppen

1. Grundzüge des Meinungsführerkonzepts

> **Begriffe**
>
> Eine *soziale Gruppe* umfasst 1) eine bestimmte Anzahl von Mitgliedern, die 2) zur Erreichung eines gemeinsamen Ziels 3) über längere Zeit in einem relativ kontinuierlichen Kommunikations- und Interaktionsprozess stehen und dadurch 4) eine Gruppenidentität entwickeln, wobei 5) ein System gemeinsamer Normen etabliert wird und 6) eine Verteilung der Aufgaben über ein gruppenspezifisches Rollendifferential erfolgt (Schäfers 1980: 20). Mindestens ist die soziale Gruppe jedoch dadurch gekennzeichnet, dass sich die Mitglieder der Gruppe als solche identifizieren (sogenanntes *Minimal-Group-Paradigma*; vgl. Tajfel & Turner 1986).

1.4 Die Rolle massenmedialer Kommunikation bei der Vermittlung politisch und gesellschaftlich relevanter Informationen

Medium- und Faktorfunktion

Was sind die Themen, die Sie gerade als politisch und gesellschaftlich besonders relevant bewerten? Was wissen Sie genau darüber? Und woher? Geht es um Themen, die Ihr unmittelbares persönliches Umfeld, die lokale und kommunale Ebene betreffen, mögen Sie diese vielleicht noch *direkt* erleben. Aber der Großteil der politisch und gesellschaftlich relevanten Informationen ist für den einzelnen Bürger *nicht direkt zugänglich* (vgl. Czerwick 1986: 57). Er ist daher auf eine zugängliche *Vermittlungsinstanz* angewiesen. In modernen Informationsgesellschaften sind die klassische Massenmedien sowie die ‚neuen' Online-Medien eine solche ‚Brücke zur Welt'. Als „Schlüsselinstanz der Politikvermittlung" (Sarcinelli 2005: 142) sind sie gleichermaßen Übermittler und Einflussfaktor Politischer Kommunikation. Diese doppelte Funktion hat das Bundesverfassungsgericht auch als *Medium- und Faktorfunktion* der Medien bezeichnet (BVerfGE 57: 295). In ihrer Mediumfunktion dienen Medien der Übermittlung von Informationen, wobei sie Themen für die öffentliche Diskussion bereitstellen (*Informationsfunktion*; Delhaes 2002: 14). Andererseits beteiligen sich die Massenmedien in ihrer *Faktorfunktion* auch selbst an dieser Diskussion, indem sie Themen kommentieren, bewerten, in den Vordergrund stellen oder vernachlässigen (*Artikulationsfunktion*; Delhaes 2002: 14).

Vermittlung von Wissen über Politik

Inwieweit die Medien diese beiden Funktionen erfüllen, ist häufig Gegenstand der empirischen Forschung. Die Befunde zeigen zusammengefasst, dass die Massenmedien den Menschen *Wissen über Politik* vermitteln, etwa Vorstellungen von der Wichtigkeit politischer Themen (Rössler 1997) oder das vorherrschende Meinungsklima zu diesen Themen (Hayes, Matthes & Eveland 2011). Indem die Medien über politische Themen und Akteure berichten, beeinflussen sie, was uns politisch wichtig erscheint – und wie dies zu bewerten ist. Derartige Medienwirkungen sind umso wahrscheinlicher, wenn der Umfang interpersonaler politischer Kommunikation stagniert und politisch-soziale Milieus zunehmend zerfallen, während die Reichweite der Massenmedien expandiert (vgl. Rudzio 2015: 452; Schulz 2011). Wenn für „nahezu die Hälfte der Deutschen Politik kein Gesprächsthema ist", stellen Massenmedien eine zentrale, vielleicht sogar die einzige „Brücke zur Politik" dar (Rudzio 2015: 453).

Studien über die Nutzung der verschiedenen Massenmedien untermauern diese Prognose: Nach wie vor gilt das Fernsehen als wichtigstes politisches Informationsmedium; Informationen werden hierbei vor allem aus den Hauptnachrichtensendungen der öffentlich-rechtlichen Sender bezogen (Zubayr & Geese 2009). In Deutschland werden solche Informationssendungen durchschnittlich eine Stunde pro Tag konsumiert; circa 15 Minuten fallen dabei auf politischen Sendungen. Während die Rezeption politischer Medieninformationen insgesamt rund ein Zehntel der gesamten Mediennutzung ausmacht (Schulz 2011), kommt den Medien bei besonderen Ereignissen, etwa vor Wahlen, eine besondere Bedeutung: Etwa 90% der Deutschen nutzen dann regelmäßig das Fernsehen, um die 70% die regionale Tageszeitung, um sich über wahlrelevante Themen zu informieren (Kepplinger & Maurer 2005).

Fernsehen

Neben den ‚klassischen' Massenmedien hat die Internet-Nutzung in den letzten Jahren erheblich an Bedeutung gewonnen: Während Mitte der 1990er-Jahre nicht einmal jeder zehnte Deutsche online war, sind heute zwei Drittel der Bevölkerung regelmäßig online; bei den Jüngeren ist dieser Anteil noch wesentlich höher. Trotz der gestiegenen Internetnutzung werden Online-Medien aber seltener zur politischen Information rezipiert, für die die Bürger traditionell auf klassische Massenmedien zurückgreifen (Emmer & Wolling 2010: 42). Relevante Quelle für politische Informationen ist das Internet für circa ein Drittel der Deutschen (Emmer & Wolling 2009: 98–99).

Internet-Nutzung

Dabei zeigen sich natürlich auch individuelle Unterschiede; z.B. nimmt die Nutzung mit dem politischen Interesse und der formalen Bildung zu (Schulz 2011). Menschen mit großem politischen Interesse nutzen nicht nur Informationsangebote im Fernsehen häufiger, sondern rezipieren auch andere Informationsmedien, etwa Tageszeitungen, intensiver (Zubayr & Geese 2009). Dies gilt auch für die Nutzung von Online-Medien: Gerade im Online-Kontext werden Informationsangebote insbesondere von Journalisten, Höhergebildeten und Meinungsführern rezipiert (Woodly 2008: 109, 199–120).

individuelle Unterschiede in der Nutzung

Auch das Alter spielt eine wichtige Rolle: Nur bei einem Viertel der unter 30-jährigen Deutschen gilt die Rezeption einer Nachrichtensendung im Alltag als selbstverständlich, während dies in der Gruppe der über 65-Jährigen für drei Viertel der Befragten zutrifft (Zubayr & Geese 2009: 158). Während also traditionellen und ‚neuen' Medien einerseits eine wichtige Funktion bei der Vermittlung politisch relevanter Informationen zukommt, kommt ein Großteil der Bevölkerung im Alltag über die Medien doch nur sehr begrenzt mit politischen Informationen in Kontakt (vgl. Kepplinger & Maurer 2005). Dieser Gedanke wird uns später noch beschäftigen.

1.5 Die Rolle interpersonaler Kommunikation bei der Vermittlung politisch und gesellschaftlich relevanter Informationen

Persönliche Gespräche in der Familie, im Freundes- oder Kollegenkreis sind eine weitere wichtige Informationsquelle für politisch und gesellschaftlich relevante Inhalte (Schmitt-Beck 2000; Schulz 2011). Es ist daher eigentlich erstaunlich, dass die Bedeutung interpersonaler Kommunikation bei der Vermittlung politisch und gesellschaftlich relevanter Informationen nicht von Anfang an im Mittelpunkt der Aufmerksamkeit gestanden hat, sondern erst ‚entdeckt' werden musste (**vgl. Kap. 2**).

Unterhaltungen über Politik finden meist im sozialen Nahraum, z.B. zu Hause, mit gut bekannten Personen wie Lebenspartnern, Familienmitgliedern, Freunden oder auch Arbeitskollegen statt (Schenk 1995; Schmitt-Beck 2000): „First of all, it should be stressed that a great deal of political conversation usually takes place in contexts that are informal and familiar in the sense of involving people who know each other" (Campus 2012: 47). Seltener werden politische Gespräche in der Öffentlichkeit, etwa im Restaurant oder in öffentlichen Verkehrsmitteln, geführt, neben die zunehmend auch über Social Media vermittelte Diskussionen (z.B. in Facebook, Skype, Reddit) treten. Dennoch lässt sich auch hier beobachten, dass Online-Umgebungen für die Mehrzahl der Bürger (noch) nicht als präferierter ‚Ort' für politische Diskussionen gelten: im Durchschnitt unterhält sich nur etwa jeder sechste Deutsche im Internet über Politik, wobei dieser Anteil in der Gruppe der 16–29jährigen mit fast 50 erheblich höher liegt (Emmer & Wolling 2009: 100).

soziodemografische Faktoren

Neben der persönlichen Bekanntheit lassen sich auch einige soziodemografische Faktoren identifizieren, die die Gruppenzusammensetzung prägen: So sind die Gesprächspartner bei politischen Gesprächen häufiger männlich, tendenziell älter, formal höher gebildet, und sie leben häufiger in einem städtischen Umfeld (Schenk 1995). Zudem werden häufig Personen gewählt, die über einen ähnlichen formalen Bildungsstand verfügen und ähnliche (politische) Einstellungen haben (Schenk 1995). Daher sind sich die Gesprächspartner mit ihren Vorlieben, Meinungen und Einstellungen meist so gut bekannt, dass schon vor Beginn der Kommunikationssituation erahnt werden kann, welche Themen, Argumentationen und Darstellungen im Gespräch vorgebracht werden und wie das Gespräch intentional gelenkt werden kann. Die persönliche Nähe fördert das Vertrauen in die kommunikative Interaktion und erleichtert gruppenbezogene Informationsprozesse. Von Personen aus dem sozialen Nahraum erwarten wir zudem eher, dass sie Informationen und Argumente liefern, die wichtig für die Verwirklichung der eigenen persönlichen Ziele bzw. die Umsetzung der eigenen politischen Interessen sind – weil sie Kenntnis davon haben, aber auch, weil sie selbst ähnliche Standpunkte vertreten und ähnliche Ziele verfolgen (vgl. Podschuweit & Geise 2015).

Daher formulierten Lazarsfeld, Berelson und Gaudet (1948) fünf „psychologische Vorteile", die Kommunikation innerhalb persönlicher Beziehungen gegenüber medial vermittelter Kommunikation hat (vgl. Podschuweit & Geise 2015): 1) Interpersonale politische Kommunikation erscheint *weniger zweckorientiert* und 2) *glaubwürdiger*; sie ist durch die unmittelbare kommunikative Rückkopplung 3) *flexibler*, was die spezifischen Informationsaushandlungsprozesse innerhalb der sozialen Interaktion erleichtert, da die Gesprächspartner Inhalte und Argumentation wechselseitig aneinander anpassen und optimieren können. Schließlich kann 4) interpersonale politische Kommunikation *zu sozialer Bestätigung* beitragen und damit Orientierung in Meinungsbildungsprozessen bieten; wobei 5) ein pro-aktives Anpassen der eigenen Meinung an das soziale Umfeld mit *positiven Sanktionen* verbunden sein und *identitätsstiftend* wirken kann.

psychologische Vorteile

Vor diesem Hintergrund lassen sich auch die in der Forschung vielfach untersuchten *Wirkungspotenziale interpersonaler politischer Kommunikation* gut nachvollziehen. So zeigen Studien, dass Gespräche über Politik das politische Wissen erhöhen, politisches Engagement fördern und politisches Entscheidungshandeln motivieren können (Eveland & Hively 2009; Schmitt-Beck 2000). Dabei kommt dem wahrgenommenen *Gruppenkonsens* eine zentrale Rolle zu: Ein positiver Effekt auf das strukturelle politische Wissen zeigt sich vor allem dann, wenn die Gesprächspartner konträre Meinungen haben, über die im Gespräch diskutiert und verhandelt wird (Eveland & Hively 2009). Interessanterweise zeigt sich der Wissenszuwachs vor allem bei denjenigen Gruppenmitgliedern, die selbst passiv und weniger politisch informiert sind,

Wirkungspotenziale interpersonaler politischer Kommunikation

1. Grundzüge des Meinungsführerkonzepts

das politische Gespräche aber aufmerksam verfolgen (Kwak et al. 2005). Dagegen wirkt sich eine harmonische, konsensuale Gesprächssituation, in der die Interaktionspartner über weitgehend ähnliche Meinungen verfügen, positiv auf die politische Partizipation und das Faktenwissen der Gesprächsteilnehmer aus (Eveland & Hively 2009). Ein homogenes Meinungsklima im sozialen Nahraum stärkt zudem die Überzeugungskraft der im Gespräch vermittelten Informationen (Schmitt-Beck 2000; vgl. dazu auch Friemel 2015).

1.6 Zur Interdependenz von massenmedialer und interpersonaler Kommunikation

wechselseitige Beeinflussung

Auch wenn die Gegenüberstellung von massenmedialer und interpersonaler Kommunikation eine Dichotomie andeutet: Massenmediale und interpersonale Kommunikation sind nicht unabhängig voneinander, sondern beeinflussen sich wechselseitig. So prägen die Art, der Umfang und der Inhalt der Massenmedien auch die interpersonalen Gesprächsinhalte: welche Themen und Akteure Eingang in die interpersonale politische Kommunikation finden, speist sich auch aus der medialen Berichterstattung (Kepplinger & Martin 1986). Menschen, die intensiv politische Themen in der Medienberichterstattung verfolgen, unterhalten sich auch häufiger über Politik (Robinson & Levy 1986). Der Austausch über politische Themen im Kreis der Familie, mit Arbeitskollegen oder mit Freunden über soziale Netzwerkseiten trägt dabei auch dazu bei, die aus den Medien gewonnenen Informationen zu strukturieren, zu vertiefen und einzuordnen. Die Mediennutzung wirkt sich aber nicht nur stimulierend auf interpersonale Kommunikation aus – interpersonale Kommunikation kann umgekehrt auch die Rezeption von massenmedialen Inhalten motivieren: Uses-and-Gratifications-Studien zeigen zum Beispiel, dass der Austausch mit anderen für viele auch ein wichtiges *Motiv* für die Mediennutzung darstellt (Katz & Gurevitch 1976).

Für die Auseinandersetzung mit Meinungsführerschaft ist das Verständnis der Funktionen und Besonderheiten massenmedialer und interpersonaler Kommunikation bedeutsam. Einerseits lässt sich so nachvollziehen, warum die ‚Entdeckung' von Meinungsführern das bis dato dominierende Verständnis von Medienwirkungen gewissermaßen revolutionierte. Die angesprochenen Besonderheiten interpersonaler Kommunikation erklären zudem aus sozialpsychologischer Perspektive, warum interpersonale Kommunikation über ein spezifisches Wirkungspotenzial verfügt, und damit andere Funktionen übernehmen kann als massenmediale.

1. Grundzüge des Meinungsführerkonzepts

Umgekehrt wird deutlich, warum auch massenmediale Inhalte für interpersonale Interaktions- und Kommunikationsprozesse wichtig sind: Medieninhalte stellen Informationen bereit, die in der interpersonalen Kommunikation weiter besprochen, diskutiert und eingeordnet werden können. Dies kann sich auch auf die Mediennutzung auswirken – etwa, wenn Personen, die in ihrem Umfeld als Meinungsführer auftreten, gerade deshalb Medien intensiver kommunizieren, um ihre Rolle auch weiterhin zu behalten.

Dass interpersonale und massenmediale Kommunikation eng miteinander verwoben sind, sich gegenseitig bedingen und ergänzen (Schenk 1995), wird an vielen Stellen im Meinungsführerprozess deutlich – insbesondere dort, wo die Wirkungen interpersonaler Kommunikation die Wirkungen massenmedialer Kommunikation relativieren und modifizieren oder umgekehrt die Wirkung massenmedialer Inhalte interpersonale Kommunikation dominiert.

Eine besondere Herausforderung für die gegenwärtige Meinungsführerforschung stellen in diesem Zusammenhang die bereits angesprochenen Besonderheiten medienvermittelter Kommunikation in Online- und Social-Media-Umgebungen dar, die gleichermaßen Eigenschaften von interpersonaler Kommunikation (z.B. Reziprozität, Individualisierung) und öffentlicher massenmedialer Kommunikation (z.B. tendenziell disperses, raum-zeitlich divergentes Publikum) aufweist. Neuere Studien zu Online-Meinungsführerschaft thematisieren die Wahrnehmung von Meinungsführern sowie ihre daraus resultierenden Einflusspotenziale von Meinungsführern in Online- und Social-Media-Umgebungen daher auch insbesondere hinsichtlich der Frage, wie die Theorien und Konzepte zur Erklärung von Meinungsführerschaft, die in einer Zeit ausschließlich ‚klassischer' Massenmedien entwickelt worden sind, an die neuen Medienumgebungen angepasst werden müssen (vgl. Kapitel 6).

Besonderheit: Online-Umgebungen

1.7 Theoretische Grundlagen: Soziale Netzwerke

Meinungsführerschaft kann nur dort – aber überall dort – entstehen, wo Menschen mit anderen Menschen direkt oder medienvermittelt *sozial interagieren*: In Schulklassen, im Fußballverein, im Freundeskreis, in Familien, in Unternehmen, Verbänden, Organisationen oder in Online-Diskussionsforen in Blogs, auf *Facebook* oder *Reddit*. Die dort existierenden *sozialen Netzwerke*, die die interpersonalen Kommunikations- und Interaktionsbeziehungen ermöglichen und strukturieren, sind daher für die Meinungsführerforschung von besonderer Relevanz (**vgl. Kap. 3.8**). Da sich Meinungsführerphänomene hier auch am besten beobachten lassen, ist es nur folgerichtig, dass zahlreiche

soziale Netzwerke

Meinungsführerstudien an der Analyse des sozialen Umfelds, an Gruppenstrukturen und den dort zu beobachtenden Interaktions- und Kommunikationsbeziehungen ansetzen (z.b. Menzel & Katz 1955; Coleman, Katz & Menzel 1957; vgl. Kap. 4.4).

Da uns das Konzept des *sozialen Netzwerks* im weiteren Verlauf häufiger begegnen wird, werden in diesem Kapitel seine zentralen theoretischen Grundlagen zusammengefasst. Hierbei kann es jedoch nicht um eine umfassende Einführung in soziale Netzwerke und die damit verbundene Methode – die soziale Netzwerkanalyse – gehen. Daher sei für eine weiterführende Beschäftigung auf die einschlägigen Publikationen verwiesen (z.B. Freeman et al. 1989; Fuhse 2016; Kadushin 2012; Stegbauer 2016; Trappmann, Hummel & Sodeur 2005). Für eine spezifisch kommunikationswissenschaftliche Perspektive empfiehlt sich zudem eine weiterführende Auseinandersetzung mit den Arbeiten von Michael Schenk (1995), Gabriel Weimann (1982, 1991, 1994) sowie Thomas Friemel (2008a, 2008b, 2012, 2013, 2015), auf die wir später auch noch einige Male zu sprechen kommen (**vgl. insb. auch Kap. 3.8**).

Grundlagen für Verständnis sozialer Netzwerke

Mit den *zentralen Prämissen des Meinungsführerkonzepts* (**vgl. Kap. 1.2**) haben wir bereits zwei grundlegende Ideen kennengelernt, die für das Verständnis sozialer Netzwerke wichtig sind: Erstens, dass Menschen als soziale Wesen in ein Beziehungsgefüge aus enger sowie loser verzweigten sozialen Gruppen – in ein soziales Netzwerk – eingebunden sind. Und zweitens, dass in diesem sozialen Netzwerk vielfältige interpersonale sowie medienvermittelte Informations-, Kommunikations- und Interaktionsprozesse ablaufen, bei denen Informationen bzw. Bedeutungen von den Medien zu den Netzwerkmitgliedern und/oder zwischen den Netzwerkmitgliedern vermittelt werden. Eine dritte wichtige Prämisse besteht zudem in der Annahme, dass das soziale Umfeld für die beteiligten Akteure *handlungsstrukturierend* ist. Welcher Akteur also mit welchen anderen Akteuren auf welche Art und Weise kommunizieren kann, ist also auch durch die grundlegenden Strukturen in seinem sozialen Netzwerk bestimmt.

Definition soziales Netzwerk

Ganz allgemein kann ein *soziales Netzwerk* als eine Verflechtung verschiedener sozialer Einheiten zu einem größeren sozialen Geflecht verstanden werden (Kadushin 2012: 14). Die Basis der Verflechtung bilden die Sozialbeziehungen und Beziehungsmuster zwischen den beteiligten sozialen Einheiten, in denen diese als *Akteure interagieren* (Kadushin 2012: 11; Fuhse 2016: 16). Das soziale Netzwerk formiert sich also über die durch Interaktion entstehenden sozialen Strukturen zwischen den beteiligten Akteuren.

1. Grundzüge des Meinungsführerkonzepts

> **Begriffe**
>
> „Ein Netzwerk ist das Muster von Verbindungen innerhalb einer abgeschlossenen Population von Einheiten. In einem sozialen Netzwerk sind diese Einheiten Akteure und die Verbindungen zwischen ihnen Beziehungen" (Fuhse 2016: 216).

Akteure können Individuen, Gruppen (z.B. Cliquen; Protestbewegungen), formale Organisationen (z.B. Unternehmen) oder Institutionen (z.B. Staaten) sein. Als soziale Einheit müssen Akteure im Netzwerk zu koordiniertem sozialen Handeln fähig sein und sich gegenüber anderen Akteuren im Netzwerk unterschiedlich verhalten können (Fuhse 2016: 16). Dabei können die beteiligten Akteure verschiedene, auch im Zeitverlauf wechselnde, Rollen und Positionen einnehmen und unterschiedliche Level an sozialem Status generieren (Kadushin 2012: 38).

Akteure in sozialen Netzwerken

Der Unterschied zur *sozialen Gruppe* liegt darin, dass eine soziale Gruppe (**vgl. Kap. 1.3**) typischerweise durch eine geringere Gruppengröße gekennzeichnet ist, relativ dauerhaft besteht, und meist durch intensive Face-to-Face-Kontakte sowie vielfältige, mehr oder weniger spezifische, gemeinsame Gruppenziele und Vorstellungen geprägt wird; sie umfasst demnach in der Regel stärkere und multiplexe Beziehungen (Katz & Lazarsfeld 1955: 48; vgl. zur Abgrenzung auch Friemel 2008a: 74). Soziale Netzwerke können zwar auch durch eine sehr intensive direkte Verbundenheit zwischen den Netzwerkbeteiligten geprägt sein (sog. *dichte Netzwerke*); in der Regel umfassen sie aber auch indirekte, schwache und uniplexe Beziehungen und schließen auch Akteure ein, die mit anderen weitgehend unverbunden bzw. sogar isoliert sind (sog. *lose Netzwerke*).

soziale Gruppe

Da ein soziales Netzwerk aus der *Summe der sozialen Interaktion der Netzwerkmitglieder* besteht, haben die Netzwerkmitglieder – im Unterschied zur sozialen Gruppe – *keine spezifischen, gemeinsamen Ziele*. Das bedeutet aber nicht, dass die einzelnen Netzwerkmitglieder nicht ihrerseits bestimmte Ziele verfolgen oder das Netzwerk nicht auch instrumentell nutzen, um diese zu erreichen. Ein Ziel kann zum Beispiel darin liegen, durch die Interaktionsbeziehungen im Netzwerk besser beruflich voranzukommen (,*Networking*'). Aus soziologischer Perspektive erfüllen soziale Netzwerke – konzeptionell als *Sozialkapital* und damit als vorhandene oder fehlende Ressource für individuelles Handeln verstanden – zudem zahlreiche soziale Funktionen. Zum Beispiel können sie dazu beitragen, soziale Ungleichheit zu reduzieren oder zu festigen (z.B. durch Eheschließungen und Verschwägerung innerhalb einer bestimmten Gesellschaftsschicht).

1. Grundzüge des Meinungsführerkonzepts

analytisches und methodisches Konzept

Da soziale Netzwerke keiner fest definierter Intention oder Struktur folgen, sind sie sehr variabel und können unterschiedlichste Akteurstypen oder Gruppen mit ihren jeweiligen Zielen und Handlungsmotivationen verknüpfen. Zudem bietet die Idee des sozialen Netzwerks zugleich ein *analytisches Konzept* an, um die sozialen Strukturen bzw. Interaktionsbeziehungen zwischen sozialen Akteuren empirisch zu analysieren. Genau diese Charakteristika machen soziale Netzwerke für die sozialwissenschaftliche Forschung im Allgemeinen – und für die Meinungsführerforschung im Speziellen – so interessant.

Denn obwohl sozialwissenschaftliche Forschung schon immer die Strukturen und Beziehungsmuster sozialer Gefüge im Blick hatte, hat sich die empirische Analyse vor der Entwicklung der Netzwerkanalyse vor allem auf die handelnden Akteure und ihre Eigenschaften konzentriert (Trappmann, Hummel & Sodeur 2005: 14). Zwar spielen die einzelnen Akteure und ihre Eigenschaften (sog. *Akteursattribute*) auch für die Netzwerkanalyse eine wichtige Rolle, allerdings immer in ihrer *relationalen Ausprägung* zu den anderen Akteuren im Netzwerk. Damit ist die Idee verbunden, dass die sich auf der Akteursebene ausbildenden individuellen Handlungslogiken zu *sozialen Strukturen* auf der Makro-Ebene des Gesamtnetzwerks verdichten können.

> **Kernsätze**
>
> „The social networks perspective explicitly focuses on the truly social part of behavior – on the patterns of social relations that link individual actors together into structures. Social network analysis is the study of how such structures emerge, evolve and exhibit consequences or behavior" (Freeman 1984: 343).

Netzwerkanalysen

Im Kontext der Meinungsführerforschung zielen *Netzwerkanalysen* (**vgl. Kap. 4.4**) vor allem darauf ab, die Interaktions- und Kommunikationsbeziehungen sowie die dabei ausgeübten Funktionen der einzelnen Teilnehmer aufzudecken. Wie wir später noch ausführlicher thematisieren werden, wird dabei angenommen, dass einzelne Personen im Netzwerk – die *Meinungsführer* – über diese Interaktions- und Kommunikationsbeziehungen einen Einfluss auf ihr soziales Umfeld ausüben (Schenk 2010: 775; **vgl. Kap. 1.1 und 1.2**). Da sich Meinungsführer in der Regel über bestimmte Themengebiete besser bzw. ausführlicher informieren und stark in ihrem Umfeld gut vernetzt sind, besteht eine wichtige Funktion darin, Informationen und Meinungen an ihr Umfeld weiterzuleiten.

Abb. 1: Egozentriertes Netzwerk

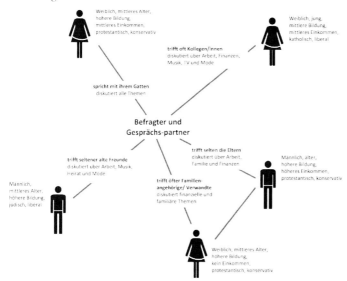

Bildquelle: Schenk 1995: 33

Um Einblick in die Art, Richtung und Qualität der Interaktions- und Kommunikationsbeziehungen in einem sozialen Netzwerk zu gewinnen, werden die Mitglieder eines sozialen Gefüges über ihre kommunikativen und sozialen Beziehungen (möglichst vollständig) zueinander befragt (vgl. Kap. 4.4). Je nach Untersuchungsinteresse wird dabei das *Gesamtnetzwerk* bzw. eine Auswahl von Subgruppen innerhalb des Gesamtnetzwerks (sog. *Cliquen*) betrachtet oder es erfolgt eine Fokussierung auf das direkte soziale Umfeld eines ausgewählten Akteurs (sog. *Ego*).

Im Mittelpunkt solcher *egozentrierten Netzwerke* (vgl. Abb. 1) steht die Analyse der persönlichen Beziehungen von Ego zu den anderen Akteuren (den sog. *Alteri*) sowie der Beziehung der anderen Akteure untereinander (sog. *Alter-Alter-Relation*). Wie **Abbildung 1** veranschaulicht wird dabei sowohl der standpunktbezogene Blickwinkel des Egos deutlich, als auch die verschiedenartigen Beziehungen – zum einen zwischen Alter und Ego (*Ego-Alter-Relation*) und zum anderen zwischen den Alteri (*Alter-Alter-Relation*). Egozentrierte Netzwerke sind für die Meinungsführerforschung interessant, weil sie einen detaillierten Einblick in das soziale Umfeld von Meinungsführern und ihren Einfluss darauf erlauben (Schenk 2010: 777). Zudem gelten sie als Mittelweg zwischen klassischer Zufallsstichprobe und der reinen Netz-

Analyse des egozentrierten Netzwerks

werkanalyse, weshalb die Erfassung mit forschungsökonomischen Vorteilen verbunden sein kann (vgl. auch zu den Nachteilen: Friemel 2008a: 208–209).

Analyse des Gesamtnetzwerks Bei einer Analyse des Gesamtnetzwerkes (vgl. Abb. 6), werden hingegen „nicht mehr nur die direkten Beziehungen von Ego betrachtet, sondern dessen Einbettung in die Gesamtstruktur des Netzwerks" (Friemel 2008a: 186). Gesamtnetzwerke haben daher den Vorteil, dass sich die Beziehungen zwischen den beteiligten Akteuren differenzierter darstellen lassen. Beispielsweise lässt sich präziser erfassen, ob Ego und Alteri in mehr als einem Kontext zueinander in Beziehung stehen. Als Maß zur Beschreibung der Vielfalt an Beziehungsinhalten, die innerhalb einer gegebenen Beziehung ausgetauscht werden, dient die *Multiplexität*. Je nach Anzahl der erfassten Inhalte wird eine Beziehung als *uniplex* oder *multiplex* angesehen (Herz 2012: 141). Als multiplex kann eine Beziehung dann bezeichnet werden, wenn sie in mehr als einer Beziehungsdimension, d.h. beispielsweise als Arbeitskollege und/oder Familienmitglied, vorhanden ist (Jansen 1999: 74).

Netzwerkmodell Wie auch die Abbildung illustriert (vgl. Abb. 1) werden die empirisch beobachteten Netzwerkbeziehungen für die weiterführende Analyse (meist computergestützt) in einem *Netzwerkmodell* visualisiert (vgl. auch Abb. 6). Die Art und Weise der Visualisierung sowie die Bezeichnung der Visualisierungelemente basiert auf Überlegungen der *Graphentheorie*: Ein Graph besteht aus einer Menge von *Knoten* und einer Menge von *Kanten* zwischen Paaren von Knoten (Trappmann, Hummel & Sodeur 2005: 15). Formal wird ein Netzwerk also aus Knoten, die die beteiligten Akteure darstellen, sowie Kanten – den Verbindungen bzw. Sozialbeziehungen zwischen den Akteuren – konstruiert (Fuhse 2016: 15; Jansen 1999: 52).

Durch Berücksichtigung verschiedener Akteursattribute (z.B. Alter, Geschlecht) sowie durch Integration verschiedener Verbindungstypen (z.B. einseitig/zweiseitig, uniplex/multiplex) können die Netzwerkbeziehungen weiter spezifiziert werden (Friemel 2013: 105). So kann ein Graph zunächst einmal eine *symmetrische* Beziehung zwischen zwei Akteuren A und B darstellen, d.h. die Art der Beziehung von A steht zu B ist identisch zu der Beziehung mit der B zu A steht (Trappmann, Hummel & Sodeur 2005: 16). Beide sind zum Beispiel Freunde, die sich gleichermaßen und in wechselseitigem Vertrauen über ihre Sorgen austauschen. Ist eine Beziehung jedoch nicht symmetrisch, wird sie als *gerichteter Graph* bzw. als *Pfeil* dargestellt. Das wäre zum Beispiel der Fall, wenn C zwar vertrauensvolle Informationen an A weitergibt (im Netzwerkmodell würde man das über einen bei A *eingehenden gerich-*

teten Pfeil darstellen), A jedoch nicht über derartig persönliche Themen mit C kommuniziert (weshalb Akteur A in der Visualisierung *keinen* an Akteur C *ausgehenden Pfeil* aufweisen würde).

Die kleinste Verbindung innerhalb eines Netzwerks besteht aus einer *Dyade*, d.h. aus zwei Akteuren und ihrer Verbindung zueinander. Jedes Netzwerk mit noch so komplexen Beziehungskonstellationen lässt sich letztendlich als Relation vorhandener Dyaden betrachten (Stegbauer 2016: 16). Eine *Triade* beschreibt hingegen eine Konstellation zwischen drei Akteuren (A, B und C); sie gilt als das kleinste soziale Netzwerk (Stegbauer 2016: 17–19). Triaden zeigen bereits wichtige Eigenschaften, die sich auch in komplexen Netzwerken bzw. Netzwerkstrukturen finden lassen. Zum Beispiel lassen sich hier bereits verschiedene *Typen von Netzwerkbeziehungen* finden: So können die beteiligten Akteure A und B können in einer *reziproken* Beziehung zueinander stehen, B und C in einer *asymmetrischen* und A und C in einer *ungerichteten* Beziehung.

Dyade – Tryade

Einen wichtigen Indikator zur Beschreibung des Netzwerks stellt auch die *Netzwerkgröße* dar. Die *Dichte* eines Netzwerks beschreibt hingegen den Anteil der realisierten von den insgesamt möglichen Beziehungen innerhalb eines Netzwerks (Fuhse 2016: 54). Von jedem Akteur kann prinzipiell jede gerichtete Beziehung zu jedem anderen Akteur im Netzwerk laufen. Inwieweit diese Beziehungen auch erwidert werden, wird mit der *Reziprozität* beschrieben. Reziprozität steht also für den Anteil der beidseitigen Beziehungen an den insgesamt bestehenden Beziehungen im Netzwerk (Fuhse 2016: 55). Eine hohe *Netzwerkdichte* sowie eine hohe *Reziprozität* korrespondieren dabei meist mit einer starken Integration in das Netzwerk; sie gehen mit verlässlichen Netzwerkressourcen, aber auch mit einer stärkeren *sozialen Kontrolle* der Netzwerkmitglieder einher.

Netzwerkgröße

Da die beteiligten Akteure im jeweiligen sozialen Netzwerk verschiedene Rollen, Positionen und Statuslevel einnehmen können (Kadushin 2012: 38), spielt der Vergleich der individuellen Netzwerkdispositionen eine wichtige Rolle bei der Analyse der Interaktionsbeziehungen, insbesondere um Prozesse der Beeinflussung (insb. der Meinungsführerschaft) innerhalb der Gruppe sowie auch über Gruppengrenzen hinweg zu betrachten. Zur Beschreibung der *Qualität der sozialen Beziehungen im Netzwerk* hat Granovetter (1973: 1361-1632) die Unterscheidung von starken und schwacher Netzwerkbeziehungen (*Strong Ties* vs. *Weak Ties*) vorgeschlagen (**vgl. Abb. 10**). Die Stärke der Beziehungen hänge dabei von vier Faktoren ab: 1) der zeitlichen Intensität bzw. der Zeit, die zwei Personen miteinander verbringen, 2) der emotionalen Nähe und Intimität, die die beiden Personen verbindet, 3) der gegenseitigen Vertrautheit sowie 4) dem wechselseitigen Geben und Nehmen (Granovetter 1973: 1361). Eher lose Bekanntschaften, etwa zu einem ehemaligen Schulkameraden, weisen typischerweise *Weak Ties* auf, während intime und auf Dauer angelegte Beziehungen wie Freundschaften oder Liebesbeziehungen über *Strong Ties* verfügen.

> **Kernsätze**
>
> „The strength of a tie is a (probably linear) combination of the amount of time, the emotional intensity, the intimacy (mutual confiding), and the reciprocal services which characterize the tie. Each of these is somewhat independent of the other, though the set is obviously highly intracorrelated" (Granovetter 1973: 1361).

Weak ties fungieren allerdings auch häufig als ‚Brückenpositionen' zwischen verschiedenen sozialen Netzwerken. Dieser Befund ist besonders für die Meinungsführerforschung interessant, denn Meinungsführer verfügen häufig über schwache, flüchtige Beziehungen zu anderen Netzwerken, was wiederum auf ihre Informiertheit und den Zugang zu externen Quellen zurückzuführen ist (Schenk 2010: 775–777).

Position und Pfade — Ein wichtiges Analysekriterium für den sozialen Status ist auch die Position, die ein Akteur in seinem Netzwerk besitzt (sog. *Zentralität*). Ob der Akteur eher über eine *zentrale* oder eine *periphere Position* im Netzwerk verfügt, wird mit sogenannten *Zentralitätsmaßen* ermittelt. Ein solches Maß ist beispielsweise die *Degree-Zentralität* als Indikator für die Anzahl der Verbindungen zu anderen Akteuren (*Knoten*) im Netzwerk, wobei die *Indegree-Zentralität* auf die eingehenden, die *Outdegree-Zentralität* hingegen auf die ausgehenden Beziehungen fokussiert (Fuhse 2016: 59). Ein weiteres Maß ist die Bedeutung des Akteurs bzw. Knotens für indirekte Verbindungen im Netzwerk (*Pfade*). Vereinfacht lässt sich postulieren: Je wichtiger ein Knoten für ein Netzwerk, desto höher seine Zentralität. Die Zentralität ist daher auch ein wichtiger Indikator für die Meinungsführerforschung: Denn wenn bestimmte Akteure zentrale Positionen in einem Netzwerk besetzt, ist davon auszugehen, dass sie auch über Einfluss auf die abhängigen Positionen verfügen (Weyer 2014: 52; Schenk 2010). Zeigt der Vergleich der Netzwerkdispositionen hingegen, dass zwei Akteure in einem sozialen Netzwerk über ähnliche Beziehungen zu ähnlichen Akteuren verfügen, spricht man von *struktureller Äquivalenz* (Fuhse 2016: 84).

Unabhängig von der Vielzahl weiterer möglicher Indikatoren, die sich für die Netzwerkanalyse operationalisieren lassen (vgl. dazu Fuhse 2016; Kadushin 2012; Stegbauer 2016; Trappmann, Hummel & Sodeur 2005) liegt das Ziel der Analyse letztendlich in der möglichst abschließenden „Darstellung der Strukturen von Netzwerken und ihrer Dynamik" sowie ihrer jeweiligen Funktion für die soziale Integration bzw. Interaktion im Netzwerk (Hollstein 2006: 11)

Ziel der Analyse

Wie diese kurze Zusammenfassung verdeutlicht hat, stellt die Idee des sozialen Netzwerks sowohl aus theoretischer wie auch aus methodischer Perspektive einen fruchtbaren Analyserahmen dar, mit dem sich die Interaktions- und Kommunikationsbeziehungen zwischen Akteuren in einem umgrenzbaren sozialen Umfeld beschreiben und analysieren lässt. Dass dies für die Meinungsführerforschung besonderes Aufklärungspotenzial besitzt, wird zuerst an den ‚Pionierstudien' der Netzwerkforschung (Menzel & Katz 1955; Coleman, Katz & Menzel 1957; **vgl. Kap. 4.4**) deutlich. Auch die Meinungsführerstudien von Michael Schenk (1995), Gabriel Weimann (1982, 1991, 1994) sowie Thomas Friemel (2008a, 2008b, 2012, 2013, 2015) illustrieren den theoretischen Mehrwert sozialer Netzwerke bzw. der sozialen Netzwerkanalyse als Methode für die Meinungsführerforschung.

2. Pionierstudien der Meinungsführerforschung

Die Entstehung der Meinungsführerforschung beginnt mit einer empirischen ‚Entdeckung' im eigentlichen Wortsinn: Lazarsfeld und seine Kollegen wollten im amerikanischen Präsidentschaftswahlkampf untersuchen, welchen Einfluss klassische Massenmedien (Rundfunk und Presse) auf die Wählermeinung ausüben. Dabei entdeckten sie eher zufällig, dass sich die Wähler nicht nur durch den Medientenor, sondern v.a. durch die Meinung einzelner Personen aus ihrem unmittelbaren sozialen Umfeld beeinflussen ließen.

Akteure

Paul Felix Lazarsfeld wurde am 13. Februar 1901 in Wien geboren; am 30. August 1976 verstarb er in New York City. Obwohl fachlich in der Soziologie beheimatet, gilt Lazarsfeld auch als ein ‚Gründungsvater' der Kommunikationswissenschaft. Aufgrund seiner methodischen Weiterentwicklungen war er außerdem ein Pionier der empirischen Sozialforschung. Auch mit dem Meinungsführerkonzept – einem zentralen Thema des Fachs – ist Lazarsfeld eng verbunden.

Nach dem Studium (Mathematik und Physik), der Promotion in Mathematik und einer kurzen Phase als Gymnasiallehrer arbeitete Lazarsfeld von 1929 bis 1933 am Psychologischen Institut der Universität Wien. Als Stipendiat der Rockefeller Foundation ging Lazarsfeld dann 1933 in die USA, in die er 1935 emigrierte. Hier arbeitete er zunächst als Supervisor bei der National Youth Administration in New Jersey, bevor er Director am Research Center der University of Newark wurde. Von 1937 bis 1940 war er Leiter der Forschung des Office of Radio Research an der Princeton University, das 1939 an die Columbia University verlegt und 1944 zum Bureau of Applied Social Research umbenannt wurde (daher auch die Bezeichnung „Columbia-Studien"). Im Rahmen seiner Professur für Soziologie, die er ab 1939 an der Columbia University und ab 1969 an der University of Pittsburgh innehatte, beschäftigte er sich mit Fragen der Medienwirkung und der Rolle interpersonaler Kommunikation, mit Methodenproblemen und der Geschichte der empirischen Sozialforschung – und widmete sich dabei auch immer wieder ‚abseitigen', aber gesellschaftlich hoch relevanten Problemen. Die Person Lazarsfeld ist aber – wie Meyen und Löblich (2006) herausgearbeitet haben – auch deshalb bis heute so faszinierend, weil sich Lazarsfeld schon zu Lebzeiten selbst zu einem Klassiker stilisierte, nicht zuletzt, indem er die These minimaler, durch interpersonale Kommunikation relativierten Medienwirkungen bewusst als einen Paradigmenwechsel verkauft hat, der so vermutlich nie notwendig gewesen wäre (vgl. Brosius & Esser 1998).

2.1 Die Erie-Studie: „The People's Choice. How the Voters Make Up their Mind in a Presidential Campaign"

In ihrer einflussreichen Studie *The People's Choice* wollten Paul Lazarsfeld, Bernard Berelson und Hazel Gaudet (1948) den Einfluss der klassischen Massenmedien Radio und Presse (Fernsehen war damals noch nicht so weit verbreitet als dass es als ein Massenmedium hätte gelten können) auf das Wählerverhalten bzw. auf die Wahlentscheidungen untersuchen: Wie und warum haben die Wähler ihre Wahlentscheidung gefällt? Wovon ging im Verlauf der Wahlkampagne der größte Einfluss auf diese Wahlentscheidung aus?

Lazarsfeld et al. 1948

Die Studie wurde im amerikanischen Präsidentschaftswahlkampf 1940 durchgeführt, in dem der Republikaner Wendell L. Willkie gegen den Demokraten Franklin D. Roosevelt antrat. Mit der zentralen Frage, die Lazarsfeld, Berelson und Gaudet eigentlich beantworten wollten, stellte die Idee *persuasiver Medienwirkungen* den theoretischen Bezugsrahmen der Studie dar. Mit ihrer einleitenden Passage implizieren die Autoren, dass sie auf den Annahmen eines *Stimulus-Response-Modells* aufbauen: „Every four years, the country stages a large-scale experiment in political propaganda and public opinion. The stimuli are compromised of everything the two parties do to elect their candidates. What the people do in the course of this campaign represents the *reactions*" (Lazarsfeld, Berelson & Gaudet 1948: 1).

Die Autoren konzipierten eine repräsentative Face-to-Face-Befragung im Panel-Design in der Gemeinde Erie County in Ohio – weshalb die Studie auch als *Erie-Studie* bekannt ist. Dazu wurde zu Beginn der Feldphase im Mai 1940 zunächst eine repräsentative Stichprobe – basierend auf soziodemografischen Daten zu Alter, Geschlecht, der Erziehung, zum Telefon-, Autobesitz, zur Wohnung und Herkunft – von rund 3000 Personen ermittelt. Diese wurde dann in vier Gruppen mit jeweils rund 600 Personen aufgeteilt. Die erste Gruppe stellte das ‚Main Panel' dar; hier wurden dieselben 600 registrierten Wähler in den letzten sieben Monaten des Wahlkampfs zu mehreren aufeinanderfolgenden Zeitpunkten (einmal im Monat) dazu befragt, wie sie sich bei der bevorstehenden Wahl verhalten würden. So wollten die Forscher Veränderungen auf individueller Ebene nachvollziehen. Neben dem ‚Main Panel' wurden noch drei zusätzliche, unabhängige Kontrollgruppen (mit ebenfalls jeweils 600 Personen) einmalig, aber zeitlich versetzt befragt, um die Ergebnisse mit den Befunden der Panel-Stichprobe zu vergleichen.

Da im Mittelpunkt des Untersuchungsinteresses persuasive Medienwirkungen standen, konzentrierte sich die Befragung zunächst darauf. Neben geschlossenen Fragen zum sozioökonomischen Status, zum po-

Untersuchungsinteresse

litischen Interesse, zur Mediennutzung, zur interpersonalen Kommunikation wurden auch Fragen zu den politischen Einstellungen und zur Wahlabsicht gestellt. Daneben wurden Personen, die angaben, ihre Wahlabsicht geändert zu haben, offen nach den Gründen dieses Wandels befragt. Diese Daten nutzen Lazarsfeld, Berelson und Gaudet (1948) später, um eine Wählertypologie (bestehend aus: Partisans, Crystallizer, Waverer sowie Party Changers) zu entwickeln, die hier aber – trotz ihrer Bedeutung für die Forschung zum Wählerverhalten – nicht weiter im Fokus stehen soll.

Schon nach den ersten Befragungen berichteten die Interviewer, dass die Befragten wiederholt andere *Personen* als wichtige Informationsquelle benannten. Daraufhin entschlossen sich die Forscher, weitere Fragen zu dieser Beobachtung aufzunehmen; der theoretische Rahmen wurde dabei um soziologische Modelle der Kleingruppenkommunikation erweitert. So sollte aufgedeckt werden, ob der Einfluss der Primärgruppe von den jeweiligen Mitgliedern gleichermaßen ausging bzw. gleich auf sie wirkte oder ob es Gruppenmitglieder gäbe, die einen stärkeren Einfluss als die anderen hatten. Dies wurde mithilfe von zwei Fragen zur Selbsteinschätzung der Befragten gemessen (Lazarsfeld, Berelson & Gaudet 1948: 50): 1) „Have you tried to convince anyone of your political ideas recently?" sowie 2) „Has anyone asked your advice on a political question recently?" Sobald eine dieser beiden Fragen mit Ja beantwortet wurde, galt die Person den Forschern als *Meinungsführer* bzw. *Opinion Leader*. Befragte, die keine dieser beiden Fragen bejahten, wurden als *Opinion Follower* gezählt.

Befunde Die Befunde zeigten, dass die „Massenmedien, verglichen mit der persönlichen Beeinflussung, nur eine unbedeutende Rolle spielten" (Katz & Lazarsfeld 1962: 9). Die Mehrheit der Wähler, die ihre Wahlentscheidung kurzfristig trafen oder änderten, berichteten von persönlichen – anstatt von massenmedialen – Einflüssen auf ihre Meinungsbildung: „Wann immer die Befragten aufgefordert wurden, alle möglichen Informationsquellen über den Wahlkampf zu nennen, denen sie in letzter Zeit ausgesetzt waren, wurden politische Diskussionen häufiger genannt als Rundfunk oder Presse" (Lazarsfeld, Berelson & Gaudet 1969: 190). Dabei zeigte sich, dass es tatsächlich Personen gab, die einen besonders großen Einfluss auf andere ausübten. Etwa ein Fünftel der Befragten (21 %) hatten ihren eigenen Angaben zu Folge versuchte, jemanden von ihrer politischen Meinung zu überzeugen bzw. war von anderen um Rat gefragt wurden.

Diese Meinungsführer nahmen intensiv am Wahlkampf teil: Während von den Meinungsführern über 60 % starkes Interesse an der Wahl bekundeten, bestätigten dies nur knapp 25% der Follower (Lazarsfeld, Berelson & Gaudet 1948). Die Meinungsführer verfolgten auch intensiver die Medienberichterstattung im Radio und in den Zeitungen und zeigten eine stärkere und frühere Entschlossenheit ihrer Wahlentscheidung. Umgekehrt korrespondierte ein geringeres Interesse an der Wahl, eine geringere Mediennutzung sowie geringere Teilnahme an politischen Gesprächen der Opinion Follower mit einer weniger klaren Entschlossenheit ihrer Wahlabsicht; der Großteil der Follower ließ sich der Gruppe der Meinungswechsler zuordnen.

Die Meinungsführer vertraten ihre politischen Überzeugungen dagegen aktiv und gaben ihre Deutungsmuster häufiger an Dritte weiter; gelegentlich übten sie dabei – zum Beispiel in der Familie – auch sozialen Druck aus. In den sozialen Gruppen kam den Meinungsführern insofern die Rolle von „Information Brokern" zu, die Informationen aus den Massenmedien aufnahmen, filterten, interpretierten, an Dritte weitergaben und dadurch Einfluss auf deren Meinungen und Verhalten nahmen: „Opinion leaders [...] were people who were heavily exposed to the political campaign to whom others, who had lower levels of exposure, knowledge, and interest, would turn for information and advice. The opinion leaders would pass on to these others information they had received from firsthand exposure to the media, along with their own special interpretation of what it all means" (Lowery & DeFleur 1995: 89).

Die Meinungsführer waren jedoch keine ‚formalen' bzw. sozialstrukturellen Führer, sie verfügten nicht objektiv über einen höheren sozialen oder ökonomischen Status oder über ein höheres Sozialprestige als ihre Follower (man spricht daher auch von *horizontalem Einfluss*). Katz und Lazarsfeld (1962: 9–10) folgerten daraus später, dass jede soziale Schicht ihre eigenen Meinungsführer erzeuge – „überall [gibt es] Persönlichkeiten, die besonders geeignet sind, zur Meinungsbildung ihrer Mitbürger beizutragen." Den Typus des Meinungsführers, „der nicht zu den Prominenten der Gesellschaft als Ganzes gehört", aber dennoch auf die unmittelbare Umgebung Einfluss ausübt, nannten Katz und Lazarsfeld (1962: 9) *molekularen Meinungsführer*.

Kernsätze

„Opinion leadership does not operate only vertically, from top to bottom, but also horizontally: there are opinion leaders in every walk of life" (Lazarsfeld, Berelson & Gaudet 1948: XXiii).

Über die aktiv kommunizierenden Meinungsführer kämen – spätestens in den letzten Tagen vor der Wahl – selbst die an für sich ‚Uninteressierten' mit politischen Meinungen in Kontakt. Auch wenn sie selbst passiv blieben, konnten sie sich Gesprächen über Politik nicht vollständig entziehen und registrierten die Inhalte mindestens zufällig und beiläufig: „One can avoid newspaper stories and radio speeches simply by making a slight effort, but as the campaign mounts and discussion intensifies, it is hard to avoid some talk of politics. Personal influence is more pervasive and less self-selective than the formal media. In short, politics gets through, especially to the indifferent, much more easily through personal contacts than in any other way, simply because it comes up unexpectedly as a sideline or marginal topic in a casual conversation" (Lazarsfeld, Berelson & Gaudet 1948: 152).

Zwei-Stufen-Fluss der Kommunikation

Aus der Analyse dieser Mechanismen leiteten Lazarsfeld und Kollegen die Idee des *Zwei-Stufen-Flusses der Kommunikation* ab, nach der die Massenmedien nicht ausschließlich eine direkte Wirkung auf die Bevölkerung haben – also durch den direkten Kontakt zwischen Medium und Rezipient –, sondern ihnen daneben auch eine *vermittelnde Rolle* zwischen massenmedialer und interpersonaler Kommunikation zukommt. Der Two-Step-Flow sieht einen solchen indirekten bzw. über mehrstufigen Wirkungspfad darin, dass zunächst die Meinungsführer durch die Massenmedien informiert und beeinflusst werden (Stufe 1), und diese die aus den Medien gewonnenen (politischen) Informationen durch interpersonale Kommunikation dann an andere weitergeben (Stufe 2; vgl. Abb. 2). Dem Zwei-Stufen-Fluss der Kommunikation liegt also die Annahme zugrunde, dass Medieninhalte in einer ersten Stufe direkt vermittelt und auf einer zweiten Stufe, im Rahmen der *Anschlusskommunikation* durch interpersonale Kommunikation weitergegeben werden.

> **Kernsätze**
>
> „Ideas often flow from the radio and print to the opinion leaders and from them to the less active sections of the population" (Lazarsfeld, Berelson & Gaudet 1948: 151).

2. Pionierstudien der Meinungsführerforschung

Abb. 2: Visualisierung des Two-Step-Flow of Communication

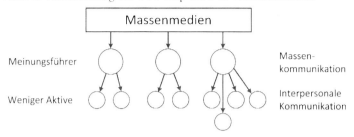

Bildquelle: Bonfadelli 2011: 214

Die Hypothese des Zwei-Stufen-Flusses der Kommunikation markiert einen Wendepunkt in der empirischen Kommunikationsforschung. Denn sie bringt zwei bis dahin weitgehend unverbundene Forschungsprogramme zusammen: 1) Befunde der Medienwirkungsforschung, die einen Einfluss massenmedialer Kommunikation aufgezeigt hatten, sowie 2) sozialpsychologische Erkenntnisse über die soziale Interaktion und Kommunikation in Kleingruppen (vgl. Katz & Lazarsfeld 1962: 14–16). Vor dem Hintergrund sozialpsychologischer Befunde sahen die Autoren die Überzeugungskraft einer passiven Rezeption politischer Inhalte in Gesprächen als hoch an, da sich der ‚passive Rezipient' als nicht direkt Beteiligter sicher sein könne, dass die Informationen bzw. Meinungsäußerungen nicht zweckbezogen auf ihn persönlich ausgerichtet seien, er sich also daraus selbst eine ‚freie Meinung' bilden könne.

<small>Wendepunkt in der empirischen Kommunikationsforschung</small>

Bei den unentschlossenen Bürgern würde die interpersonale Kommunikation vor allem latente politische Prädispositionen verstärken. Diese Unentschlossenen nutzten die Medien insgesamt weniger, und wenn, dann eher selektiv und entsprechend ihrer vorhandenen Überzeugungen und Einstellungen. Die Medien hatten daher vor allem eine *verstärkende Funktion (Verstärkereffekt)*. Auch die Opinion Leader änderten ihre Einstellungen durch Mediennutzung kaum, ihre intensive Medienrezeption hatte interessanterweise selbst bei entgegengesetzter Botschaft einen verstärkenden Effekt. Damit zeigte sich das kommunikative Handeln der Wähler stark selektiv und konsensual ausgerichtet und diente primär dazu, die Stabilität der eigenen politischen Meinungen zu bestätigen.

<small>Verstärkereffekt</small>

Gerade in der Endphase des Wahlkampfes sahen Lazarsfeld und seine Kollegen aber ein großes Wirkungspotenzial interpersonaler Kommunikation bzw. von Meinungsführern, denn durch persönliche Gespräche würden auch die politisch Uninteressierten und Unentschlossenen kurz vor dem Wahltermin noch direkt oder indirekt in ihrer Wahlentscheidung beeinflusst.

> **Kernsätze**
>
> „More than anything else people can move people" (Lazarsfeld, Berelson & Gaudet 1948: 158).

Dabei zeigte sich auch, dass Wahlentscheidungen, die weniger sachbezogen und auf reflektieren Entscheidungen und stärker auf persönlichen oder emotionalen Präferenzen basierten, häufiger durch persönliche Gespräche motiviert wurden als durch massenmediale Kommunikation: Ein Viertel der Befragten, die interpersonale Kommunikation als Grund für einen Meinungswechsel genannt hatten, erklärten, dass ihre Entscheidung nicht primär auf politischen Gründen basierte; massenmediale Kommunikation nannten nur 5% als Auslöser eines Meinungswechsels (Lazarsfeld, Berelson & Gaudet 1948: 157). Prozesse der sozialen Kontrolle begünstigten dabei ein zum sozialen Umfeld konformes Verhalten: „People vote, not only *with* their group, but also *for* it" (Lazarsfeld, Berelson & Gaudet 1948: 148; Herv.n.i.O.).

> **Modell**
>
> Das Stimulus-Response-Modell der Massenkommunikation
>
> Stimulus-Response-Modell   Das *Stimulus-Response-Modell* (S-R-Modell; auch als *Hypodermic-Needle-Modell* bekannt) ist ein simples Medienwirkungsmodell. Im Kern schlägt es einen Reiz-Reaktions-Automatismus vor, nach dem massenmediale Botschaften (Reize) nahezu ungefiltert auf alle Rezipienten gleichermaßen einwirken und dort zu relativ identischen, prognostizierbaren Wirkungen (Reaktionen) führen. Auf bestimmte Reize (sog. *Stimuli*) folgen also bestimmte Reaktionen – der Inhalt eines Kommunikats und dessen Wirkungen werden damit annähernd gleichgesetzt; von individuellen Unterschieden bei der Selektions, Rezeption und Wirkung wird nicht ausgegangen.
>
> Theoretischer Hintergrund   Theoretischer Hintergrund ist der *Behaviorismus* – eine theoretische Strömung in der empirischen Psychologie, die Anfang bis Mitte des 20. Jahrhunderts als wichtiger Ansatz v.a. in der Lernpsychologie galt. Kernidee des (radikalen) Behaviorismus war, dass menschliches Verhalten primär (bzw. sogar ausschließlich) auf gelernten Reaktionen auf Reize aus der Umwelt basiere. Berühmt geworden sind in diesem Zusammenhang die frühen Experimente von *Iwan P. Pawlow* (1849–1936), der mit seinem „Palowschen Hund" die Reflex-Steuerung auch komplexer Verhaltensmuster aufgezeigt hatte, sowie die Experimente von *Burrhus F. Skinner* (1904–1990), der mit

der sogenannten „Skinner-Box" Lernprozesse nach einer Reiz-Reaktions-Konditionierung demonstrierte.

Am S-R-Modell wird kritisiert, dass es die inneren Prozesse der Rezipienten (Organismen) ignoriert bzw. wie eine „Black Box" behandelt. Diese Kritik ist auch nicht falsch – die behavioristische Forschung konzentrierte sich ausschließlich auf Prozesse, die sich zwischen Organismus und Umwelt abspielten. Dennoch wurden die inneren Prozesse des Menschen (Emotion, Motivation, Absicht etc.) im Behaviorismus nicht *geleugnet*, sondern bewusst *nicht berücksichtigt*, da man davon ausging, dass sie mit dem Anspruch einer ‚objektiven' bzw. ‚exakten' Wissenschaft weder beobachtbar noch präzise messbar seien.

Inwieweit davon ausgegangen werden kann, dass das S-R-Modell ‚ernstzunehmend' in die Medienwirkungsforschung importiert wurde, ist bis heute umstritten. Einerseits decken sich einige der Grundannahmen mit soziologischen Gesellschaftstheorien, die im Kern von einer *Massengesellschaft* unverbundener Individuen ausgehen. Hier führte beispielsweise die Beobachtung einer funktional ausdifferenzierten Industriegesellschaft zu der Annahme, dass die soziale Eingebundenheit des Einzelnen an Bedeutung verloren habe und eine Entfremdung der Gesellschaftsmitglieder begünstigte. Auch der Eindruck einer hohen Effizienz persuasiver Kommunikation und politischer Propaganda, wie sie sich etwa im Ersten Weltkrieg gezeigt hatte, unterstützte die Idee „wirkungsstarker Massenmedien", die auf ein Publikum aus weitgehend isolierten, anonymen, „atomisierten" Rezipienten trafen (Schenk 2007: 28). Für derartige Beobachtungen lieferte das S-R-Modell eine einfache und nachvollziehbare Erklärung.

Andererseits liegen auch schon für die frühe Phase der Medienwirkungsforschung differenzierte Wirkungsmodelle vor (Brosius & Esser 1998), sodass die relativierenden Befunde zum Einfluss interpersonaler Kommunikation bei ‚Entdeckung' der Meinungsführer kaum überraschend gewesen sein dürften. Ob die in den Forschungsarbeiten von Lazarsfeld und Kollegen zu findenden Anlehnungen an das S-R-Modell ein bewusster Versuch der Konstruktion eines Mythos waren oder tatsächlich der Überzeugung der Forscher entsprachen, ist eine spannende Frage. Wie etwa Bussemer (2003) am Beispiel von Quellen aus der frühen Wirkungsforschung aufgezeigt hat, lassen sich in der Propaganda- und Kommunikationsforschung durchaus auch über die frühe Phase der Medienwirkungsforschung hinaus Arbeiten finden, die auf das S-R-Modell zurückgreifen. Zumindest die häufig implizierte Reduktion der beginnenden Wirkungsforschung auf Stimulus-Response-Modelle erscheint jedoch nicht haltbar (Brosius & Esser 1998).

Reflexion

2. Pionierstudien der Meinungsführerforschung

Die ‚Entdeckung' der Meinungsführer sowie das daraus abgeleitete Modell des Two-Step Flow of Communication veränderte die bisherigen Vorstellungen über Medienwirkungen in drei Dimensionen: Erstens relativierte sie die Idee einer „großen Wirkungsmacht" der traditionellen Massenmedien („hypodermic-needle model"; zur Konstruktion dieser Idee: Brosius & Esser 1998; s.o.), denn die weniger Interessierten wurden vor allem durch persönliche Kontakte beeinflusst. Aufgrund dieser Übermittlungsfunktion der Meinungsführer sprachen Katz und Lazarsfeld (1962: 97) auch von der „*Relaisfunktion* der zwischenmenschlichen Beziehungen". Zweitens liefert die Hypothese eine anschauliche, modellhafte Beschreibung für den Informationsfluss der Massenmedien, die zahlreiche Anschlussforschungen inspirierte. Drittens formuliert die „Two-Step-Flow of Communication Hypothesis" das Modell einer *Netzwerk*-Gesellschaft miteinander durch eine Vielzahl von Sozial- und Kommunikationsbeziehungen verbundener Individuen. Die Netzwerke werden zwar auch durch massenmediale Kommunikation mit beeinflusst – ihre Wirkung wird durch die Netzwerkstruktur aber zugleich auch begrenzt (vgl. Kap. 1.7).

Kritik — Trotz des Pioniercharakters, den die Studie *The People's Choice* bis heute hat, wurde die Arbeit vielfach kritisiert. Einer der Hauptkritikpunkte richtet sich auf das relativ einfache Instrument, mit der die Meinungsführer identifiziert wurden – das Verfahren der *Selbsteinschätzung durch Befragung* (vgl. Kap. 4.1). Wie erläutert, wurden die zentrale Rolle des Meinungsführers über zwei Fragen zugeordnet, mit denen die Befragten sich selber als einflussreich bzw. überzeugend und Rat gebend einstufen konnten. Dieser „self-designating-technique" lag also ein bipolares Kategorienschema von zwei idealtypischen Gruppen zugrunde: den Opinion Leadern und den Opinion Followern. Die implizierte Dichotomie ist problematisch, da sie mittlere Positionen ausschließt; jeder, der sich nicht selbst als Meinungsführer ausgibt, wird automatisch als Meinungsfolger klassifiziert.

Für graduelle Übergänge bietet eine solche Kategorisierung keinen Spielraum; so etwas wie eine *situative Meinungsführerschaft* kann nicht erfasst werden. Auch, dass es Personen gibt, die *weder* andere beeinflussen, *noch* sich selbst beeinflussen lassen – weil sie zum Beispiel Politik als ein ‚privates Thema' betrachten und politische Gespräche mit anderen verweigern, weil sie ‚eigenbrötlerisch' sind oder sich nicht für Politik erwärmen können – wird als Möglichkeit ausgeschlossen. Nach bisheriger Logik werden diese einfach den Followern zugerechnet. Gerade die Gruppe der Isolierten markiert dabei einen nicht zu unterschätzenden ‚blinden Fleck', obwohl die Anzahl von Menschen in der Bevölkerung, die nicht über eine enge Primärgruppenanbindung verfügen, nicht gerade gering sein dürfte.

Neben der Erfassung über Befragung birgt das Verfahrung auch darüber hinaus einige methodische Probleme: So liegt auf der Hand, dass sich bei einer solchen Messung nicht nur Personen als Meinungsführer einordnen, die auch tatsächlich Meinungsführer *sind* –, sondern auch solche, die dies von sich *glauben* oder selbst gerne Meinungsführer *wären*. Umgekehrt besteht aber auch das Problem, dass eine derartige Selbstbefragung voraussetzt, dass sich die Befragten ihrer Rolle als Meinungsführer auch selbst bewusst sind – auch dies muss aber nicht zwangsläufig gegeben sein. In diesem Fall wären sie aber nicht als Meinungsführer identifiziert, sondern fälschlicherweise als Follower eingeordnet worden. Auch Phänomene der sozialen Erwünschtheit und Interviewereffekte dürften im Erhebungsprozess Verzerrungen begünstigt haben.

<small>methodische Probleme</small>

Daneben muss auch die Belastbarkeit der Befunde kritisch beleuchtet werden. Zwar lieferten vor allem die offenen Antworten der Befragten Hinweise, die das idealtypische Modell eines Two-Step Flow plausibel erscheinen ließen. Dennoch konnten die zentralen Wirkungsmechanismen auf Basis der repräsentativen, zufällig ausgewählten Stichprobe, die die soziale Umgebung der Befragten nicht systematisch erfasste, selbst überhaupt nicht empirisch untersucht werden. Zwar klassifizierten sich einige Personen selbst als Meinungsführer – aber diejenigen, von denen die Befragten selbst berichteten, dass sie einen Einfluss auf ihre persönliche Meinungsbildung bzw. auf das eigene Wahlverhalten gehabt hatten, waren nicht Teil der Stichprobe und konnten nicht systematisch befragt werden. Wie z.B. Rencksdorf (1970: 317) später herausgearbeitet hat, konnten die Forscher mit ihren Daten die Existenz eines Two-Step-Flows daher überhaupt nicht belegen. Sie konnten lediglich zeigen, dass nicht von einem einstufigen Wirkungspfad auszugehen sei – womit sie die *Abwesenheit eines One-Step-Flow* demonstrierten. Insofern stellt die Studie die Bedeutung der interpersonalen Kommunikation zwar ins Zentrum der Betrachtung und beleuchtet ihre Relevanz, blieb aber wirklich belastbare empirische ‚Beweise' für ihren Einfluss schuldig.

<small>Belastbarkeit der Befunde</small>

Dies war aber auch den Forschern der Columbia-School selbst bewusst. Schon im Vorwort zur zweiten Auflage wiesen Lazarsfeld, Berelson und Gaudet (1948: XXVii) auf dieses methodische Defizit hin: „A simular shortcoming was our failure to study the opinion leaders more thoroughly. When the panel subjects mentioned that they had recieved information or advice from other persons, the fact was recor-

<small>methodische ‚Shortcomings'</small>

ded and the total incidence of personal influences was determined. But there was no attempt to interview the opinion leaders themselves." In einem wenige Jahre später publizierten *Up-To-Date Report on an Hypothesis* reflektierte Katz (1957) die Befunde und fasste die wichtigsten Neuerungen unter den drei Stichpunkten „impact of personal influence", „flow of personal influence" sowie „opinion leaders and the mass media" zusammen. Zur Einordnung der Befunde und der methodischen Umsetzung bemerkte Katz (1957: 62) dann aber ebenfalls kritisch:

„Of all the ideas in ‚The People's Choice', however, the two-step flow hypothesis is probably the one that was least well documented by empirical data. And the reason for this is clear: the design of the study did not anticipate the importance, which interpersonal relations would assume in the analysis of the data. Given the image of the atomized audience which characterized so much of mass media research, the surprising thing is that interpersonal influence attracted the attention of the researcher at all."

Schließlich ist noch ein weiterer Kritikpunkt anzubringen, der bei der Frage nach einem Transfer auf heutige Medienumgebungen schnell ins Auge springen dürfte: Der Two-Step-Flow of Communication impliziert, dass sich Personen *entweder* über Massenmedien *oder* über Meinungsführer beeinflussen lassen – die Idee, dass auch in den Massenmedien Meinungsführer präsent sind, sodass sich Phänomene interpersonaler und medienvermittelter Kommunikation verschränken, ist hier gar nicht mitgedacht. Noch die Definition von Maletzke (1976: 97) folgt einer so engen Sicht: „Als Meinungsführer (opinion leader) bezeichnet man eine Person, die in *direkter Kommunikation* die Meinungen und Attituden und manchmal auch das Verhalten anderer Menschen besonders stark beeinflusst" (Herv.n.i.O.).

Die Konzeptionalisierung *virtueller*, d.h. *medienvermittelter Meinungsführer*, die nicht durch den direkten Kontakt, sondern vermittelt über Online-Kommunikation und Social Media oder über klassische Massenmedien indirekt einen Einfluss ausüben, ist für die Anschlussforschung jedoch folgenreich; sie wird uns in der Meinungsführerforschung allerdings erst einige Zeit später begegnen und uns später auch noch intensiver beschäftigen (vgl. Kap. 6).

2.2 Die Rovere-Studie: „Patterns of Influence" – Typen von Meinungsführern

Merton 1943

1943 führte Robert K. Merton in einem kleinen Ort, dem er den fiktiven Namen „Rovere" gab, eine Studie durch, die sich dem Phänomen der Meinungsführerschaft differenzierter widmen sollte. Merton wollte herausfinden, wie genau der interpersonale Einfluss ausgeübt wurde, welche Eigenschaften die Personen aufwiesen, die als Meinungsführer gelten konnten (Merton 1968: 441, 1949). Entlang der vier Dimensionen 1) Struktur der sozialen und kommunikativen Beziehungen, 2) Art, Reichweite und Grundlage des interpersonalen Einflusses, 3) Vollzug des interpersonalen Einflusses in Interaktions- und Entscheidungssituationen sowie 4) Mediennutzung und Bedeutung der Mediennutzung für die Ausübung der Meinungsführerschaft entwickelte Merton dazu eine Typologie von Meinungsführern.

Den Ausschlag für die *Rovere-Studie* gegeben hatte allerdings ein Marktforschungsauftrag, der an das Department von einer Newsmagazin-Redaktion herangetragen wurde. Das Management wollte wissen, welche Charakteristika ihre „einflussreichen Leser" in einer lokalen Gemeinschaft hatten und wie diese „Schlüsselpersonen" für Marketingzwecke als „Magazin-Botschafter"eingesetzt werden konnten (Merton 1968: 442). Mertons Analyse war methodisch explorativ und als Fallstudie angelegt; hier zeigte sich bereits Mertons qualitativer, in der „verstehenden Soziologie" beheimateter Zugang. Methodisch setzte Merton auf die Fremdbestimmung der Meinungsführer. Er rekrutierte eine Gruppe von 86 Personen, die er mit der simplen Frage „Who influences you?" offen dazu befragte, an wen sie sich wendeten, um bei wichtigen Angelegenheiten Rat oder Informationen zu erhalten (Merton 1968: 442, 1949). Personen, die hierbei mindestens vier Mal genannt wurden, sah Merton als Meinungsführer an. Diesen widmete sich Merton intensiver und befragte rund die Hälfte der genannten Personen zu der Art ihres Einflusses.

Aufgrund ihrer unterschiedlichen Spezifika unterschied Merton zunächst theoretisch (1968: 445–446) die 1) *Currently Influentials*, die über eine stabile Meinungsführerposition verfügten, 2) die *Potentially Influentials*, die zu Meinungsführern aufsteigen konnten, 3) die *Waning Influentials*, deren Einflussposition an Bedeutung verlor, sowie die 4) *Dormant Influentials*, die zwar objektiv über die Meinungsführerpotenziale verfügten, aber keinen interpersonalen Einfluss ausübten. Von diesen Meinungsführertypen grenzte Merten noch die 5) *Non-Influentials* und die 6) *Isolates* ab. Erstere verfügten nur über eine begrenzte Anzahl an Sozialkontakten, an denen sie primär als passive Rezipienten partizipierten, während die Isolierten weitgehend von sozialen Kontakten abgeschirmt waren. Die Typen ließen durch die erhobenen Daten zwar stützen, Merton (1968: 445) selbst bewertete den Erkenntnisgewinn dieser Typologie aber als begrenzt.

Unterschiede Influentials

Daneben fand er heraus, dass es sowohl Meinungsführer gab, die aufgrund ihrer Expertise als Meinungsführer zu einem spezifischen Thema (etwa zu Wirtschaftsfragen) galten (Merton 1968: 468–469). Neben diesen *monomorphen Meinungsführern* konnte Merton auch einige Personen identifizieren, deren Einfluss nicht themenspezifisch begrenzt war, sondern sich über mehrere Themen ausdehnte; diese nannte er die „polymorphic influentials" – die *polymorphen Meinungsführer*.

Merton betrachtete auch die Reichweite des interpersonalen Einflusses genauer und fand dabei, dass einige Meinungsführer stärker lokal orientiert waren, andere jedoch eher durch eine ‚weite Welt'-Perspektive geprägt wurden (vgl. dazu Merton 1968: 446–449). *Locals* waren stark in ihrer unmittelbaren räumlichen, kleinstädtischen Umgebung verwurzelt, hier auch meist geboren, verfügten über ein großes, lokales Kontaktnetz und interessierten sich primär für die Stadt und ihre lokalpolitischen und sozialen Angelegenheiten. Die *Cosmopolitans* orientierten sich dagegen eher über die unmittelbare lokale Gemeinschaft hinaus. Der eher überregionale Bezugsrahmen korrespondierte mit einem weiter reichenden Themeninteresse; außerdem waren die kosmopolitischen Meinungsführer meist ‚Newcomer', die nicht im Ort geboren worden waren und daher über ein kleineres, aber ausgewähltes soziales Netzwerk verfügten.

Die beiden Meinungsführer-Typen konsumierten auch andere Medien: Während sich die Locals eher mit regionalen Medienangeboten auseinandersetzten, nutzen die Kosmopoliten eher überregionale Medien. Die unterschiedlichen Perspektiven spiegelten sich auch hinsichtlich der thematischen Einflussbereiche: Die soziale und inhaltliche Fokussierung der Locals auf die unmittelbare Umgebung ging damit einher, dass sie eher als polymorphe Meinungsführer angesehen wurden, die für viele verschiedene Fragen im Ort herangezogen wurden. Den elitären Kosmopoliten wurde dagegen eher eine *funktionelle Autorität* im Sinne eines Expertenstatus zugesprochen, der sie vor allem für einen Einflussbereich als Meinungsführer qualifizierte.

Anekdoten

Robert K. Merton zählt zu den bedeutendsten amerikanischen Soziologen des 20. Jahrhunderts. Geboren wurde Merton am 5. Juli 1910 in Philadelphia jedoch unter dem Namen Meyer R. Schkolnick. Als Sohn jüdischer Immigranten kam er aus einer typischen Familie der amerikanischen Arbeiterklasse. Über den Ehemann seiner Schwester, Charles Hopkins, kam Merton zur Zauberkunst und wollte den ‚enchanting mysteries' zunächst auch beruflich treu bleiben. Weil ihm sein

2. Pionierstudien der Meinungsführerforschung

Geburtsname dabei als zu bieder erschien, legte er sich einen Künstlernamen zu – Robert King Merlin – nach dem berühmten Magier von König Arthus Tafelrunde, den er später zu Robert King Merton abwandelte. Der Name wurde ihm so eigen, dass er sich später zu einer offiziellen Namensänderung entschloss.

Zur Wissenschaft kam Merton nur aufgrund einer Reihe glücklicher Fügungen: Im Studium an der Temple University engagierte ihn sein damaliger Dozent für Soziologie, George E. Simpson, als Forschungsassistent. Damit begann Mertons Weg in die Wissenschaft. Später bewarb er sich an der renommierten Harvard University um einen Studienplatz am von Pitirim Sorokin kurz zuvor gegründeten Department of Sociology, für den er schließlich auch die Kleinkunst aufgab. Nachdem er zunächst für Sorokin gearbeitet hatte, lernte er den aufstrebenden Talcott Parsons kennen und wurde Mitglied seines Forschungs- und Arbeitskreises. Parsons begleitete Merton von da ab nicht nur viele Jahre lang als Lehrer und Mentor, seine Arbeiten zum Strukturfunktionalismus beeinflussten auch Mertons Wissenschaftsperspektive zentral. Auch aus der engen Freundschaft zu Lazarsfeld zog Merten Inspiration für seine wissenschaftlichen Projekte – wie es etwa an der Rovere-Studie deutlich wird.

Das wissenschaftliche Erbe Mertons, das sich komprimiert in seiner Aufsatzsammlung Social Theory and Social Structure findet (1968; darunter etwa die für die Soziologie abweichenden Verhaltens bis heute zentrale Anomietheorie oder die bekannte Idee der „self-fulfilling prophecy") ist bis heute einflussreich. Seine besonderen Leistungen wurden allerdings auch schon zu Mertons Lebzeiten anerkannt: Als erster Soziologe überhaupt bekam er 1994 vom US-Präsidenten die National Medal of Science verliehen.

2.3 Die Decatur-Studie: „Personal Influence. The Part Played by People in the Flow of Communication"

Die *Decatur-Studie* – benannt nach einer kleinen Stadt im US-Bundesstaat Illinois, in der die Erhebung 1945/1946 stattfand – ist eine der meistzitierten Arbeiten der auch als *Columbia-Schule* bekannten Forschergruppe um Paul Lazarsfeld. Sie kann in vielfacher Hinsicht als ein Follow-Up betrachtet werden, mit dem die Forscher dem gerade entdeckten Phänomen der Meinungsführerschaft weiter nachgehen und ihre Befunde ausdifferenzieren wollten – und zwar insbesondere hinsichtlich der Analyse persönlicher Einflussprozesse sowie der charakteristischen Merkmale von Meinungsführern. Dazu entwickelten Katz und Lazarsfeld (1955, 1962) auch ihr Vorgehen zur Identifikation von

Katz & Lazarsfeld 1962

Meinungsführern weiter: Die Methode der Ermittlung von Meinungsführern wurde um eine soziometrische Netzwerkkomponente ergänzt, mit der das Geflecht der interpersonalen Beziehungen beleuchtet werden konnte (vgl. Kap. 1.7 und Kap. 4.4).

Daneben wurde Meinungsführerschaft nicht mehr nur im Bereich der Politik untersucht – zur Meinungsbildung über 1) Ereignisse der Lokalpolitik kamen die drei Themenfelder 2) Mode, insbesondere Kleidung; 3) Konsum als täglicher Einkauf für den Haushalt sowie 4) Kino als kulturelle Alltagskomponente. Die Forscher wollten damit herausfinden, welchen Einfluss interpersonale und massenmediale Kommunikation im Rahmen alltäglicher Entscheidungen ausüben (Katz & Lazarsfeld 1962: 12). Zudem wollten die Forscher auch mehr darüber erfahren, „was für eine Art Menschen" die Meinungsführer waren, d.h. durch welche sozialen und soziodemografischen Merkmale sie charakterisiert werden konnten, und „wie ihr Verhältnis zu den Menschen war, die sie beeinflussten": „Waren sie älter oder jünger, ärmer oder reicher, Verwandte, Freunde, Nachbarn oder Berufskollegen?" (Katz & Lazarsfeld 1962: 11).

Für die Befragung wurden von den rund 60.000 Bewohnern der Stadt Decatur 800 Frauen zufällig ausgewählt und in zwei zeitlich versetzten Interviews befragt. Jede der Frauen wurde gefragt, ob sie in einem der vier Bereiche in der letzten Zeit eine Veränderung vorgenommen oder eine Entscheidung getroffen habe. Hierbei kam erneut das bereits bekannte Verfahren der Selbsteinschätzung zum Einsatz, um die Opinion Leader unter den Befragten zu ermitteln. Dabei wurde jedoch nicht nur nach dem absoluten Vorhandensein von Meinungsführerschaft gefragt, sondern auch deren Bedeutung mit Bezug auf das soziale Netzwerk erfasst.

Verfahren

> „Have you recently been asked your advice about...?"
> „Compared with other women belonging to your circle of friends, are you more or less likely than any of them to be asked your advice on...?" (Katz & Lazarsfeld 1955: 147).

Im Unterschied zur früheren Umsetzung wurde die Korrektheit der Angaben durch Kontrollinterviews im sozialen Umfeld überprüft. Außerdem wurden, wurde die Fragen nach der Veränderung bzw. Entscheidung bejaht, weitere Fragen angeschlossen, um zu ermitteln, welche Massenmedien und/oder welche Personen einen Einfluss auf diese Veränderungen gehabt haben könnten.

Zusammengerechnet nannten die Befragten rund 1.500 Situationen, in denen sie interpersonalen Einfluss erlebt hatten. Die hierbei genannten Personen wurden dann ebenfalls persönlich interviewt („Schneeballverfahren"), wobei sie auch gebeten wurden, anzugeben, durch wen sie selbst informiert bzw. beeinflusst wurden. Durch dieses mehrstufige Verfahren konnten die Forscher die Meinungsführer einerseits über ihre selbst genannten Eigenschaften sowie – und dies ist die eigentliche methodische Innovation – durch ihre reale existierende Funktion in ihrem sozialen Netzwerk identifizieren (vgl. Kap. 1.7).

Nebenbei zeigte die zusätzliche Kontrolle, bei der die Selbst- und Fremdeinschätzung gegeneinander abgeglichen wurden, auch die methodischen Schwächen der alleinigen Instrumentalisierung über die Selbsteinschätzung: Die Forscher konnten 634 Kontrollinterviews durchführen, dabei wurden die Personen, die sich selbst als Meinungsführer sahen, nur in etwa zwei Drittel der Fälle auch von ihrem sozialen Umfeld als solche bestätigt (Katz & Lazarsfeld 1962). 69% der Meinungsführer (*Influentials*) und 64% der Follower (*Influencees*) bestätigten die zuvor gemachten Angaben zu ihrer Beeinflussung.

Selbst- und Fremdeinschätzung

Die Befunde untermauerten die Ergebnisse aus der Erie-Studie, indem sich erneut die hohe Bedeutung interpersonaler Interaktion und Kommunikation für die individuelle Meinungs- und Entscheidungsfindung zeigten. Interessant war die Differenzierung zur Meinungsführerschaft in den verschiedenen Themenfeldern. Im Rückgriff auf die Typologie von Merton, der zwischen dem *monomorphen* und *polymorphen Meinungsführer* unterschieden hatte, wurde geprüft, ob der interpersonale Einfluss themenspezifisch war oder sich auch Hinweise für eine generelle Meinungsführerschaft finden ließen. Im Ergebnis dominierte eine themenspezifische Meinungsführerschaft, für die den Meinungsführern ein gewisser „Expertenstatus" zugesprochen wurde. Nur sehr wenige Personen im Sample hatten die Funktion eines polymorphen Opinion Leader.

Ein weiterer interessanter Befund war, dass die *Position im Lebenszyklus* einen Einfluss auf den Meinungsführerstatus nahm. Insbesondere für die Bereiche Konsum, Mode und Kino unterstützte die „passende" Lebensphase die Meinungsführer in ihrer Rolle. So rekrutierten sich die Meinungsführerinnen aus den Bereichen Mode primär aus der Gruppe junger und noch unverheirateter Frauen. Zudem hatten auch soziale und kommunikative Kompetenzen, insbesondere die „Geselligkeit" und Eingebundenheit in das soziale Netzwerk, einen hohen Einfluss auf die Meinungsführerschaft – wer wenige soziale Kontakte hat und wenig kommunikativ aktiv, war auch kein Meinungsführer.

Position im Lebenszyklus

Mediennutzungsverhalten Zum Mediennutzungsverhalten zeigte sich: „Opinion leaders tend to be both more generally exposed to the mass media, and more specifically exposed to the content most closely associated with their leadership. Presumably this increased exposure then becomes a component [...] of the influence which such influentials transmit to others" (Katz & Lazarsfeld 1955: 316). Dies stützte Mertons Annahme, dass Meinungsführer insbesondere diejenigen Medien intensiv nutzen, deren Informationsgehalt ihnen für die Ausübung ihrer Meinungsführerschaft Vorteile bietet. Der über die selektive Mediennutzung erreichte Vorsprung an Information und Wissen trägt insofern dazu bei, den Expertenstatus der Meinungsführer zu sichern.

Richtung des Einflusses Katz und Lazarsfeld (1955) fanden zudem, dass die Richtung des Einflusses (horizontal vs. vertikal) in Abhängigkeit vom Thema variierte: Während sich in den Bereichen Mode, Konsum und Kino eine horizontale Meinungsführerschaft bzw. eine relative sozialstrukturelle Gleichverteilung der Meinungsführer zeigte, war im Bereich Ereignisse der Lokalpolitik eine eher vertikale Meinungsführerschaft zu beobachten, bei der die Leader über einen höheren sozialen Status verfügten.

Bei einer erneuten Analyse hat sich die Annahme von primär monomorphen Meinungsführern übrigens relativiert. Die Daten konnten die Annahme von polymorphen Meinungsführern doch stützen – und zwar insbesondere dann, wenn der interpersonale Einfluss nicht auf einer funktionalen Themenkompetenz, sondern auf dem Charisma und der kommunikativen Kompetenz des Meinungsführers basierte (Marcus & Bauer 1964). In der Kritik stand auch die geringe Zahl der Kontrollinterviews, die Katz und Lazarsfeld aufgrund limitierter Ressourcen begrenzen mussten. An der Studie ist methodisch vor allem die innovative Erweiterung des Verfahrens zur Erfassung von Meinungsführern über eine Kombination von Selbst- und Fremdeinschätzung zu würdigen. Inhaltlich liefert die Decatur-Studie darüber hinaus vielfältige Differenzierungen des Phänomens von Meinungsführerschaft und seinen konstitutiven sozialen und kommunikativen Bedingungen.

> **Akteure**
>
> Der emeritierte, aber noch aktive Kommunikationswissenschaftler *Elihu Katz* wurde 1926 in New York geboren. An der Columbia University studierte und promovierte er im Fachbereich Soziologie. In dieser Zeit war er auch als Mitarbeiter von Paul Felix Lazarsfeld tätig. Dann wechselte er als Professor an die Annenberg School of Communication an der University of Pennsylvania. Von hier aus intensivierte er die Beziehungen zur Hebrew University

in Jerusalem, an der er schließlich das kommunikationswissenschaftliche Institut gründete.

Katz ist heute *Distinguished Trustee Professor of Communication* der Annenberg School und wissenschaftlicher Direktor des Guttman Institute of Applied Social Research. Er ist ein „Fellow" der International Communication Association, die ihn 2010 für die bedeutende Arbeit „Media Events: The Live Broadcasting of History" aus dem Jahr 1994 ehrte. Elihu Katz ist gewähltes Mitglied der *American Academy of Arts and Sciences*. 1989 erhielt er den Israelischen Preis, die höchste nationale Ehrung des Landes (vergleichbar mit dem deutschen Bundesverdienstkreuz). Im Jahr 2005 wurde er außerdem mit dem Marshall Sklare Award ausgezeichnet, der von der *Association for the Social Scientific Study of Jewry* an etablierte Forscher vergeben wird, die eine außergewöhnliche Beitrag für das Forschungsfeld der sozialwissenschaftlichen jüdischen Studien geleistet haben.

2.4 Die Elmira-Studie: „Voting. A Study of Opinion Formation in a Presidential Campaign"

Ins Jahr 1948 datiert ein weiterer Klassiker der Meinungsführerforschung. Im Kontext der Wahlkampagnen zur Präsidentschaftswahl 1948 wollten Berelson, Lazarsfeld und McPhee (1954) die Prozesse der Meinungsbildung während der laufenden Wahlkampagne näher in den Blick nehmen. Das Erkenntnisinteresse fokussiert insofern eher auf die *Analyse des Wählerverhaltens* und seine Ursachen, liefert aber dennoch einige Befunde, die das Meinungsführerkonzept weiter empirisch fun-

Berelson, Lazarsfeld & McPhee 1954

dierten und verfeinerten. Mit der Verortung im Wahlkampfkontext und der methodischen Anlage kann *Voting* als eine Nachfolgestudie zu *The People's Choice* betrachtet werden; die wissenschaftliche Handschrift der soziologisch orientierten Columbia School ist unverkennbar.

Für die Befragung ermittelten die Forscher eine Stichprobe von 1029 Personen, die im Rahmen einer Panelbefragung im Verlauf des Wahlkampfs viermal interviewt wurden. Die Meinungsführer wurden über Selbsteinschätzung durch Befragung identifiziert. Meinungsführerschaft wurde dabei nur in einem Themenfeld untersucht.

Ergebnisse

Neben einer Vielzahl von Ergebnissen, die vor allem für die wahlsoziologische Forschung interessant sind, bestätigen die Ergebnisse die Befunde aus der Erie- sowie der Decatur-Studie in weiten Teilen. So zeigte sich erneut (wenn auch etwas weniger deutlich), dass die Wähler Medien selektiv nutzen und dabei jene medialen Inhalte präferieren, die mit ihren eigenen Prädispositionen übereinstimmen, wobei sich die Mediennutzung aufgrund soziodemografischer Merkmale prädisponiert zeigte. Das Muster der *selektiven Zuwendung* fand sich auch in der interpersonalen Interaktion wieder: Auch persönliche Gespräche über politische Themen wurden vor allem mit Menschen geführt, die über ähnliche politische Interessen, Meinungen und Anschauungen verfügen. Eine Konfrontation mit anderweitigen Meinungen wurde auch – oder sogar gerade – im Rahmen der interpersonalen Kommunikation vermieden. So kommt nicht nur den Massenmedien, sondern auch der interpersonalen Kommunikation eine *Verstärkerfunktion* zu.

widersprüchlicher Befund

Hinsichtlich der Stellung der Meinungsführer enthielten die Ergebnisse aber auch einen widersprüchlichen Befund. Es zeigte sich nämlich, dass die Opinion Leader in ihrem jeweiligen Sozialgefüge über einen höheren sozialen Status verfügten als ihre Follower; sie hatten eine höhere Bildungs- und Berufsqualifikation. Diese *vertikale Meinungsführerschaft* steht der ursprünglichen Erkenntnis eines primär horizontalen Einflusses entgegen. Zudem zeigten sich die Meinungsführer ihrerseits auch danach bestrebt, innerhalb ihres sozialen Netzwerks strategische Positionen einzunehmen, die ihre Kontakte zu anderen Mitgliedern begünstigten und damit ihre Rolle als Meinungsführer sicherten. Die Differenz zwischen Leader und Follower hielt sich allerdings in Grenzen: „The difference was not so much as to put him out of touch with the group but is was enough perhaps to win respect" (Berelson, Lazarsfeld & McPhee 1954: 112).

Die Befunde relativierten die idealtypische und vereinfachte Annahme eines Zwei-Stufen-Flusses der Kommunikation insofern, als dass deutlich wurde, dass Meinungsführer selbst auch persönlichen Einflüssen ausgesetzt bzw. von diesen beeinflussbar sind – insbesondere ließen sie sich von anderen Meinungsführern beeinflussen („Meinungsführer der Meinungsführer"). Das kommunikative Handeln der Meinungsführer bleibt also nicht auf die Selektion, intensive Rezeption und Weitergabe von massenmedialen Inhalten an die eigenen Follower beschränkt. Auch Meinungsführer wenden sich an Personen aus ihrem sozialen Umfeld, um sich mit ihnen auszutauschen, um Informationen zu erhalten und sich vielleicht auch selbst Rat und Orientierung zu holen; sie können dabei auch selbst die Rolle eines Opinion Followers einnehmen. Interessanterweise zeigte sich dabei, dass sich die Meinungsführer sogar häufiger als die Nicht-Meinungsführer an Dritte wandten, die sie ihrerseits als Meinungsführer sahen. Diese „unending circuits of leadership relationships" verglichen die Forscher mit einem Nervensystem, das durch den Körper der Gesellschaft verlaufe (Berelson, Lazarsfeld & McPhee 1954: 110). Aus netzwerktheoretischer Perspektive entspricht dies einem vielschichtigen, hierarchisch strukturiertem Informations- und Einflussprozess, der durch die ganze Gesellschaft geht.

Angesichts der Befunde, die einen mehrstufigen Kommunikationsprozesses sowie die Existenz vertikaler interpersonaler Einflüsse nahelegen, läutete die Elmira-Studie weitere Modifikationen des Two-Step Flow-Modells sein. Insbesondere legten sie nahe, den Flow of Communication eher als ein *Multi-Step-Modell* zu verstehen.

Modell

Mit der Idee des *Multi-Step-Flow of Communication* wurde das zweistufige Kommunikationsmodell ausdifferenziert. Als zentrale Weiterentwicklung wurde das starre hierarchische Gefüge Massenmedien – Opinion Leader – Follower aufgelöst. Damit wurde der Beobachtung entsprochen, dass Opinion Leader ihre Informationen nicht nur über die Massenmedien, sondern auch durch interpersonale Kommunikation (z.B. über andere Meinungsführer) beziehen können. Auch berücksichtigte die Modellerweiterung, dass die Interaktionsteilnehmer im Prozess der Meinungsbildung auch verschiedene Rollen ausüben können. Lazarsfeld und Menzel (1973: 123) pointieren die zentralen Annahmen folgendermaßen: „Wir haben es nicht nur mit einem zweistufigen Fluss – von den Massenmedien über die Meinungsbildner zur Allgemeinheit zu tun –, sondern mit einem *vielstufigen Kommunikationsfluss*: von den Massenmedien über mehrere Zwischenmitglieder von Meinungsbildnern, die miteinander in Austausch stehen, bis hin zu den schließlichen Mitläufern." Da die Idee eines Mehrstufenflusses jedoch *nicht* grundsätzlich *inkompatibel* ist mit der Idee eines Zweistufenflusses – den es

> grundsätzlich ebenfalls geben kann – plädiert Robinson (1976: 317) für ein allgemeineres Konzept zur Beschreibung des Kommunikationsflusses, das er das *N-Step Flow Model* nennt.

Obwohl methodisch wenig innovativ – selbst die bekannten methodischen Schwächen wurden nicht überwunden –, trug die Elmira-Studie damit zur weiteren Ausdifferenzierung des Meinungsführer-Konzeptes bei. Insbesondere gilt dies für das Verständnis der vielfältigen Kommunikationsprozesse, in die die Meinungsführer, ihre Meinungsführer sowie ihre Follower eingebunden sind und in denen sich Einflüsse sowohl auf horizontaler als auch auf vertikaler Ebene finden lassen.

Kernsätze

„Die ‚Wiederentdeckung' [der Bedeutung der Primärgruppe bzw. interpersonaler Beziehungen] scheint sich genau genommen in zwei Stufen vollzogen zu haben. Zuerst wurde das Phänomen der ‚Meinungsführung' entdeckt, dann aber führte die Untersuchung über die weite Verteilung der Meinungsführer in allen Bevölkerungsschichten und die Analyse ihrer Beziehungen zu den von ihnen Beeinflussten (Familie, Freunde, Mitarbeiter) zu einem zweiten Begriff: zu der Auffassung, dass Meinungsführer nicht eine besondere Gruppe sind, und dass die Meinungsführerschaft nicht ein Charakterzug ist, der manchen Personen eigen ist und manchen nicht, sondern das Meinungsführerschaft viel eher ein fester Bestandteil im Prozess des Gebens und Nehmens täglicher persönlicher Beziehungen ist. Anders ausgedrückt: alle zwischenmenschlichen Beziehungen können als Nachrichtennetz dienen, in dem man sich einen Meinungsführer als ein Gruppenmitglied vorstellen kann, das eine Schlüsselstellung im Nachrichtenwesen einnimmt. Mit dieser Bestimmung, das heißt der Verknüpfung des Meinungsführers mit bestimmten anderen, mit denen er Kontakt hat, ist die ‚Wiederentdeckung' abgeschlossen" (Katz & Lazarsfeld 1962: 40–41).

3. Meinungsführerschaft in Diffusionsprozessen

Die Diffusionsforschung (vgl. dazu ausführlich den Band *Diffusionstheorien* von Veronika Karnowski (2011) in der Konzepte-Reihe) kann als ein der Meinungsführerforschung *verwandter* Ansatz gelten. Während die betriebswirtschaftliche bzw. techniksoziologische Diffusionsforschung primär die Verbreitung von (Produkt-)Innovationen in den Blick nimmt, fokussieren kommunikationswissenschaftliche Diffusionsstudien auf die Verbreitung von Nachrichten im Sinne der Diffusion und Adoption von Informationen (vgl. Larsen & Hill 1954) sowie von Meinungen (wie bei den Drug-Studien (Menzel & Katz 1955; Coleman, Katz & Menzel 1957); **vgl. Kap. 3.2**) Vor allem die frühen Studien zur *Diffusion von Innovatonen und Informationen* (insb. Nachrichten) verdeutlichen die Nähe zur Meinungsführerforschung: So widmeten sich die Analysen z.B. wiederholt der Frage nach bestimmten Personen, die als *Innovatoren, Meinungsführer* oder allgemeiner als *Influentials* die Diffusion anstoßen oder beschleunigen konnten (z.B. in den Drug-Studien: Menzel & Katz 1955; Coleman, Katz & Menzel 1957). Aufgrund dieser in der Entwicklungsgeschichte beider Ansätze begründeten, ursprünglich starken *Verflechtung* beider Ansätze werden die Konzepte mit diesem Kapitel in die Entwicklungsgeschichte der Meinungsführerforschung eingebettet und nicht – wie im Rahmen der *Konzepte-Reihe* eigentlich üblich – als ‚verwandte Ansätze' in separaten Teilkapiteln thematisiert.

Verwandtes Forschungsfeld: Diffusionsforschung

Begriffe

Als *Diffusion* wird der Prozess definiert, in dessen zeitlichen Verlauf eine Innovation über verschiedene (Kommunikations-)Kanäle an die Mitglieder eines sozialen Systems kommuniziert wird (Rogers 2003).

Eine *Innovation* ist dabei ganz allgemein jede Idee, Handlung oder jedes Objekt, welche/s vom Adoptor als neu angesehen wird (Rogers 2003).

Vor allem am Beginn der Diffusionsforschung richten einige zentrale Studien den Blick auf Prozesse der *Nachrichtendiffusion als Diffusion von ‚innovativen' bzw. neuartigen Informationen* (vgl. Larsen & Hill 1954). Ausgangspunkt für solche *News-Diffusion*-Studien sind häufig, wie auch beim unten folgenden ersten Beispiel (Larsen & Hill 1954), außergewöhnliche Nachrichtenereignisse. Die Forschung konzentrierte sich dabei auf die Frage, ob die entscheidenden Einflüsse auf die Informationsdiffusion eher von massenmedialer oder eher von interpersonaler Kommunikation ausgingen. Mit dieser Fokusverschiebung gerieten auch weitere Konzepte in den Blick – etwa Nachrichtenfakto-

Nachrichtendiffusion

ren und Nachrichtenwerte (vgl. Kap. 3.3 und Kap. 3.4) –, womit die explizite Auseinandersetzung mit Meinungsführern in den Forschungsarbeiten in den Hintergrund rückte. Die in diesem Kontext entstandenen Studien verdeutlichen daher auch einen zentralen konzeptionellen Unterschied zwischen Diffusions- und Meinungsführerforschung: Im Zentrum der Diffusionsforschung stehen nämlich nicht länger Phänomene der *Meinungs*führerschaft, sondern allgemeiner Prozesse der Verbreitung von *Informationen*.

konzeptionelle Unterschiede

Dass zwischen Information und Meinung analytisch zu unterscheiden ist, ist allerdings gerade keine ‚Errungenschaft' der frühen Meinungsforschung – im Gegenteil: Im *Two Step Flow of Communication* waren Informationsfluss auf der einen und Beeinflussungsprozess auf der anderen Seite zunächst als Äquivalent betrachtet worden. Erst die Diffusionsforschung brachte die Idee einer analytischen Trennung von Informationsfluss und Beeinflussungsprozess ein (Bonfadelli & Friemel 2011).

Ein zweiter konzeptioneller Unterschied ergibt sich aus dem Analyseinteresse, den Einfluss interpersonaler sowie massenmedialer Kommunikation aus einer eher übergeordneten Perspektive vergleichend zu untersuchen: Ausgehend von außergewöhnlichen Nachrichtenereignisse wird (meist durch Befragung) untersucht, wie und wie schnell sich die Information in den (oft vergleichend) analysierten sozialen Netzwerken über massenmediale sowie interpersonale Kommunikationskanäle verbreitet. Zentrale Fragen sind daher: „Wann und wie – über welchen Kommunikationskanal – haben Sie zuerst von dem Ereignis XY erfahren? Über die Massenmedien oder über persönliche Gespräche?"

Auf den ersten Blick geht es hierbei gerade nicht um bestimmte Personen oder Institutionen, die als Meinungsführer Einfluss ausüben. Auf den zweiten Blick relativiert sich dies aber: Zwar steht Meinungsführerschaft in dieser allgemeineren Perspektive nicht mehr im Zentrum der Forschung und wird daher auch zunehmend weniger explizit als Phänomen thematisiert. Da die Information aus persönlichen Gesprächen aber natürlich oft durch einflussreiche Personen aus dem unmittelbaren sozialen Umfeld erfolgt, spielen Meinungsführer – unter der Perspektive des *interpersonalen Einflusses einzelner sozialer Akteure im Diffusionsprozess* – dennoch auch weiterhin eine wichtige Rolle.

So haben auch Studien zur Diffusion von Produkt- und Medieninnovationen (z.B. von Smart Phones, Short Messages, Online-Computerspielen oder Wearables) wiederholt auf die Multiplikatorenfunktion von Meinungsführern verwiesen (vgl. dazu auch Schenk 2007, insb.

414-419). Parallelen zum Meinungsführerkonzept zeigen sich hierbei v.a. hinsichtlich der Frage, welche Informationsverarbeitungsprozesse von ‚Innovatoren' der Übernahme einer Innovation vorausgehen: Hier hat sich nämlich herauskristallisiert, dass es sich bei den *Innovatoren* – ganz ähnlich den Meinungsführern – meist um Experten handelt, die ein größeres Vorwissen besitzen, häufiger und intensiver Medien nutzen, und neue Botschaften daher leichter und systematischer verarbeiten sowie auch weitergeben können (vgl. Schenk 2007: 411).

Zusammengefasst leisten Befunde aus der *Diffusionstheorie* – neben dem schon angesprochenen soziologischen bzw. sozialpsychologischen Bezugsrahmen – bis heute einen wichtigen Beitrag zur Meinungsführerforschung. Zentrale Impulse gingen insbesondere von der Idee einer analytischen Trennung von Informationsfluss auf der einen und Beeinflussungsprozess auf der anderen Seite aus, die im Two Step Flow of Communication zunächst als Äquivalent betrachtet worden waren (Bonfadelli & Friemel 2011). An einigen Stellen haben die Befunde aus der Diffusionsforschung gewiss auch dazu beigetragen, die Rolle von Meinungsführern in Informations- und Diffusionsprozessen zu relativieren bzw. differenzierter zu betrachten. Wie weiter unten noch thematisiert wird, hat sich beispielsweise gezeigt, dass die *Relais-* sowie *Verstärkerfunktion* der Meinungsführer bei wichtigen und unvorhergesehenen Ereignissen weniger bedeutsam ist, da Rezipienten von bedeutenden Nachrichten oft direkt aus den Massenmedien erfahren (Deutschman & Danielson 1960; Greenberg 1964b). Dies hat u.a. zu der Differenzierung geführt, dass Meinungsführer vor allem in den darauffolgenden Diskussionen, in denen es stärker um die Bewertung, Einordnung und Einstellungsbildung der rezipierten Informationen geht, sozialen Einfluss ausüben (vgl. Deutschman & Danielson 1960).

Beitrag zur Meinungsführerforschung

Heute wird die ursprünglich enge Verbindung der beiden Forschungstraditionen nicht mehr so deutlich; beide Zugänge haben sich in ihrer Weiterentwicklung stärker ausdifferenziert und dabei auch etwas voneinander entfernt. In der Konsequenz geriet die Rolle von Meinungsführern im Diffusionsprozess etwas aus dem Blick und steht heute nicht mehr im Zentrum der Diffusionsforschung (vgl. dazu den Band *Diffusionstheorien* von Veronika Karnowski (2011) in der Konzepte-Reihe).

Das bis heute zentrale Analyseinteresse der Diffusionsforschung formulierte Katz (1962: 5) in seiner vergleichenden Auseinandersetzung zweier Pionierstudien – der zweiten Drug-Studie von Coleman, Katz und Menzel (1957) sowie der Studie zur Verbreitung der Agrar-Innovation Hybridmais von Ryan und Gross (1950) – als „tracing the movement of 1) a given new practice 2) over time 3) through specific channels of communication 4) within a social structure." Dieser Analyselogik folgen im Kern auch die Studien, die nachfolgend die Rolle massenmedialer sowie interpersonaler Kommunikation in Diffusionsprozessen beleuchten.

3.1 Massenmediale und interpersonale Kommunikation im Diffusionsprozess

Rolle von Meinungsführern im Diffusionsprozess

Zur Verbreitung von aktuellen Nachrichten legten Larsen und Hill 1954 eine Studie vor, die heute stärker als ein Klassiker der *Diffusionsforschung* als der Meinungsführerforschung gilt (vgl. Karnowski 2011). Ein offensichtlicher Grund dafür ist der, dass die Rolle von *Meinungsführern im Diffusionsprozess* in der Studie gar nicht explizit thematisiert wird. Dennoch wollen wir *Mass Media and Interpersonal Communication in the Diffusion of a News Event* hier aus zwei Gründen behandeln: Erstens bringen die Befunde zur Nachrichtendiffusion einige interessante Erkenntnisse zum Einfluss interpersonaler sowie massenmedialer Kommunikation in Situationen ein, in denen neuartige, unvorhergesehene und außergewöhnliche Informationen vermittelt werden. Und zweitens beziehen sich viele spätere Studien zu Meinungsführern in Diffusionsprozessen explizit auf diesen „Ausgangspunkt der Forschung von Nachrichten in sozialen Systemen" (Karnowski 2011: 64).

Anlässlich des Todes des berühmten US-Senators Taft am 31. Juli 1953 untersuchten Larsen und Hill (1954) die Diffusion der Nachricht seines Todes in zwei unterschiedlichen sozialen Netzwerken: die eine Gruppe bestand aus Mitarbeitern einer Universität, die andere Gruppe aus Bürgern aus dem Arbeitermilieu. Mit diesen beiden Gruppen führten die Forscher am Morgen des darauffolgenden Tages eine Befragung durch, um Rückschlüsse auf den Diskussionsprozess der Nachricht zu erhalten. Interessanterweise fanden die Forscher nur geringe Unterschiede bei der Geschwindigkeit der Nachrichtendiffusion: Nach 11 Stunden hatten bereits 90% der befragten Universitätsmitarbeiter vom Tod des Senators erfahren; in der Gruppe der Arbeiter war die Nachricht nach 14 Stunden diffundiert. Allerdings fanden Larsen und Hill (1954) Unterschiede bezüglich der Bedeutung bzw. Intensität interpersonaler Kommunikation: Die Universitätsmitarbeiter tauschen sich häufiger im Rahmen interpersonaler Kommunikation über das Ereignis aus (der Anteil lag bei 35%; bei den Arbeitern bei 17%). Daraus schlossen die Forscher, dass Massenmedien zwar unabhängig vom sozioökonomischen Status bei neuartigen, außergewöhnlichen Ereignissen die wichtigste Informationsquelle darstellten, der Einfluss interpersonaler Kommunikation aber von der Bedeutung bzw. vom *Nach-*

richtenwert der Information im jeweiligen sozialen Netzwerk abhing (vgl. Kap. 1.7).

Um zu klären, wie und wie schnell sich Information über außergewöhnliche Nachrichtenereignisse in den analysierten sozialen Netzwerken über massenmediale sowie über interpersonale Kommunikationskanäle verbreitet, fragen *News-Diffusion*-Studien meist nach dem Zeitpunkt sowie der Quelle (massenmedial vs. interpersonal) der Erstinformation. Mit solchen Set-Ups wurde die Diffusion verschiedener außergewöhnlicher Nachrichtenereignisse analysiert – vom Tod Franklin D. Roosevelts 1945, Eisenhowers Entscheidung für eine zweite Präsidentschaftskandidatur 1956, den Attentaten auf die US-Präsidenten John F. Kennedy 1963 und Robert Reagan 1981, von der Erklärung Papst Johannes Pauls II. zur Empfängnisverhütung 1981 über die Challenger-Katastrophe 1986 bis zum Tod von Lady Diana 1997. Den bis dato ausstehenden, breiten Ländervergleich legte Rosengren (1987) für die Nachricht der Ermordung des schwedischen Ministerpräsidenten Olof Palme 1986 vor. In den 1990er-Jahren wurden Diffusionsstudien dann seltener; zuletzt gab es einige Studien rund um die 9/11-Ereignisse (z.B. Emmer et al. 2002; Rogers 2003). Wie diese lückenhafte Aufzählung andeutet, nimmt die Diffusionsforschung meist dramatische Ereignisse in den Blick, die den *hard news* zuzurechnen sind. Zur Diffusion typischer *soft news* liegen dagegen kaum Studien vor (Rosengren 1973: 85).

Im Folgenden werden wir noch ein paar weitere Studien kennenlernen, die auf den Verbreitungsprozess von neuen Informationen fokussieren. Neben den Befunden zum Verhältnis von massenmedialer und interpersonaler Kommunikation – und der Rolle von Meinungsführern in diesem Prozess – sind sie für uns vor allem deshalb von Interesse, weil sie uns differenziertere Erkenntnisse zum Modell des *Two* bzw. *Multi-Step-Flow of Communication* bringen. Denn während der reine Informationsfluss von der Meinungsführerforschung zunächst gar nicht untersucht wurde, steht genau dieser *Diffusionsprozess* im Analyseinteresse der Diffusionsforschung und füllt damit gewissermaßen einen ‚blinden Fleck' der bisherigen Meinungsführerforschung. Tatsächlich sahen sich einige Diffusionsforscher gerade durch die ersten Befunde bzw. Aussagen zum Zwei-Stufen-Fluss motiviert, sich einer näheren Prüfung des Phänomens zu widmen (so explizit etwa Deutschmann und Danielson (1960: 346)). Eine nähere Analyse führte dabei meist zu der Schlussfolgerung, dass der Zwei-Stufen-Fluss als ein unterkomplexes, zu stark vereinfachtes Modell zu werten sei, der die Informations- und Interaktionsprozesse nur unzureichend beschreiben könne, weshalb die Modellannahmen zu modifizieren seien. Daher werden uns im Folgenden einige *zentrale Modifikationen des Two-Step-Flows* begegnen, die auch für die Meinungsführerforschung hoch relevant sind.

Bevor wir uns den Studien nun im Einzelnen zuwenden, soll noch ein Kritikpunkt bemerkt werden: Da die meisten Studien im Kontext *unvorhergesehener* Ereignisse durchgeführt wurden, blieb den Forschern auch meist nicht viel Zeit für eine ausgeklügelte Vorbereitung. Diese „firehouse nature of news event diffusion research" (Rogers 2000: 569) erklärt auch das oftmals wenig originelle Studiendesign (Karnowski 2011: 67).

3.2 Die Drug-Studien: „Social Relations and Innovation in the Medical Profession" – „The Diffusion of an Innovation Among Physicians"

Menzel & Katz 1955

Wie der Name schon andeutet, war der Untersuchungsanlass der beiden *Drug-Studien* die Einführung eines neuen Medikaments (englisch: drug). Diesen Anlass nutzen Menzel und Katz (1955) sowie Coleman, Katz und Menzel (1957), um den Zusammenhang zwischen Prozessen der *Informationsdiffusion und der Meinungsführerschaft* näher in den Blick zu nehmen. Konkret fragten sich die Forscher, wie sich Ärzte innerhalb eines sozialen Netzwerks eine Meinung über das innovative Medikament ‚Gammanym' bildeten, was sie schließlich dazu veranlasste, dieses Medikament auch zu verschreiben – und inwieweit diese ‚Adaptoren' in ihrer Meinungsbildung durch ‚Innovatoren' bzw. Meinungsführer beeinflusst wurden. Die beiden Studien, die zu den ‚Klassikern' der Meinungsführerforschung zählen können, beziehen sich aufeinander; sie lassen sich auch als Pilot- und Hauptstudie lesen.

Erhebungen

Die Erhebungen fanden in verschiedenen, mittelgroßen US-amerikanischen Städten statt; es wurden dabei fast alle Ärzte der jeweiligen Stadt befragt. Damit betraten die Forscher methodisch Neuland: Da nahezu die komplette Gruppe der Experten befragt wurde, ließ sich auch die Gesamtheit der interpersonalen Interaktions- und Kommunikationsbeziehungen innerhalb dieses Netzwerks analysieren (**vgl. Kap. 1.7**). Die Forscher entgegneten damit einer zentralen Kritik der bisherigen Arbeiten, nämlich dem ‚Shortcoming', dass man bisher höchstens Aussagen zum Paarverhältnis (*Dyade*) zwischen Opinion Leader und ihren Followern hatte machen können, die komplexe Struktur der Interaktionsbeziehung im Netzwerk dabei aber unbekannt blieb.

erste Drug-Studie

In der ersten *Drug-Studie* von Menzel und Katz (1955) wurde die *soziometrische Analyse* der interpersonalen Interaktions- und Kommunikationsbeziehungen umgesetzt, indem 33 der insgesamt 40 niedergelassenen Ärzte einer Stadt in New England zu ihren kollegialen Beziehungen befragt wurden (**vgl. Kap. 4.4**). Die Ärzte wurden gebeten,

3. Meinungsführerschaft in Diffusionsprozessen

jeweils drei bis vier Kollegen zu nennen, die sie häufiger trafen, mit denen sie sich über bestimmte medizinische Fragestellungen austauschten und deren Ratschläge sie schätzten (Menzel & Katz 1955: 340). Die Antworten wurden hinsichtlich der Netzwerkverbindungen analysiert und in einem *Soziogramm* verdichtet (**vgl. Abb. 3**). Dabei visualisieren die Personen die Knotenpunkte, die kommunikativen Beziehungen hingegen die Verbindungslinien (**vgl. Kap. 1.7**). Damit hielt die Methodik der *Netzwerkanalyse* (**vgl. Kap. 4.4**) Einzug in die empirische Kommunikationsforschung. Im Soziogramm ließen sich die Meinungsführer schnell visuell identifizieren: Sie waren diejenigen Personen, die die meisten soziometrischen Verbindungen zu anderen aufwiesen.

Abb. 3: Netzwerkmodell bzw. Soziogramm als Ergebnis der soziometrischen Befragung.

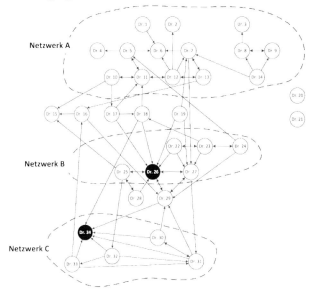

Jeder Kreis repräsentiert einen Arzt im Netzwerk. Die Pfeile visualisieren Antworten auf die Frage 'Können Sie bitte 3 oder 4 Ärzte nennen, die Sie am häufigsten bei sozialen Gelegenheiten treffen?'. In diesem Beispiel sind zwei typische Meinungsführer Dr. 26 und Dr. 34, isolierte Ärzte sind Dr. 20 und Dr. 21.

Bildquelle: Menzel und Katz 1955: 341

Die so gewonnenen Erkenntnisse wurden einerseits ergänzt um Befragungsdaten zum Mediennutzungs- und Informationsverhalten der

Erkenntnisse

Fachleute. Hierbei wurde erfasst, welche (fachspezifischen) Medien (z.B. Fachzeitschriften, medizinische Informationsmaterialien) die Ärzte nutzen und ob sie häufig Teilnehmer von Fachkonferenzen waren. Andererseits wurden die Befunde um die tatsächliche Diffusion der Informationen zum Medikament bzw. der endgültigen Durchsetzung des Medikaments (gemessen über die eingereichten Rezepte in den ortsansässigen Apotheken) zum Informations- und Kommunikationsverhalten in Beziehung gesetzt.

zweite Drug-Studie In der zweiten Drug-Studie (Coleman, Katz & Menzel 1957) wurde das methodische Vorgehen weitgehend repliziert; erneut wurden Interviews mit fast allen Ärzten eines Netzwerks durchgeführt. Statt das Netzwerk einer Gemeinde in den Blick zu nehmen, wurden nun aber Befragungen in vier verschiedenen Städten realisiert, um dadurch die empirische Datengrundlage zu erweitern.

Beide Studien zeigten ähnliche Befunde: Innerhalb der sozialen Netzwerke ließen sich jeweils Personen identifizieren, die als Meinungsführer gelten konnten und interpersonalen Einfluss auf ihr Netzwerk ausübten. Diese Meinungsführer waren fachlich überdurchschnittlich gut informiert: Sie rezipierten fachspezifische Informationen häufiger und intensiver und besuchten häufiger Fachtagungen (klassische Mediennutzungsvariablen wurden nicht differenziert erhoben). Außerdem tauschten sie sich auch häufiger mit Fachkollegen im Rahmen fachspezifischer Diskurse über das neue Medikament aus, was erneut die Idee eines *Multi-Step Flow of Communications* stützte, die Menzel und Katz auch explizit ausformulierten (1955: 343). Besonders in der *Evaluationsphase* des neuen Medikaments wurden professionelle mediale und interpersonale Informationsquellen intensiv genutzt (Coleman, Katz & Menzel 1966: 60). Massenmedien kam dabei eher die Funktion zu, das Medikament allgemein bekannt zu machen (*Wahrnehmungsphase*), durch die interpersonale Kommunikation bestätigte man sich durch sozialen Vergleich über die Richtigkeit und Zweckmäßigkeit der neuen Medikamentation (*Legitimationsphase*; Coleman, Katz & Menzel 1966: 64): „In general, it has been found that mass media serve to inform and that personal contacts are used to legitimate" (Katz 1961: 78). Bei Unsicherheit nahmen die kommunikativen Kontakte zu, wobei vor allem angesehene, ortsansässige Kollegen um Rat gefragt wurden.

Connectedness Für die erfolgreiche Adaption des Medikaments war der Grad der sozialen Vernetztheit (*Connectedness*) eine wichtige Determinante: Hatte ein Innovator das Medikament erst einmal verschrieben, zogen weitere Ärzte im unmittelbaren sozialen Umfeld rasch nach. Denn diejenigen, die das Medikament bereits verschrieben hatten, gaben ihre gewonnenen Informationen und Erfahrungen auch meist mit geringer Zeitverzögerung an ihre Kollegen weiter. So zeigte sich zwischen der Intensität der Interaktionsbeziehungen bzw. der Integration im Netzwerk und der Innovationsadaption ein deutlicher Zusammenhang. Umgekehrt gehörten sozial isolierte Ärzte, die über wenige oder gar keinen Beziehungen im Netzwerk verfügten, zu den „Nachzüglern", die das Medikament erst später verschrieben.

Die besondere Bedeutung der Eingebundenheit ins soziale Netzwerk für den Diffusionsprozess ist ein für die Diffusionsforschung zentraler Befund. Das ‚theoretische' Wissen über eine Innovation reicht nicht aus, um diese auch letztlich anzunehmen.

Kernsätze

„Diffusion is a very social process" (Rogers 2010: 18).

Im Untersuchungskontext der ersten Drug-Studie von Menzel und Katz (1955) waren die Meinungsführer interessanterweise nicht gleichzeitig die Innovatoren bzw. *Early Adopters*, die das Medikament als erstes verschrieben. Eine Kongruenz von Meinungsführer und Innovator zeigte sich hingegen in der zweiten Studie (Coleman, Katz & Menzel 1957); was der Grund für diese divergenten Befunde gewesen sein könnte, blieb offen. Menzel und Katz (1955) erklärten sich die geringe Experimentierfreude der Meinungsführer mit ihrer hohen sozialen Konformität in ihrer jeweiligen Peer-Group, die sie zu idealtypischen Vertretern der etablierten Gruppennormen machte, die die Homogenität innerhalb der Gruppe förderten.

3.3 Die Bedeutung des Nachrichtenwerts im Diffusionsprozess: „Diffusion of a Major News Story"

Am Beispiel der beiden gerade besprochenen Drug-Studien (Menzel & Katz 1955; Coleman, Katz & Menzel 1957) hat sich gezeigt, dass die *Analyse von Meinungsführerschaft und die Analyse von Prozessen der Informationsdiffusion* eng miteinander verwoben sind. Dennoch liegt das Analyseinteresse der *News-Diffusion*-Studien weniger in der Identifikation einzelner Meinungsführer und ihres sozialen Einflusses, sondern vielmehr in der übergeordneten Frage, ob entscheidenden Einflüsse auf die Informationsdiffusion eher von massenmedialer oder eher von interpersonaler Kommunikation ausgehen.

News-Diffusion-Studien

Diese Intention liegt auch einer Studie von Deutschmann und Danielson (1960) im Kontext dreier wichtiger nationaler Ereignisse zugrunde.

Mit einem ähnlichen Vorgehen wie oben beschrieben untersuchten sie vergleichend die Informationsdiffusion bei drei außergewöhnlichen Ereignissen, nämlich 1) dem Schlaganfall von Eisenhower im Jahr 1952, 2) der Expedition der Explorer I sowie 3) der Formierung von Alaska zum US-Bundestaat im Jahr 1958. Dabei führten sie in drei Städten 48 Stunden nach der jeweiligen Erstinformation eine telefonische Befragung durch (n=844). Über den Vergleich dieser Ereignisse wollten sie verallgemeinerbare Rückschlüsse auf den Diffusionsprozess gewinnen.

Dabei zeigte sich, dass es ein bis zwei Tage dauerte, bis die Nachrichten wirklich als ‚durchgedrungen' bewertet werden konnten und fast alle Befragten (ca. 90%) erreicht hatte; eine „rapid ‚word-of mouth' diffusion" fanden die Forscher nicht (Deutschmann & Danielson 1960: 347). Von zentraler Bedeutung ist die Beobachtung, dass die Verbreitung von Informationen über *Ereignisse mit hohem Nachrichtenwert* vor allem *direkt über die Massenmedien* lief – interpersonale Kommunikation (oder gar Meinungsführer) spielten hierbei eine zweitrangige Rolle. Nur etwa 10 bis 20% der Befragten nannten interpersonale Kommunikation als „first source"; die übrigen nannten massenmediale Kanäle, allen voran das Fernsehen und das Radio (Deutschmann & Danielson 1960: 351). Traditionellen Massenmedien, v.a. der Tageszeitung, fiel auch eine wichtige Bedeutung bei der nachfolgenden Rezeption von zusätzlichen Informationen über die Ereignisse zu.

Begriffe

Nachrichtenwert

Der *Nachrichtenwert* eines Ereignisses ist ein theoretisches Konstrukt, das einerseits als Indikator für die Neuigkeit, Aktualität und *Bedeutung des Ereignisses* (auch: importance, relevance) verwendet wird sowie andererseits auch das *Interesse an der Nachricht* auf Seiten der Medien (auch: salience) und der Öffentlichkeit beschreibt. Da beide Dimensionen in der frühen News-Diffusion-Forschung oft gleichgesetzt wurden, hat Rosengren (1973: 84) eine stärkere Differenzierung beider Konzepte vorgeschlagen: „The *importance* of an event might be defined as the number of persons whose lives the event affects in a decisive manner. The *news value* of the report of the event might be defined as the number of persons that feel involved in the report of the event (and, indirectly, in the event itself). That is, importance refers to events, news value primarily to reports of events, or, rather to reports as perceived and used by the audience" (Herv.n.i.O).

In der *Nachrichtenwertforschung* ist der Nachrichtenwert eng mit der Frage verbunden, für wie medial berichtenswert Journalisten ein Ereignis beurteilen (vgl. den Band von Maier, Stengel & und Marschall (2010) zur *Nach-*

> *richtenwerttheorie* in dieser Reihe). Der Nachrichtenwert kann allerdings nicht als ‚objektive' Eigenschaft der Ereignisse angesehen werden; er ist eine kontextabhängige *Zuschreibung* – eben *Bewertung* – durch die Journalisten bzw. Rezipienten.

Über alle Befragten ergab sich in der Tendenz (Deutschmann & Danielson 1960: 350, 352), dass die Nachrichten meisten zu Hause rezipiert wurden, Männer informierter waren als Frauen und dass mehr Personen mit höherem Bildungsgrad informiert waren. Daneben identifizierten die Forscher auch eine (in Abhängigkeit vom formalen Bildungsgrad) substantielle Anzahl von vollkommen Uninformierten (2– 10% der Befragten). Anschlusskommunikation fand bei drei Viertel der Befragten in der häuslichen Umgebung statt, gefolgt von Gesprächen am Arbeitsplatz, bei Freunden und in kommerziellen Umgebungen (ebd.: 354).

Die Forscher fragten auch explizit nach der *Rolle von Meinungsführern*: „Did you get it directly from the media, or did someone call the item (or program) to your attention?" (Deutschmann & Danielson 1960: 350). Die Befunde demonstrierten, dass Meinungsführer bei der Erstinformation über die Ereignisse weniger bedeutsam waren. Dennoch zeigte sich ein für die Meinungsführerforschung interessanter Befunde: Zwei Drittel der Befragten sprachen im Rahmen von *Anschlusskommunikation* häufig mit einflussreichen Personen aus ihrem sozialen Umfeld über die bedeutenden Themen und nahmen hierbei *zusätzliche Informationen* auf (Deutschmann & Danielson 1960: 353). Meinungsführer spielten damit also eine eher geringe Rolle für die Erstrezeption der Information, entfalteten ihr ‚Einflusspotenzial' aber vor allem in den darauffolgenden Diskussionen, in denen es stärker um die Bewertung, Einordnung und Einstellungsbildung der rezipierten Informationen ging. Statt der *Relais-Funktion*, die Katz und Lazarsfeld (1962) postuliert hatten, kam den Meinungsführern damit vor allem die Aufgabe zu, die massenmedial aufgenommenen Informationen im Rahmen der Anschlusskommunikation zu *ergänzen* und Informationslücken zu füllen (*supplementary function*). Dem entsprach, dass der Interaktionsgrad der Befragten mit zunehmendem Medienkonsum zunahm: Auch hier waren die (potenziellen) Meinungsführer besonders intensive Mediennutzer bzw. besonders gut informiert (Deutschmann & Danielson 1960: 354). Bezüglich sozialstruktureller Merkmale gab es wenige Unterschiede zwischen den Meinungsführern und ihren Followern (ebd.).

Rolle von Meinungsführern im Diffusionsprozess

Daneben bestätigte sich auch die von Katz und Lazersfeld beschriebene *Verstärkerfunktion* der Meinungsführer (*reinforcement function*). Zwar untersuchten die Forscher die Art des Einflusses selbst nicht, folgerten aber aus der Häufigkeit der interpersonalen Kommunikation, dass diese einen verstärkenden Effekt haben müsse und die Nachrichtendiffusion entscheidend mitbeeinflusste (Deutschmann & Danielson 1960: 353–354). Opinion Leader würden hierbei verstärkt meta-kommunikative Aufgaben wahrnehmen, und bereits diffundierte Informationen ergänzen, kommentieren und bewerten (ebd.). Die interpersonale Kommunikation würde dabei durch einen *geringeren* Nachrichtenwert begünstigt.

Auf Basis ihrer Befunde formulierten die Autoren drei Schlussfolgerungen zur Bedeutung massenmedialer und interpersonaler Kommunikation sowie der Rolle von Meinungsführern bei der *Diffusion of a Major News Story* (Deutschmann & Danielson 1960: 355; Herv.i.O.):

1. "*Initial mass media information on important events goes directly to people on the whole and is not relayed to any great extent.*
2. *People talk about important news they have learned from the media.*
3. *At this stage, opinion leaders, who have more information, may do some relaying of information. But this is a supplementary relaying. When the subject comes up, the informed leader contributes the additional information he has on it – adding, subtracting, correcting, confirming, etc".*

Kernsätze

"Conclusion: The *relay function* is supplemental in nature, probably takes place at the same time as the *reinforcement function*, and is hard to distinguish from the latter. Thus, we would argue that the Katz-Lazarsfeld two-stage flow hypothesis, as a description of the initial information process, be applied to mass communication with caution and qualification" (Deutschmann & Danielson 1960: 355; Herv.i.O.).

3.4 Weitere Befunde zur Bedeutung des Nachrichtenwerts im Diffusionsprozess

Hill & Bonjean 1964

Den Diffusionsprozess von Informationen nahmen auch Hill und Bonjean 1964 in ihrer Meta-Analyse *News Diffusion: A Test of the Regularity Hypothesis* näher in den Blick, indem sie die Ergebnisse zentraler Studien zur Nachrichtendiffusion – von Miller (1945) zum Tod Roosevelts, von Larsen und Hill (1954) zum Tod des Senators Taft (s.o.) sowie von Danielson (1956) zur zweiten Kandidatur von Eisenhower – mit eigenen Befunden zur Nachrichtendiffusion des Kennedy Attentats verglichen. Dazu nahmen sie zunächst eine Klassifikation der Ereignisse vor, indem sie ihnen – auf Basis der prozentualen Angaben zur Geschwindigkeit der Diffusion in die Rezipientengruppen – einen Nachrichtenwert zuwiesen.

Während der Studienvergleich für viele Befunde zum Diffusionsprozess übereinstimmende Forschungsergebnisse ergab – so bestätigte sich grundsätzlich der hohe Stellenwert massenmedialer Kommunikation bei der Verbreitung von Nachrichten – kamen Hill und Bonjean zu einer anderen Einschätzung zum Zusammenhangs von Nachrichtenwert und der Bedeutung interpersonaler Kommunikation: „The data seem to indicate that the importance of interpersonal communicationas the initial source is directly related to the ‚news value' of the event" (Hill & Bonjean 1964: 339). Je höher der Nachrichtenwert, desto größer die Bedeutung interpersonaler Kommunikation – und damit implizit auch das Einflusspotenzial von Meinungsführern.

Der Vergleich zeigte, dass interpersonale Kommunikation bei Ereignissen mit *besonders hohem Nachrichtenwert* – wie beim Tod Roosevelts oder dem Kennedy-Attentat – die zentrale Bedeutung im Diffusionsprozess zukam (Hill & Bonjean 1964: 339). Erst bei Ereignissen mit geringerem Nachrichtenwert übernehmen die Massenmedien eine führende Rolle. Die Bedeutung des Kommunikationskanals verschob sich also in Abhängigkeit vom Nachrichtenwert der Ereignisse. Dies stützte die Annahme eines Two-Step Flow *für Ereignisse mit hohem Nachrichtenwert*: Besondern bei ‚Top News' übernehmen Meinungsführer eine Relais-Funktion; interpersonale Kommunikation spielt dagegen eine untergeordnete Rolle bei Ereignissen mit mittlerem und geringem Nachrichtenwert.

Kernsätze

„Television may play the major role in delivering news of average importance, but interpersonal communication becomes the most important single source for news stories of extraordinary significance" (Hill & Bonjean 1964: 342).

Die Re-Analyse der Befunde ergab damit, dass 1) mit höherem Nachrichtenwert die Bedeutsamkeit interpersonaler Kommunikation im Diffusionsprozess steigt und 2) die Diffusion an Geschwindigkeit zunimmt (Hill & Bonjean 1964: 342) und führten zu dem pragmatischen Schluss, 3) dass die Bedeutung der Kommunikationskanäle auch von den Tagesabläufen der Rezipienten abhängt – werden deren „daily routines" durch außergewöhnliche Vorkommnisse unterbrochen, än-

Re-Analyse der Befunde

dert sich ggf. auch die Bedeutung der Medien für die Erstinformation. Schließlich folgerten Hill und Bonjean (1964: 342), dass 4) sozialstrukturelle Differenzen zwar grundsätzlich einen Einfluss auf die Verbreitung von Nachrichten ausübten, diese Differenzen aber bei außergewöhnlichen „major impact news" reduziert würden – die Höhe des Nachrichtenwerts relativierte das individuelle Mediennutzungs- und Kommunikationsverhalten (ebd).

Budd, MacLean & Barnes 1966 Hinsichtlich der beiden letzten Folgerungen kamen Budd, MacLean und Barnes (1966) zu etwas anderen Ergebnissen. Ihre Studie fokussierte ebenfalls auf zwei außergewöhnliche Ereignisse des Jahres 1964 – der Verhaftung des langjährigen Lyndon B. Johnson Mitarbeiters Walter Jenkins wegen eines Sexskandals sowie dem Sturz des Regierungschef der UdSSR Nikita Chruschtschow durch Leonid Breschnew (Budd, MacLean & Barnes 1966: 222). Methodisch konzipierten die Forscher eine rund 15-minütige telefonische Befragung (n=327) in Iowa City (ebd.).

Budd, MacLean und Barnes (1966: 223, 225) konnten zunächst die ersten beiden Thesen bestätigen: „1) The greater the news value of an event, the more important will be interpersonal communication in the diffusion process [...] 2) The greater the news value of an event, the more rapid will be the diffusion process." Anders als bei Hill und Bonjean (1964: 230), zeigte sich aber ein für die Meinungsführerforschung interessanter Befund: *Personen mit höherem Bildungsstand* präferierten interpersonale Kommunikation vor massenmedialer – und zwar unabhängig von der Wichtigkeit der Themen – und waren somit meist früher über die Ereignisse informiert. Das Ergebnis verweist einmal mehr auf die Bedeutung sozioökonomischer Faktoren für die Verbreitung über interpersonale Kommunikation.

Eine vermittelnde Perspektive zwischen den widersprüchlichen Ergebnissen von Deutschmann und Danielson (1960) einerseits (hoher Nachrichtenwert = geringe Bedeutung interpersonaler Kommunikation) sowie Hill und Bonjean (1964) und Budd, MacLean und Barnes (1966) andererseits (hoher Nachrichtenwert = hohe Bedeutung interpersonaler Kommunikation) bringt Greenberg (1964a, 1964b) ein.

Am Beispiel des Kennedy-Attentats kam Greenberg (1964a) auf Basis einer telefonischen Befragung (n=419) zu dem Ergebnis, dass die Dominanz des Kommunikationskanals auch von der *Zeitdimension* abhing – das Fernsehen fungierte als ‚Medium der ersten Viertelstunde', erst danach traten persönliche Gespräche (ggf. mit Meinungsführern) auf den Plan, die sukzessive die Relevanz der massenmedialen Kanäle überlagerten (Greenberg 1964a). Bei der Verbreitung der Nachricht über das Kennedy-Attentat kam Meinungsführern eine zentrale Rolle zu. Die Hälfte der 367 Befragten, die zuerst von dem Attentat erfuhren (*Early Knowers*), sowie zwei Drittel der 52 Befragten, die erst später über den Tod informiert wurden (*Late Knowers*), nannten Gespräche im persönlichen Umfeld als erste Informationsquelle (Greenberg 1964a: 226–227). Unmittelbar danach nutzen beide Gruppen klassische Medien in ergänzender Funktion, um sich der Informationen zu versichern und zusätzliche Informationen zu erhalten. Für beide Gruppen erfüllten klassische Massenmedien also hauptsächlich eine zweitrangige, der interpersonalen Kommunikation – und damit Meinungsführern – kam lediglich eine *ergänzende Funktion* zu (Greenberg 1964a: 227).

Dabei stützte die Beobachtung, dass Personen, die von den Medien nicht erreicht wurden (z.B. weil sie unterwegs waren) und über interpersonale Kommunikationskanäle von dem Attentat erfuhren (Greenberg 1964a: 228), die grundlegende Idee einer zwei Stufen-Kommunikation mit Meinungsführern als Übermittlern bei Nachrichten mit besonders hohem Nachrichtenwert.

Kernsätze

„Diffusion of knowledge of the assassination was a matter of minutes for most of the population. In this rapid flow of information about the day's events, personal communication was far more critical in an initial and supplementary manner than previous studies would have indicated" (Greenberg 1964a: 232).

In der vergleichend angelegten Studie *Person to Person Communication in the Diffusion of News Events* verglich Greenberg (1964b) die Befunde der Nachrichtendiffusion von insgesamt 18 Ereignissen, darunter auch die Ergebnisse zur Verbreitung des Kennedy-Attentats (Greenberg 1964b). Durch telefonische Befragung ermittelte er, wie viele Personen im Sample auf die Ereignisse aufmerksam geworden waren und über welchen Kommunikationskanal dies geschah (TV, Radio, Print, persönliche Gespräche). Dabei plädierte Greenberg (1964b: 490) für eine theoretische Differenzierung der „Bedeutung" (*importance*) einer Nachricht und der ihr zukommenden „Aufmerksamkeit" (*attention*), die bisher gleichgesetzt wurde. Greenberg (1964b: 489) nahm an, dass sowohl Ereignisse mit sehr hohem und sehr geringem Nachrichtenwert aus Perspektive der interpersonalen Kommunikatoren einen Mehrwert böten:

Greenberg 1964b

„Person-to-person communication as the first source of news has its primary role in the diffusion of events which receive maximum and minimum attention from the populace. [...] where personal channels are most often cited as the first source of information, the events are likely to be those which come to the attention of nearly everyone or practically no one". Bei Ereignissen mit Nachrichtenwert sei dies der Fall, weil ihre gesellschaftliche Bedeutung sie wichtig und damit berichtenswert mache, bei geringem Nachrichtenwert, weil hier nur wenige Interessierte überhaupt davon wüssten, und dem Berichterstatter solcher „obscure news" soziale Gratifikationen verschafften (Greenberg 1964b: 494).

Greenberg (1964b: 489) fand seine Hypothese bestätigt, dass interpersonale Kommunikation in beiden *Extremfällen* – bei sehr hohem *und* bei sehr geringem Nachrichtenwert – über eine dominante Bedeutung verfügte. Bei Ereignissen von mittlerem Nachrichtenwert erfolgte die Vermittlung vor allem direkt durch die Massenmedien, allen voran durch das Fernsehen.

Kernsätze

„Interpersonal communication is most active as a first source of information in the diffusion of events attended to by nearly everyone or by nearly no one. [...] When a news event is of near epic or crisis proportions, [...], interpersonal channels of communication are as important as the mass media in disseminating initial information" (Greenberg 1964b: 494).

Spätere Studien haben dies im Kern bestätigt: Ob massenmedialen oder interpersonalen Kommunikationskanälen im Diffusionsprozess die dominierende Rolle zukommt, ist abhängig vom Nachrichtenwert, von der Zeit, zu der das Ereignis eintritt, sowie von der grundsätzlichen Zugangsmöglichkeit zu beiden Kanälen, über die die Informierten situativ und grundsätzlich verfügen – aber auch, wie Hannemann und Greenberg (1973) mit einer späteren Studie zur Erklärung des Papstes zur Geburtenkontrolle ergänzen konnten, von der Relevanz, der Bedeutung und dem Interesse der verschiedenen, in sich meist recht homogenen Rezipienten(gruppen) (*information publics*) an dem spezifischen Thema.

Kernsätze

„This report suggests that news diffusion occurs among ‚information publics' which are homogeneous in content-related attributes. That is, news dissemination may be as much a function of the relevance and salience (importance and interest) of news as of news value (percent aware of the event within a certain time)" (Hannemann & Greenberg 1973: 437).

Ein ähnliches Bild lieferten komparative Studien: Im Kontext des tödlichen Attentats auf den schwedischen Ministerpräsidenten Olof Palme 1986 führte Rosengren (1987) in 12 Ländern in Europa, Amerika und Asien eine vergleichende News-Diffusion-Studie durch. Die Befunde ergaben eine rasche und hohe Diffusion der Nachricht, bei der den Massenmedien (TV, Radio) über alle Länder die höchste Bedeutung zukam (53% in Schweden bis 96% in Ungarn; Rosengren 1987: 239). Die Bedeutung massenmedialer und interpersonaler Kommunikation variierte jedoch länderabhängig: Während persönlichen Gesprächen in den skandinavischen Ländern eine hohe Relevanz im Diffusionsprozess zukam (28% der Befragten hatten in Schweden zuerst über Gespräche von dem Ereignis erfahren; in den übrigen skandinavischen Ländern 15–23%), hatte interpersonale Kommunikation in den USA überhaupt keinen Anteil an der Verbreitung (0%).

Die Diffusion war nur geringfügig abhängig von den unterschiedlichen Mediensystemen oder der geografischen Nähe bzw. Distanz; die auftretenden Unterschiede erklärten sich vor allem mit der national *unterschiedlichen Relevanzwahrnehmung* des Attentats: „Irrespective of media system [...] both rate and amount of diffusion, as well as medium and time learning are affected by the importance, significance and/or salience of the event. [...] The main traits of the twin process of news learning and news diffusion are still determined by that basic human need for information" (Rosengren 1987: 251).

Zu ähnlichen Befunden kam auch Rogers (2000) im Rahmen einer Sekundäranalyse verschiedener News-Diffusion-Studien: Bei sehr hoher persönlicher Salienz des Themas verbreiten sich die Nachrichten sehr schnell, interpersonale Kommunikation unterstützt den Diffusionsprozess deutlich; bei drastischen Ereignissen – etwa dem Tod von Lady Diana – finden persönliche Gespräche dabei sogar mit völlig unbekannten Personen statt. Insgesamt folgerte Rogers (2000: 572) auf Basis seines Forschungsüberblicks jedoch, die Rolle interpersonaler Kommunikation im Diffusionsprozess sei angesichts der weitgehenden Dominanz massenmedialer zu relativieren.

Rogers 2000

Kernsätze

„What have we learned over the past five decades from news event diffusion research? The general picture that emerges is one of the *mass media* playing a *key role* in diffusing a news story. The media, especially the broadcast media, rather immediately reach certain members of the audience, who then, to a degree depending on the perceived salience of the news event, diffuse this news via interpersonal channels to their members of the public. The news event diffusion process varies, research shows, depending 1) on the *perceived salience of the news event*, and 2) its *time-of-day* and day-of-the-week, which determine the proportion of individuals at home or at work, and hence the proportion of *interpersonal diffusion*, and the speed of this process" (Rogers 2000: 572; Herv.n.i.O.).

Es liegt auf der Hand, dass das Modell des Zwei-Stufen-Flusses sowie die den Meinungsführer zugeschriebenen Funktionen mit den hier berichteten Ergebnissen Gegenstand des wissenschaftlichen Diskurses blieben und zahlreiche weitere Modifikationen erfuhren. Unabhängig von den divergenten Ergebnissen zur Bedeutung sozialstruktureller Marker sprachen zwar einige Beobachtungen für die Hypothese eines Two-Step-Flows. Die Annahme einer grundsätzlichen Gültigkeit der Relaisfunktion der Meinungsführer ließ sich jedoch nicht halten. Als zentrale Spezifizierung trat hier die *Bedeutung des Nachrichtenwertes* der diffundierenden Ereignisse hinzu. Zudem zeigte sich, dass auch individuelle und gruppenspezifische sowie themenbezogene Prädispositionen (Relevanz, Bedeutung, Interesse) zu berücksichtigen sind.

Modifikation

Als wichtige Modifikation trat hinzu, dass Menschen die verschiedenen Kommunikationskanäle als sich *ergänzende Komplementäre* benutzen: Massenmediale und interpersonale Kommunikation zeigten sich vielfach verschränkt und aufeinander bezogen. Werden hoch relevante Informationen über die traditionellen Massenmedien (TV, Radio, Print) zuerst rezipiert – was insbesondere bei Ereignissen mit sehr hohem Nachrichtenwert und bei Betrachtung kurzer Reaktionszeit plausibel ist – ergänzen interpersonale Gespräche (vor allem mit Meinungsführern) die Informationsaufnahme, die Einordnung und Bewertung der Information und unterstützen damit einen raschen Diffusionsprozess. Erfahren Rezipienten von Ereignissen umgekehrt zuerst aus persönlichen Gesprächen – und zwar meist von den Meinungsführern aus ihrem sozialen Netzwerk –, was vor allem bei besonders außergewöhnlichen Ereignissen mit pandemischen Charakter oder bei obskuren Nachrichten mit Seltenheitswert wahrscheinlich ist, nutzen sie die Massenmedien ergänzend.

Fallbeispiele

Wie haben Sie am Abend des 13. November 2015 von den fünf Terroranschlägen erfahren, die in Paris während und nach dem Fußballspiel der deutschen und der französischen Nationalmannschaft im Stade de France verübt wurden? An diesem unvorgesehenen, schockierenden Ereignis ließ sich der Diffusionsprozess von Nachrichten über Kanäle ‚klassischer' massenmedialer sowie direkter und medienvermittelter interpersonaler Kommunikation gut nachvollziehen: Während die TV-Zuschauer des Fußballspiels über die Anschläge unmittelbar über die Ticker der Nachrichtensender informiert wurden, hörten andere davon im Radio oder erhielten die Nachricht als Pop-Up-SMS über eine Nachrichten-App auf dem Smartphone. Der Facebook-Status französischer Freunde oder deutscher Angehöriger, die sich in Paris aufhielten, gab Aufschluss, ob diese in Sicherheit waren. Die Ereignisse waren so überraschend, besorgniserregend, und individuell relevant, dass sie in vielen Fällen eine unmittelbare (teilweise weiterhin medienvermittelte) Anschlusskommunikation mit Freunden und der Familie auslösten, um das Ereignis einzuordnen und zu verarbeiten. Vielleicht haben Sie auch erst in diesem Zusammenhang von den Anschlägen auf die Bars, Cafés und Restaurants sowie auf das Bataclan-Theater erfahren – weil Sie von Bezugspersonen aus Ihrem sozialen Umfeld direkt oder medienvermittelt (per SMS, Whatsapp oder Facebook-Post) darauf aufmerksam gemacht wurden?

In jedem Fall verdeutlicht das Beispiel auch, dass es in der heutigen, medial vernetzten Zeit mit ihren vielfältigen Kanälen der massenmedialen und sozialen Online- und Mobilkommunikation, kaum noch darum geht, ob die Erstinformation *entweder interpersonal* oder *medial* erfolgte. Vielmehr zeichnet sich eine zunehmende Vermischung der Kommunikationskanäle ab, wobei der massenmediale Diskurs in interpersonalen, teilweise auch medienvermittelten Diskurse weitergetragen wird – und umgekehrt. Die Kommunikation über unmittelbare interpersonale sowie medienvermittelte Kommunikationskanäle findet dabei häufig auch zeitlich und räumlich parallel statt.

Neben die Erkenntnis, dass die Vielfalt und Zirkularität der Kommunikationsprozesse eher einen *Multi-Step-Flow of Communication* plausibel machte, in dem die Vermittlung allgemeiner Informationen eher über die Massenmedien erfolgt, die die Meinungsführer dann ausdifferenzieren, vertiefen, einordnen, und bewerten, trat somit die Kontextabhängigkeit der Relevanz der Kommunikationskanäle sowie deren Komplementarität im Informationsprozess.

zunehmender technologischer Medienwandel

Schließlich regte auch die Beobachtung eines zunehmenden technologischen Medienwandels (vgl. Kap. 6) die Forscher an, die Idee eines einfachen Two-Step Flow of Communication als nicht (mehr) zeitgemäß zu betrachten. So formulierte Renckstorf (1985: 41) bereits für die 1980er-Jahre, die Bedeutung interpersoneller Kommunikation könne „nicht mehr im ‚Relaying' von Informationen gesehen werden." Tatsächlich nahm allein das Fernsehen zwanzig bis dreißig Jahre nach den ersten Pionierstudien der Meinungsführerforschung eine neue Stellung ein – und dieses Argument dürfte heute, wo Mobile und Social Media die Zugänglichkeit und Reichweite medialer Informationen noch erhöht haben, noch stärker gelten.

Two-Step Flow of Communication

Entsprechend resümiert Schenk (2007: 366) zur Bedeutung des Two-Step Flows of Communication: „Fassen wir die Ergebnisse der empirischen Studien zum Informationsfluss zusammen, so können wir mit Recht behaupten, dass die Hypothese vom Two-Step-Flow of Communication für den *Prozess der Informationsübertragung kaum noch praktische Relevanz beanspruchen kann*" (Herv.i.O.). Insbesondere kann die Bedeutung interpersonaler Kommunikation nicht mehr an der *Relaisfunktion* der Meinungsführer festgemacht werden, da die Massenmedien die Rezipienten in der Regel direkt erreichen (ebd.).

In jüngerer Zeit haben die Entwicklung und Expansion ‚neuer' Online-Medien sowie virtueller sozialer Netzwerke die Diskussion um die Bedeutung des Two- bzw. Multi-Step Flows of Communication neu entfacht (vgl. Kap. 6.3). Vor dem Hintergrund der sinkenden Nutzung traditioneller Massenmedien sowie einer eher geringen politisch motivierten Nutzung des Internets vermuteten Norris und Curtice (2008) beispielsweise, dass Studien, die lediglich die direkten Effekte von Internetnutzung untersuchten, diese aufgrund von Flow of Communication-Prozessen unterschätzten:

„Evidence of the direct use of the Internet may underestimate its full role in election campaigns. If party websites and related online resources reach opinion leaders and if, in turn, opinion leaders are among those most keen on initiating discussions about politics with fellow citizens and on engaging in persuasion, then what appears on the Internet may reach the wider public via a two step process" (Norris & Curtice 2008: 6).

Für den britischen Präsidentschaftswahlkampf im Jahr 2005 fanden sie auch tatsächlich Hinweise für ein Zusammenspiel der Online-Rezeption mit interpersonaler Kommunikation, die die These eines Two-Step-Flows auch für gegenwärtige Medienumgebungen stützt. Die Befunden zum Flow of Communication spezifizieren konnten Analysen zur Online-Medienrezeption und der Diffusion von Expertenwissen in die Bevölkerung (Case et al 2004; Ogata Jones, Denham & Springston 2006). Hierbei zeigte sich interessanterweise, dass die Befragten für die Erstrezeption von medizinischen Wissen über Gentests zuerst auf Online-Quellen zurückgriffen, sich dann ggf. mit Fachliteratur aus Bibliotheken versorgten und sich erst dann an die Meinungsführer bzw. Experten wandten (Case et al 2004).

3.5 „Two Cycle Flow of Communication"

Troldahls (1966) *Two-Cycle Flow of Communication* zählt zu den zentralen Weiterentwicklungen der Ideen um den Zwei-Stufen-Fluss der Kommunikation. Er nimmt die empirischen Befunde der Diffusionsforschung als Grundlage und überführt sie in eine differenzierte theoretische Betrachtung. Neben den bereits angesprochenen Kritikpunkten am Two-Step-Flow of Communication bemängelte Troldahl v.a. die implizierte Gleichsetzung von *Information* und *Beeinflussung*. Diese Gleichsetzung wird schon an der zentralen Hypothesenformulierung deutlich – „*Ideas* often flow from the radio and print to the opinion leaders and from them to the less active sections of the population" (Lazarsfeld, Berelson & Gaudet 1948: 151; Herv.n.i.O.) – nicht „*Information* often flows", sondern „Ideas", was bereits über die reine Informationsintention hinauszugehen scheint.

In seinem Modell fokussiert Troldahl (1966) gerade auf den Prozess der Einflussnahme. Hierbei postuliert er einen „one-step flow of information and a two-step flow of influence on beliefs, attitudes and behaviour" (Troldahl 1966: 613; **vgl. Abb. 4**). Der erste Beeinflussungszyklus gehe von den Massenmedien aus, die in einigen Fällen einen direkten Einfluss auf die Überzeugungen, Einstellungen und Handlungen der Rezipienten nähmen. Interpersonale Kommunikation werde im zweiten Beeinflussungszyklus bedeutsam. Hier vermutete Troldahl aber, dass Interaktion nicht ausschließlich von den Meinungsführern ausgehen müsse, sondern auch aktiv von den Followern angestoßen werden könne (die ihrerseits ja auch Meinungsführer sein könnten, die sich bei anderen Meinungsführern informieren). Insofern integriert Troldahl auch die Idee eines Multi-Step-Flow in sein Modell.

Abb. 4: Two-Cycle Flow of Communication

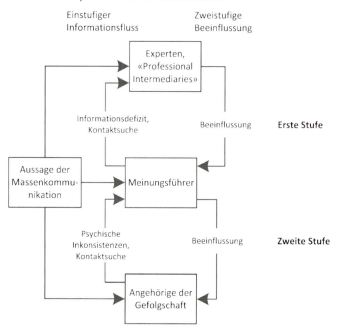

Bildquelle: Troldahl 1966: 614; Schenk 2007: 370

Da Troldahls Modell auf *konsistenztheoretischen* Überlegungen aufbaut, wird der zweite Zyklus interpersonaler Kommunikation besonders dann aktiviert, wenn die massenmedialen Informationen die Rezipienten in eine Situation kognitiver Unausgewogenheit (*Dissonanz*) versetzen – z.B. wenn die Informationen ihrem Wissen widersprechen, ein Gefühl der Irritation oder das Bedürfnis nach Orientierung hervorrufen. Die Informationssuchenden wenden sich dann vor allem an Meinungsführer, um mit diesen wieder einen kognitiven Balancezustand zu erreichen.

Kernsätze

„The two-step-flow is expected to operate only when a person is exposed to mass media content that is inconsistent with his present predispositions. In such cases, that person seeks his opinion leader. Opinion leaders are expected to seek out professional intermediaries for advice more often than followers will" (Troldahl 1966: 613).

Informationssuche und Meinungsführerschaft werden damit auf verschiedenen Ebenen im Diffusionsprozess verortet: Follower suchen sich bei inkonsistenten Medieninformationen Meinungsführer, denen sie eine bestimmte Expertise zusprechen; Meinungsführer richten sich ebenfalls an Experten (meist jedoch auf höherer Stufe bzw. aus einem professionalen Personenkreis), die ihr spezifischeres Informations- und Orientierungsbedürfnis befriedigen können. Diese professionellen Experten (z.B. Wissenschaftler, Politiker, Manager) sind oft sogar diejenigen, von denen auch die Medien ihre Informationen beziehen. Die Funktion und Bedeutung des Meinungsführers sowie seine Position im sozialen Netzwerk basieren in beiden Fällen zentral auf seinem Expertenstatus bzw. seiner Informiertheit, den ihm seine Follower zusprechen und die entsprechende Erwartungen an ihn richten.

Die empirische Überprüfung des Modells, die Troldahl ebenfalls beabsichtigte, zeigte zwar die vermutete Orientierung an Meinungsführern bei dissonanten Informationen, brachte im Ergebnis aber nur eine partielle Bestätigung der Annahmen: „There was a trace of personal influence, but not enough to be detected reliably by the size and design of this study" (Troldahl 1966: 621). Gleichwohl ist der theoretische Erklärungsgehalt des Modells hoch, v.a. hinsichtlich der expliziten Trennung in Prozesse der Information und der Beeinflussung.

Modell

Exkurs: Die Theorie der kognitiven Dissonanz als zentrale Konsistenz-Theorie

Konsistenztheorien teilen die grundlegende Annahme, dass Personen ein Bedürfnis nach einem inneren Gleichgewicht ihres kognitiven Systems (*kognitive Konsonanz*) haben und daher danach streben, *Dissonanz*, also ein Ungleichgewicht ihres kognitiven Systems, zu vermeiden oder zu reduzieren. Die einflussreichste Konsistenztheorie ist sicherlich die *Theorie der kognitiven Dissonanz* von Festinger (1957), die – auch basierend auf zahlreichen Anschlussforschungen – bis heute zu den zentralen sozial- und kognitionspsychologischen Konzepten zählt (vgl. Cooper 2007). Die beiden Grundannahmen formulierte Festinger (1957: 3) wie folgt:

1. „The existence of dissonance, beeing phsychologically uncomfortable, will motivate the person to try to reduce the dissonance and achieve consonance.
2. When dissonance is present, in addition to trying to reduce it, the person will actively avoid situations and information which would likely increase the dissonance"

> Kognitive Dissonanz wirkt demnach wie ein Treiber in dem Bestreben, die Dissonanz zu reduzieren: „People who are in the throes of inconsistency are *driven* to resolve their inconsistency" (Cooper 2007: 3; Herv.i.O.). Geraten Kognitionen, die Festinger (1957: 11, 3) allgemein als „cognitive elements" oder „cognition" definiert (Kognitionen können demnach z.B. sein: Meinungen, Werte, Wissen, Gefühle, Einstellungen, Glaubensweisheiten) in ein Ungleichgewicht und stehen diese Kognitionen in einer *relevanten Beziehung* zueinander, besteht eine starke Motivation, diese Dissonanz abzubauen (Festinger 1957: 3, 9). Von relevanten dissonanten Beziehungen ist vereinfacht auszugehen, wenn aus Sicht des Individuums aus der einen Kognition das Gegenteil der anderen folgt, ohne dass neue Kognitionen hinzukommen (Festinger 1957: 13–14).
>
> Dissonanzreduktion
>
> Eine Dissonanzreduktion ist v.a. möglich durch Modifikation der bestehenden Kognitionen oder der resultierenden Handlungen oder Empfindungen – „Our behavior and feelings are frequently modified in accordance with new information" (Festinger 1957: 19), Änderung der die Dissonanz verursachenden Umweltbedingungen, Aufnahme neuer Kognitionen, die konsonanzfördernd oder dissonanzreduzierend wirken, Vermeidung oder Verdrängung dissonanter Kognitionen sowie Austausch von dissonanten durch konsonante Kognitionen (Festinger 1957: 20–23; vgl. Festinger & Carlsmith 1959; Cooper 2007).
>
> Für die Meinungsführerforschung sind diese Überlegungen fruchtbar, weil die Meinungsführer eine besondere Bedeutung bei der Reduktion von Dissonanzen zugesprochen wurde (explizit etwa im Modell von Troldahl (1966), siehe oben).

3.6 Meinungsführer und „Opinion Sharing"

Meinungsführerschaft stellt einen mehr oder weniger festen Bestandteil „im Prozess des Gebens und Nehmens täglicher persönlicher Beziehungen" dar (Katz & Lazarsfeld 1962: 41). Genau diese Beobachtung bildet den Ausgangspunkt für eine weitere Differenzierung – nämlich die Idee, die starre Unterscheidung von Meinungsführern und Followern zugunsten der Unterscheidung von *Opinion Givern* und *Opinon Askern* zu erweitern.

Ausgehend von den Befunden der Decatur-Studie sowie Troldahls (1966) Überlegungen, widmeten sich Troldahl und Van Dam (1965/66) Alltagsgesprächen über Themen, die in den Medien präsent waren. Hierzu führten sie in und um Detroit eine telefonische Befragung durch (n=202), bei der die Interviewten die ihrer Meinung nach gegenwärtig „major topics in the news" nennen sollten (Troldahl & Van Dam (1965/66: 627). Nachdem die Befragten ihre Themen genannt hatten – darunter z.B. das Kennedy-Attentat, Bürgerrechte, die Präsidentschaftskandidatur oder die Cuba-Krise (ebd.) – sollten sie zwei Schlüsselfragen beantworten: 1) „Have you asked anyone for his or her opinion on any of these topics during the past week or two?, 2) During the past week or two ... has anyone asked you for your opinions on any of these topics in the news" (ebd.).

Auf dieser Basis nahmen sie eine Klassifikation der Teilnehmer vor (Troldahl & Van Dam 1965/66: 628): Wer beide Fragen bejahte, wurde als *Opinion Giver* eingestuft; dies galt für etwa jeden fünften Befragten (20%); 17% zählten zu den *Opinion Askers*. Inaktiven machten hingegen fast zwei Drittel (63%) des Samples aus. Der unterdurchschnittliche Grad der Informiertheit der Inaktiven korrespondierte mit einem niedrigen sozialstrukturellen Prestige, einer wenig ausgeprägten Nutzung von Informationsmedien (Nachrichtenmagazine) sowie einer geringeren sozialen Einbindung in das Umfeld auf formeller sowie informeller Ebene – mit Dritten tauschten sie sich so gut wie gar nicht über die relevanten Nachrichtenthemen aus (Troldahl & Van Dam 1965/66: 632). Die Gruppe der Opinion Givers unterschied sich in ihrem Mediennutzungsverhalten, ihrem sozialen Status, ihrem Integrationsgrad in das soziale Netzwerk sowie ihrem Informationsniveau dagegen kaum von der Gruppe der Asker; sie kommunizierten häufig mit Dritten über Nachrichtenereignisse und interagierten häufig mit- und untereinander (Troldahl & Van Dam 1965/66: 630–631).

Daraus schlossen Troldahl und Van Dam (1965/66), dass der Two-Step-Flow das *inaktive* Informationsverhalten weiter Teile der Bevölkerung gar nicht erfasste. Auch für die Giver und Asker könne der Two-Step-Flow keine Gültigkeit behaupten; der Realität entspräche eher, dass die beiden relativ homogenen Gruppen der Opinion Giver und Opinion Asker sich in ihrem Informationsverhalten gegenseitig aufeinander bezögen und aktiv austauschten – hier sei daher der Begriff des *Opinion Sharing* angemessener: „Their similarity in exposure to relevant media content and in information level on national-news topics suggests that there may often not be a ‚second-step flow' of media content or media influence from Giver to Asker. Instead, they would seem to be coming to the conversation with about equal backgrounds on the topic, perhaps *to verify facts and share opinions on the topic*" (Troldahl & Van Dam 1965/66: 634; Herv.n.i.O.).

inaktives Informationsverhalten

Im Prozess des Opinion Sharing käme den Meinungsführern zwar grundsätzlich die Funktion zu, entsprechende Interaktionen zu initiieren, allerdings würden die Rollen auch regelmäßig getauscht – die interpersonale Kommunikation sei insofern eine wechselseitige Bezugnahme aufeinander. Die Inaktiven bzw. sozial Isolierten würden hingegen nahezu ausschließlich von den Massenmedien erreicht; mit ihnen kämen auch die Meinungsführer kaum in Kontakt.

Meinungsänderung — Auch die Art der *Meinungsänderung* bzw. der Beeinflussung durch persönliche Gespräche wurde von Troldahl und Van Dam (1965/66) näher betrachtet. Hierzu wurden die Teilnehmer direkt nach den Wirkungen der persönlichen Gespräche auf ihre Meinung oder die der anderen befragt. Aus drei Viertel der Konversationen gingen die Befragten ihrer Auskunft nach ohne Meinungswechsel heraus; wenn sie über eine Änderung berichteten, dann sahen die Teilnehmer bei sich und bei anderen häufiger die Herausbildung einer neuen Meinung als die Änderung der bestehenden (Troldahl & Van Dam 1965/66: 629).

Kernsätze

„*Reciprocity of opinion giving:* The present findings suggest that face-to-face communication on major news topics might better characterized as opinion *sharing* than as opinion *seeking*. [...] At this level of public-affairs opinion leadership, then, the rule was not one source and one receiver. Participants in the conversation exchanged Giver and Asker roles quite often." (Troldahl & van Dam 1965/1966: 629; Herv.i.O.).

Den grundlegenden Befund einer signifikanten Gruppe von Rezipienten, die inaktiv, sozial isoliert sind und/oder bestimmte Informationen grundsätzlich meiden (,Opinion Avoiders') und daher (sofern überhaupt) direkt über die Massenmedien erreicht würden, konnten auch weitere Studien bestätigen (z.B. Wright & Cantor 1967). Auch Robinson (1976) fand in einer Sekundäranalyse von Umfragedaten zur Wahl 1968 (n= 1.016; nur Befragte, die auch tatsächlich gewählt hatten) nicht nur ebenfalls, dass die Mehrheit (51%) der Gruppe den inaktiven *Nondiscussants* zuzurechnen war. Seine Befunde bestätigten zudem, dass zwei Drittel der Opinion Leader gleichzeitig auch Meinungen anderer empfangen hatte – was die Idee des *Opion Sharing* untermauerte und Robinson zu einer Modifikation des Flow of Communication-Modells veranlasste (**vgl. Abb. 5**).

Abb. 5: Revidiertes Flow of Communication-Modell

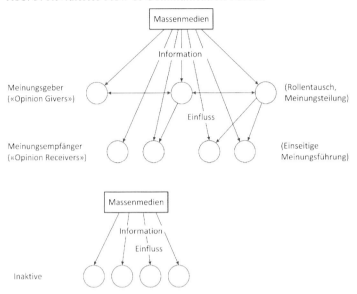

Bildquelle: Robinson 1976: 317; Schenk 2007: 374

Die *Opinion Giver* wurden dabei über die Frage ermittelt, ob die Teilnehmer mit jemanden über ihre Wahlentscheidung gesprochen, diese erklärt sowie begründet hatten, warum der Gesprächsteilnehmer auch für diese Partei oder den Kandidaten stimmen sollte (Robinson 1976: 310), was rund ein Drittel der Befragten bejahte (ebd.). Die Gruppe der *Opinion Receiver* wurde über die Frage bestimmt, ob sie mit jemanden zusammengekommen seien, der ihnen gesagt hatte, warum sie wählen sollten und wen. Während 39% der Befragten dies bejahten, waren nur 17% „opinion receivers only" ohne selbst Meinungen an andere weiterzugeben (Robinson 1976: 310, 312).

Hinsichtlich der Nutzung allgemeiner Massenmedien fand Robinson nur geringe Gruppenunterschiede; diese zeigten sich jedoch bei spezifischen politischen Informationsangeboten, etwa der Teilnahme an politischen Reden, die vor allem von den Meinungsführern genutzt wurden (Robinson 1976: 312). Opinion Receivers partizipierten an politischen Prozessen stärker über interpersonale Kommunikation, während die Nondiscussants – insgesamt weniger an der Wahl interessiert – sich stärker über Massenmedien informierten und für einen massenmedialen Einfluss auch empfänglicher waren (Robinson 1976: 314). Insgesamt spielten die Massenmedien aber in allen Gruppen eine

Opinion Giver versus Opinion Receiver

wichtige Rolle bei der Informationsvermittlung. Dies kann allerdings auch darauf zurückgeführt werden, dass die interpersonale Kommunikation selten zur Wahl überzeugen sollte: „More voters in the present study reported being exposed to a newspaper endorsement than to an interpersonal influence attempt" (ebd.).

Opinion Sharing

Die Idee des *Opinion Sharing* spielt besonders in Social-Media-Umgebungen eine große Rolle. Besonders im Kontext der Forschungen zu „electronic word of mouth" (eWOM) wurden die Funktionen von „opinion-sharing communities" näher in den Blick genommen und dabei die kommunikationsstiftende Rolle von Meinungsführern betont (vgl. etwa etwa Fang 2014; Smith et al. 2007; Ku, Wei & Hsiao 2012; Hennig-Thurau et al. 2004). Ausgehend von der Idee, dass Internet-Meinungsführer ihre Informationen vor allem in online-Newsgroups und Diskussionsforen proaktiv ‚teilen', empfehlen Lyons und Henderson (2005) oder Tsang und Zhou (2005) beispielsweise, die Kommunikation über interaktive Webseiten und Newsletter auf diese abzustimmen, damit sich diese angesprochen fühlen und in einem zweiten Schritt als *Opinion Giver* weitere Austauschprozesse zu Konsumenten als *Opinion Asker* anstoßen.

3.7. Meinungsführer und Persönlichkeitsstärke

Wodurch unterscheiden sich Meinungsführer von ihren Followern? Eine Antwort darauf sah Noelle-Neumann, die in den 1980er-Jahren am Institut für Demoskopie in Allensbach über die Identifikation von *einflussreichen Personen* nachdachte, in ihrer *Persönlichkeitsstärke*. Grundlage der innovativen Konzeption war die allgemeingültigere Idee, dass einflussreiche Personen *spezifische Charaktereigenschaften* bzw. *Persönlichkeitsmerkmale* aufweisen, die ihren sozialen Einfluss überhaupt erst ermöglichen und anhand derer diese Einflussreichen im Umkehrschluss identifiziert werden können.

Auftraggeber für das resultierende Forschungsprogramm war der *Spiegel* Verlag, der die Elite der ‚Ich-starken' Leser bestimmen wollte, um den Werbetreibenden die besondere Qualität der eigenen Leser vor Augen zu führen. Inspiriert von Katz und Lazarsfeld (1955) sah Noelle-Neumann (1983) Persönlichkeitsstärke als eine Kombination aus individuellen – *von der sozialstrukturellen Position unabhängigen* – charakterlichen Merkmalen. Menschen mit hoher Persönlichkeitsstärke vermutete sie demnach in der gesamten Bevölkerung.

Skala der Persönlichkeitstärke

Mit dem eigentlichen Ziel, das Zielgruppenmarketing im Konsumentenmarkt zu unterstützen, entwickelte Noelle-Neumann die *Skala der Persönlichkeitstärke*; mit ihr sollten die ‚Persönlichkeitsstarken' und damit Einflussreichen identifiziert werden (Noelle-Neumann 1983).

Dass für Noelle-Neumann Dimensionen wie Selbstvertrauen, Kommunikationsbereitschaft, Entscheidungsfreudigkeit oder soziale Reputation eine wichtige Rolle bei der theoretischen und methodischen Umsetzung spielten (vgl. **Kap. 4.1**), verdeutlicht bereits, dass Meinungsführerschaft und Persönlichkeitsstärke viele Schnittstellen aufweisen und eng miteinander verwoben sind. Dennoch wollte Noelle-Neumann mit den gewählten Items ursprünglich nicht die klassischen Meinungsführer erfassen, die als aktive Kommunikatoren als Ratgeber bei (meist politisch relevanten) Themen auftreten, sondern im weiteren Sinne aktive und einflussreiche Personen mit Ausstrahlungs- und Durchsetzungskraft.

Die als persönlichkeitsstark Identifizierten (vgl. **Kap. 4.1**) unterschieden sich in vielerlei Hinsicht von den Persönlichkeitsschwachen (Noelle-Neumann & Köcher 1997: 76). Sie verfügten über eine ausgeprägte Hilfsbereitschaft, hatten ein großes Interesse an ihren Mitmenschen und gaben gerne Ratschläge und Informationen an andere weiter; sie zeigten sich offen für Neues und als lernbereit (Noelle-Neumann & Köcher 1997: 78–79). Obwohl die Sozialstruktur ursprünglich als nicht prägend gedacht war, fanden sich die Persönlichkeitsstarken meist in eher gehobeneren Schichten, unterhielten aber auch Kontakte in andere soziale Schichten (Noelle-Neumann 1983). Schließlich erklärten sie sich auch als konsumfreudiger und stärker an Technik interessiert als Personen mit geringerer Persönlichkeitsstärke (ebd.). Die Persönlichkeitsstarken zeigten also Eigenschaften, die den von Lazarsfeld, Berelson und Gaudet (1948) beschriebenen Meinungsführern ähnelten – etwa ein aktiveres Kommunikations- und Mediennutzungsverhalten. Entsprechend der theoretischen Konzeption werden die Persönlichkeitsstarken jedoch eher als globale Einflusspersonen gesehen, deren Bedeutung von ihrem Charisma, ihrer Ausstrahlung und ihren Leadership-Qualitäten ausgeht.

Von den konzeptionellen und methodischen Überlegungen Noelle-Neumanns gingen auch für die kommunikationswissenschaftliche Meinungsführerforschung wertvolle Impulse aus. So inspirierten sie beispielsweise Michael Schenk und Patrick Rössler (1997) zu einer differenzierten Analyse der Aufklärungspotenziale des Konzepts für die Meinungsführerforschung, die sie in ihrem Aufsatz *The Rediscovery of Opinion Leaders* diskutierten (vgl. auch Schenk 1995). In weiteren Arbeiten konnte auch Weimann (1991, 1994) die Schnittstelle zum Meinungsführerkonzept durch Adaption der Skala auf gesellschaftlich bzw. politisch relevante Meinungsbildungsprozesse präzisieren. Die als persönlichkeitsstark ermittelten Befragten verfügten über einen größeren Bekanntenkreis, der auch Personengruppen mit anderen Merkmalen als den eigenen (z.B. anderes Alter, anderer Sozialstatus) umfasste (Schenk 1995; Schenk & Rössler 1997). Dabei waren sie selbst tendenziell in höheren sozialen Schichten zu finden – weshalb die *Skala der Persönlichkeitsstärke* doch auch Aussagen über den sozialen Status erlaubte (vgl. Weimann 1992: 95).

> **Kernsätze**
>
> „In contrast to previous scales, where giving advice and exerting influence are the basics of opinion leadership in specific areas, the scale of personality strength characterizes influentials in a general manner" (Schenk & Rössler 1997: 26).

Im Sinne von Meinungsführerschaft wurden die Persönlichkeitsstarken eher um Rat gefragt, zeigten ein hohes Interesse an Neuigkeiten und Innovationen und adaptierten diese früher. Sie verfügten über einen größeren Interessenshorizont und hatten ein divergentes Mediennutzungsverhalten; sie konsumierten v.a informationsreiche Medien intensiver und genauer (Weimann 1992). Das überdurchschnittliche Informationsverhalten ging mit einem ausgeprägten Wissen über eine Vielzahl öffentlicher Themen einher (Schenk & Rössler 1997). Dabei konnten die Persönlichkeitsstarken die öffentliche Meinung recht gut einschätzen, vertraten aber auch eigene Positionen, die teilweise von der Mehrheitsmeinung abwichen. Aufgrund des qualitativ verschiedenen Informationsverhaltens hatten sie zudem ein höheres Wissen und konnten dieses auch besser an Dritte weitergeben, mit denen sie insgesamt häufiger kommunizierten (Schenk & Rössler 1997: 17). Schließlich zeigten sich persönlichkeitsstarke Personen als resistenter gegenüber Beeinflussungsversuchen Dritter (Schenk & Rössler 1997: 20–22).

Unterschiede zwischen Persönlichkeitsstarken und Meinungsführern

Zugleich fanden sich jedoch auch einige Unterschiede zwischen Persönlichkeitsstarken und Meinungsführern: Während die Persönlichkeitsstarken beispielsweise ein dichtes und harmonisches soziales Netzwerk hatten und besser in ihre sozialen Kreise integriert waren, wiesen Meinungsführer einen geringeren Integrationsgrad auf und besaßen weniger dichte, tendenziell dafür aber auch offenere Netzwerke (Schenk 1995: 176–177). Eine weitere interessante Differenz ließ sich auch hinsichtlich der Mediennutzung beobachten: Während die ‚klassischen' Meinungsführer Massenmedien intensiv nutzten, zeigten Persönlichkeitsstarke einen vergleichsweise zurückhaltenden Fernseh- und Radiokonsum (Schenk & Rössler 1997: 9).

Kernsätze

„Most connections which were activated by the transmission of news, consumer information and influence, came from people with great personality strength" (Weimann 1992: 98).

„The results indicate that people with high personality strength have social networks of great range and are especially active in interpersonal communication. They use print media very frequently and know very well the actual topics and issues on which the mass media report. Although people with high personality strength are able to exactly assess the true climate of opinion, they hold distinct positions, which differ from public opinion. In contrary, persons with low personality strength tend to adapt their opinions to the perceived climate of opinion" (Schenk & Rössler 1997: 5).

Im Rückblick werten Noelle-Neumann und Köcher (1997: 77) die Skala dennoch durchaus als Instrument zur Identifikation von Meinungsführern: „Gesucht hatten wir die Ich-Starken, die Persönlichkeitsstarken für den Spiegel, und gefunden haben wir, was Lazarsfeld 1940 als Meinungsführer beschrieb. [...] Lazarsfeld hatte erklärt, die Meinungsführer besäßen eine besondere Fähigkeit zur Mobilität zwischen den sozialen Schichten, sowohl mit Personen, die im sozialen Rang über ihnen stehen, wie mit denen unter ihnen könnten sie mühelos sprechen und trügen dadurch wie Botschafter dazu bei, dass sich Gedanken in der ganzen Gesellschaft verbreiteten. Sie nutzten die Medien besonders intensiv und vermittelten so Wissen und Argumente und Bewertungen an andere, die die Medien weniger aktiv nutzten [...] Die Meinungsführer beschrieb Lazarsfeld als ‚große Kommunikatoren' [...]. Nun zeigte sich auch, wie fröhlich die Meinungsführer waren und nicht rücksichtslos, sondern eher hilfsbereit."

Auch in einer jüngeren Arbeit zur Interdependenz von Meinungsführerschaft und Persönlichkeitsstärke in Online-Umgebungen fanden Scheiko und Schenk (2013) Belege für die von Schenk (1995: 176) beobachtete, nahezu „perfekte Korrelation zwischen Persönlichkeitsstärke und [...] Opinion Leadership" im Online-Kontext. Von einer vollständigen Äquivalenz der beiden Konzepte Meinungsführerschaft und Persönlichkeitsstärke kann dennoch nicht ausgegangen werden. Personen mit hoher Persönlichkeitsstärke gelten eher allgemein als *Influentials* (Schenk 1995; Weimann 1991).

Dieses Konzept ist einerseits umfassender, andererseits hängt Meinungsführerschaft zwar mit Persönlichkeitsstärke zusammen, geht aber nicht vollständig in ihr auf. Dies zeigt auch die genauere Betrachtung der Faktorladungen, bei der sich wiederholt gezeigt hat, dass das idealtypische Meinungsführeritem „Ich gebe anderen Ratschläge/Empfehlungen" im Set mit die geringste Faktorladung aufweist (ebd). Dennoch haben die empirischen Befunde um Influentials und Persönlichkeitsstärke das Bild, das wir von Meinungsführer haben, um eigene Charakteristika erweitert und präzisiert (Schenk 1995; Weimann 1991, 1994).

3.8 Meinungsführerschaft im sozialen Kontext

Dass Meinungsführerschaft in sozialen Kontexten stattfindet, ist eine Grundprämisse des Konzepts – und entsprechend wird der soziale Kontext in jeder Meinungsführerstudie beginnend bei den frühen Columbia-Studien – mehr oder weniger direkt – adressiert. Der soziale Kontext wurde in Weiterentwicklung der Meinungsführerforschung jedoch nicht nur theoretisch differenzierter betrachtet, insbesondere Fortschritte in der *Netzwerkanalyse* (vgl. Kap. 1.7 und Kap. 4.4) verfeinerten auch die methodischen Zugänge, um die soziale Eingebundenheit von Meinungsbildungsprozessen systematisch zu erfassen.

Schlüsselstudien

„The Influentials. People who Influence People"

Gabriel Weimann (1994) betrachtete Meinungsbildungsprozesse im lebensweltlichen Kontext eines israelischen Kibbuz. Hierzu befragte er alle Mitglieder des Kibbuz (n=270) zu ihren Interaktions- und Kommunikationsbeziehungen (insgesamt 2.511 Nennungen) – wobei er ihnen mehrere Themen (Gerüchte, Nachrichten, Produktinformationen) vorgab und dann den Informationsfluss studierte (Weimann 1982: 766ff.). Die Daten führte er in einem komplexen Soziogramm zusammen. Dabei nutzte Weimann (1982, 1994) die ursprünglich von Granovetter (1973) eingeführte Unterscheidung starker und schwacher Netzwerkbeziehungen (*Strong Ties* vs. *Weak Ties* in Abhängigkeit der Intensität und Regelmäßigkeit des Austausches), um Prozesse der Beeinflussung innerhalb der Gruppe sowie auch über Gruppengrenzen hinweg zu betrachten – was als eine zentrale Besonderheit der Studie gelten kann (vgl. Jäckel 2011: 150).

Anhand der Anzahl ihrer Beziehungen zur In- und Outgroup unterschied Weimann (1982) zwischen *Centrals* – Personen, die eine zentrale Position im Netzwerk einnahmen und den Informationsfluss innerhalb der Gruppe stark prägten – *Others*, die zur engeren Gefolgschaft zählten, sowie *Marginals*, die innerhalb der Gruppe wenig vernetzt und am intergruppalen Informationsaustausch weniger beteiligt waren, aber dafür insbesondere den Informationsfluss *zwischen Gruppen* stimulierten. Hierfür analysierte er das Verhältnis zwischen In- und Outgroup-Beziehungen und benutzt das oberste und unterste Quartil als Grenzwert, um die in Rangreihe gebrachten Werte zu gruppieren. Das Quartil mit den meisten Outgroup-Beziehungen bildet die Marginals, das Quartil mit den meisten Ingroup-Beziehungen die Centrals (Weimann 1982).

Dabei fand er ‚klassische' Meinungsführer innerhalb der Gruppe, die ihre Informationen v.a. an ihr engeres Umfeld, d.h. die *Others*, weitergaben, seltener jedoch an die *Marginals*. Zudem zeigte sich, dass für die Bewertung auch die Unterscheidung zwischen *Information* und *Beeinflussung* von entscheidender Bedeutung war: die schwachen Beziehungen der Marginals fungierten vor allem beim reinen Informationsfluss als Brücke zwischen verschiedenen Gruppen (**vgl. Abb. 6**). Demgegenüber war eine Beeinflussung – sowohl innerhalb als auch zwischen verschiedenen Gruppen – vor allem das Ergebnis einer starken Beziehung (Weimann 1982, 1994).

> **Kernsätze**
>
> „Marginals serve as the *importers of new information*" (Weimann 1982: 769; Herv.n.i.O.).

Die Befunde relativieren damit die Überlegenheit starker Bindungen: Ohne die *Weak Ties* der Marginals wäre der Austausch von Meinungen über Gruppengrenzen hinweg – und damit die Möglichkeit, Anregungen und Impulse von außen zu erhalten – äußerst begrenzt; ein homogenes Meinungsklima wäre vermutlich die Folge. Zugleich bliebe auch die Reichweite der Meinungsführer auf das engere Umfeld beschränkt. Daher resümiert Schenk (1993: 256):

„Während die Columbia-Forscher aufgrund des verwendeten basalen Kleingruppenkonzeptes von intensiven, dauerhaften und direkten Beziehungen im Sinne der Strong-Ties ausgingen, macht das Netzwerkkonzept auch auf die Relevanz der Weak-Ties – also der mehr flüchtigen, punktuellen und funktionalen Beziehungen aufmerksam."

Abb. 6: Strong vs. Weak Ties sowie Brückenkommunikation im Netzwerk

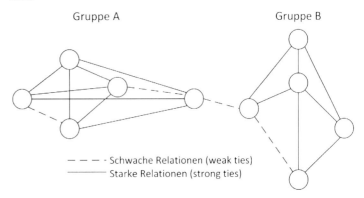

Bildquelle: Schenk 2007: 390

<small>Bedeutung interpersonaler Kommunikation</small>

Angesichts einer scheinbar steigenden Bedeutung massenmedialer Kommunikation für die Aktualisierung und Meinungsbildung zu politisch relevanten Themen fragte Schenk (1995) in *Soziale Netzwerke und Massenmedien* nach der Bedeutung interpersonaler Kommunikation im Prozess der Massenkommunikation. Im Wiedervereinigungsprozess kombinierte er (1995: 75) dazu eine standardisierte Inhaltsanalyse der Medienberichterstattung (Zeitungen, Magazine, Radio, TV) mit einer Rezipientenbefragung bzw. Netzwerkanalyse (n=899).

Zur Bedeutung von Meinungsführerschaft ergab sich, dass nur etwa 10% der Befragten als ‚echte' Meinungsführer gelten konnten; der Anteil ausschließlicher Meinungsempfänger lag mit 12% auf ähnlichem Niveau (ebd.: 157–158). Wechselseitiger Austausch (*Opinion Sharing*) war weitaus ausgeprägter (1/3 des Samples); gleichzeitig fand sich nur ein kleiner Teil an Inaktiven (1/5). Interessanterweise waren sowohl die Netzwerke der Meinungsführer als auch die der Meinungsempfänger durch *Strong Ties* charakterisiert; Meinungsführer verfügten allerdings über größere und heterogene Netzwerke mit größerer Reichweite (Schenk 1995: 160, 162). Sie waren häufiger männlich und nutzten politisch relevante Medienangebote intensiver (ebd.: 164). Der Austausch von Meinungen bzw. Meinungsführerschaft begünstigte dabei die Entstehung eines *kongruenten Meinungsbildes*. Der Abgleich mit den Medieninhalten offenbarte zudem die hohe Bedeutung interpersonaler Kommunikation für die *Einschätzung der Wichtigkeit* von Themen und Ereignissen: Zwar dienten Massenmedien zur Erstinformation, leiteten dann aber interpersonale Kommunikation ein, die zur

3. Meinungsführerschaft in Diffusionsprozessen

Bewertung und damit individuellen Themengewichtung beitrug (ebd.: 198). Schenk (1995: 233) kam daher zu dem Ergebnis, dass die interpersonale Kommunikation nach wie vor eine „zentrale Bezugsgröße" für Individuen darstelle, die gewissermaßen auch als ein „Schutzschild" gegen Wirkungen massenmedialer Kommunikation fungierte.

Kernsätze

„Interpersonale Kommunikation stellt somit ein entscheidendes *Scharnier* im Medienwirkungsprozess dar, indem sie die Themenwichtigkeit und die fortgesetzte Medienwahrnehmung stützt" (Schenk 1995: 198).

Ausgehend von der Annahme eines Mehrstufenflusses der Kommunikation haben Rössler und Scharfenberg (2004) die Bedeutung von Massenmedien und interpersonaler Kommunikation am Beispiel des Themas Musik im sozialen Kontext Jugendlicher untersucht. Neben Items zur Mediennutzung und zu Musikkenntnissen wurden im Rahmen einer Befragung (n=72) auch die Selbsteinschätzungen der Beziehungen im Netzwerk sowie zu den eingenommenen Kommunikationsrollen – operationalisiert als Meinungsführer, Meinungsaustauscher sowie Meinungsempfänger (vgl. Robinson 1976) – erhoben.

Im mehrstufigen Informationsprozess über Musik spielten Gespräche allein quantitativ eine wichtigere Rolle als Informationen über Massenmedien, wobei letztere als glaubwürdiger galten (Rössler & Scharfenberg 2004: 503–504). Die identifizierten Meinungsführer verfügten über zentrale Positionen in den Klassenverbänden (in 15,3% der Beziehungen), jedoch nicht über substanziell andere Mediennutzungsmuster. Im Großteil der Gespräche über Musik (72,3%) waren die Beziehungen von wechselseitigem Meinungsaustausch (*opinion sharing*) geprägt. In den einseitigen Kommunikationsbeziehungen (27,7%) zeigten sich etwas seltener Follower-Beziehungen (12,4%) als die Übernahme der Leader-Rolle (ebd.: 509). Insgesamt war der Einflussbereich der Meinungsführer begrenzt; Prozesse einseitiger Beeinflussung traten eher in Netzwerken mit divergenten Meinungen auf (ebd.: 510, 513). Die Expertise im Themenfeld Musik beeinflusste das Kommunikationsverhalten der Jugendlichen dabei erheblich: Je höher die Jugendlichen ihre Expertise im Vergleich zu ihren Netzwerkpersonen bewerten, desto eher treten sie als Meinungsführer auf (ebd.: 512).

Mit einem ähnlichen Ansatz untersuchten Schnell und Friemel (2005), inwieweit die in der interpersonalen Kommunikation eingenommenen *Rollen der Interaktionspartner* das Netzwerk strukturieren und inwieweit sie durch die Mediennutzung determiniert wurden. Dazu wurden

Rollen der Interaktionspartner

die interpersonalen Netzwerke von vier Schulklassen (n=86) zu jeweils 3 Themen (Wirtschaft/Politik; Musik; Schul- und Prüfungsstoff) erhoben. Der Kommunikationsfluss zwischen den einzelnen Teilnehmern wurde aus zwei Perspektiven erfasst (Informationen geben; Informationen bekommen) und in die Kommunikationsrollen Opinion Leader, Austauscher und Follower übersetzt.

Während die Meinungsführer primär einen polymorphen Einfluss ausübten, variierte die Rollenverteilung im Netzwerk themenspezifisch: Änderte sich das Thema (z.B. von Musik zu Wirtschaft und Politik), änderte sich auch die Rollenverteilung von Opinion Leadern, Austauschern und Followern (ebd.: 57). Ein Zusammenhang zwischen Opinion Leadership und spezifischen Persönlichkeitsmerkmalen wurde nicht identifiziert. Auch zeigten diejenigen Schüler, die vermehrt die Rolle des Opinion Leaders einnehmen, keinen intensiveren Medienkonsum. Schnell und Friemel (2005) leiteten aus den Befunden zusammengefasst eine „überschätzte" Rolle der Meinungsführer ab.

Kernsätze

„Die Kommunikationsrollen müssen also bei jedem Thema neu erschlossen werden und können auch nicht auf Grund soziodemografischer Variablen ermittelt werden" (Schnell & Friemel 2005: 57).

Prägung der Mediennutzung durch soziale Interaktionsprozesse im Netzwerk

Dem Verhältnis von interpersonaler sowie massenmedialer Kommunikation und Mediennutzungsverhalten hat sich Friemel (2008a, 2013) in der Folgestudie *Mediennutzung im sozialen Kontext* intensiver gewidmet. Ausgehend von der Forschungsfrage „Wer kommuniziert über welche Medieninhalte mit wem, in welchem Kontext, zu welchem Zweck und mit welcher Wirkung?" (Friemel 2013: 282; 2008a: 326) untersuchte er, inwieweit die Mediennutzung (Intensität der Fernsehnutzung sowie Häufigkeiten der Nutzung der vier Genres Boulevard, Soap, CSI, Musik-TV) durch soziale Interaktionsprozesse im Netzwerk geprägt wurde und diese umgekehrt prägt. Dazu wurden die interpersonalen Netzwerke von 36 Schulklassen (n=895) erhoben. Die Klassen wurden zu ihrem Kommunikations-, Mediennutzungs- und Selektionsverhalten befragt, v.a. welche Fernsehprogramme sie wie häufig schauten und wie oft sie sich mit Klassenkameraden über Fernsehprogramme unterhielten. Für jede Person musste angegeben werden, wie häufig mit dieser Person über Fernsehsendungen gesprochen wird. Diese Information („gelegentliche" und „häufige" Gespräche) sowie die Richtung des Kommunikationsflusses dienten als Basis der Modellierung starker und schwacher Beziehungen im Netzwerk.

3. Meinungsführerschaft in Diffusionsprozessen

Zur Bedeutung interpersonaler Kommunikation als Selektionshilfe für die Mediennutzung zeigte sich zunächst, dass die Gleichaltrigen eine wichtige Informationsquelle darstellten, während Gespräche mit Erwachsenen kaum von Bedeutung waren (Friemel 2008a: 298). Medien wurden dabei auch zur sozialen Integration genutzt: „Das individuelle Netzwerk der interpersonalen Kommunikation über massenmediale Inhalte ist [...] abhängig davon, wie intensiv eine Person das Fernsehen nutzt, welche Fernsehgenres sie nutzt und ob sie ähnliche Fernsehgenres nutzt wie ihr soziales Umfeld" (Friemel 2008a: 321). Zugleich beeinflusste der soziale Kontext die individuelle Mediennutzung. Diese zeigte sich davon abhängig, mit wie vielen Personen der Nutzer über das Fernsehen sprach und welche Medieninhalte diese Personen nutzten (ebd.). Interpersonale Kommunikation über massenmediale Inhalte führte damit zu einer *Ko-Orientierung* der Mediennutzung bzw. einer *Homogenisierung der genutzten Medieninhalte* in sozialen Netzwerken.

<small>interpersonale Kommunikation als Selektionshilfe</small>

Dabei ließen sich *themenabhängige Selektionsprozesse* sowie *themenunabhängige Beeinflussungsprozesse* feststellen: Neue Beziehungen zwischen Schülern entstanden primär aufgrund bestehender Medienpräferenzen (Selektionsmerkmal; *Similarity Effect*); im Rahmen etablierter Beziehungen erfolgte eine Beeinflussung – über das ursprüngliche Selektionsmerkmal hinaus – auch auf das übrige Spektrum der Mediennutzung (Friemel 2008a: 321–322). Dabei ließen sich besonders ‚beliebte' Schüler identifizieren, wobei bevorzugt mit denjenigen Schülern gesprochen wurde, mit denen bereits viele andere sprachen – unabhängig von deren Mediennutzung. Dabei nutzten diese besonders ‚beliebten' Schüler Medien nicht grundsätzlich intensiver (ebd.: 322). Obwohl Friemel dies in der ursprünglichen Publikation (2008a) nicht explizit, können die besonders ‚beliebten' Schüler aufgrund ihrer Funktion im sozialen Netzwerk als Meinungsführer gelten.

<small>themenabhängige Selektionsprozesse und themenunabhängige Beeinflussungsprozesse</small>

In einer weiterführenden Analyse hat Friemel (2013) zur Prüfung eines Mehrstufenflusses spezifiziert, wie sich die Wahrscheinlichkeit, eine Person als Gesprächspartner auszuwählen, zu ihrer Mediennutzung verhält. Dabei fand er, dass Personen mit höherer Mediennutzung sich auch häufiger mit anderen darüber austauschten; entscheidend war hierfür aber nicht die Gesamtintensität, sondern die Nutzung des spezifischen Genres (MTV): Eine intensive Nutzung von MTV führte zu einer häufigeren interpersonalen Kommunikation über das Fernsehen; in dieser Hinsicht bestätigte sich der erste Teil des Mehrstufenflusses (Friemel 2013: 276, 279). Allerdings richteten sich die besonders aktiven Fernsehnutzer auch bevorzugt an Personen, die ebenfalls *viel*

MTV sahen (Friemel 2013: 277) – und eben nicht an Wenignutzer wie der Mehrstufenfluss vermuten ließe. Doch waren es nicht „die ‚Meinungsführer', welche ihre Gefolgsleute aufgrund ihres ‚Informationsdefizits' auswähl(t)en, sondern vielmehr die Folger" – denn diese selektierten bevorzugt ebenfalls gut informierte Gesprächspartner, die in der Tendenz auch eine ähnliche MTV-Nutzung zeigten (*homophile Selektion*) (Friemel 2013: 279).

Einfluss des Selektionsverhaltens

Ausgehend von diesen Befunden fragte Friemel (2012, 2015) genauer nach dem *Einfluss des Selektionsverhaltens* der Netzwerkmitglieder auf den Meinungsbildungsprozess: Erklärt die homophile Selektion der Gesprächspartner – und eben nicht Meinungsführerschaft – die Existenz bzw. Ausbildung von homogenen Meinungen innerhalb einer Gruppe? Die weiterführenden Analysen (Friemel 2012) bestätigen, dass Gesprächspartner vor allem aufgrund ähnlicher Mediennutzung selektiert werden (*sozialer Selektionsprozess*). *Prozesse sozialer Beeinflussung* auf die Kommunikationsbeziehungen sowie die Mediennutzung fanden sich hingegen kaum. Zwar initiierten Vielseher auch häufiger Gespräche über TV-Programme und wurden auch selbst häufiger angesprochen als Wenigseher, doch fanden die intensiveren Kommunikationsbeziehungen primär mit Personen statt, die über ähnliche Programmpräferenzen verfügten (*Similarity Effect*): „In instances where pupils have the freedom to decide on their network ties (e.g., conversations) they are most likely to follow a homophilic selection (e.g., use of similar TV programs)" (Friemel 2012: 355). Diese Befunde stellen nicht nur die Idee eines Two-Step-/Multi-Step Flow of Communication infrage, sondern grundsätzlich auch die der Relevanz von Meinungsführerschaft als Erklärung für Meinungsbildungsprozesse.

Friemel (ebd.) resümiert zudem aus methodischer Perspektive: „Since selection and influence processes lead to the same result (network-autocorrelation) it is vital to test both effects simultaneously in any analysis to come to valid conclusions about dynamic network processes." Dass der Einfluss *sozialer Beeinflussungsprozesse* ohne Kontrolle sozialer Selektionsprozesse systematisch überschätzt werden kann, zeigte auch eine Re-Analyse der Daten (mit n=125; Friemel 2015). Diese führte allerdings zugleich zu einer Relativierung des Einflusses sozialer Selektionsprozesse: „Controlling for selection processes decreases the power of influence processes without being powerful enough to become significant on its own" (ebd.: 1017).

Social Network Sites

Dass die Idee von Meinungsführerschaft *im sozialen Kontext* insbesondere auch auf die Analyse von Kommunikations- und Beeinflussungsprozessen auf *Social Network Sites* (SNS) übertragen wurde, ist schon fast selbsterklärend (vgl. dazu ausführlich **Kap. 6.3**). Dabei sprechen Forschungsbefunde dafür, dass etablierte soziale Handlungsmuster sowie Mechanismen sozialer Kontrolle – trotz weitgehender Anonymität der Interaktionspartner – auch einen kontrollierenden Einfluss auf die Kommunikation der Teilnehmer im Netz ausüben können (Price, Nir & Capella 2006). Auch Wright und Li (2011) fanden Belege dafür, dass Menschem generelle Verhaltens- und Handlungsmuster auch auf die Kommunikation und Interaktion online übertragen. Ähnliche Befunde zeigten sich für die Prägung des Online-Verhaltens durch charakterliche Prädispositionen. Beispielsweise sind extrovertierte und stark vernetzte Personen auch beim *Information Sharing* über Facebook weniger zurückhaltend als Introvertierte oder stärker Isolierte (Amichai-Hamburger & Vinitzky 2010).

Dabei ist zu berücksichtigen, dass auch soziale Online-Netzwerke keine hierarchiefreien und egalitären Foren für öffentliche Kommunikations- und Meinungsbildungsprozesse darstellen, sondern – ähnlich der direkten sozialen Interaktion – stark *sozial strukturiert* sind (Feng 2016). Einfluss übt hierbei i.d.R. ein kleiner Kreis aktiver Nutzer aus, denen eine große Gruppe weitgehend unbeteiligter Rezipienten gegenübersteht, die Informationen eher flüchtig, passiv und mit geringem Involvement eher heuristisch rezipieren. Die oben von Friemel (s.o.) beschriebenen Prozesse der Selbstselektion und Homophilie zeigen dabei gerade im Kontext der Diskussion um *Filter Bubbles* eine neue Brisanz. Hier droht durch die zu starke Fokussierung auf das eigene begrenzte virtuelle soziale Netzwerk als primäre Informations- und Austauschquelle eine verzerrte Information über gesellschaftlich und sozial relevante Phänomene.

Daneben erscheint gerade angesichts aktueller Diskussionen um die Rezeption von *Fake News* und die Publikation von offensichtlich soziale Normen verletzten Postings (*Hasskommentare*) eine Re-Analyse von Formen abweichenden Verhaltens in sozialen Netzwerken sowie die Funktionalität von Mechanismen sozialer Kontrolle notwendig.

4. Forschungs- und Analyselogik: Wie findet man heraus, wer Meinungsführer ist?

Verfahren und Messinstrumente

Seit der Entdeckung der Meinungsführer wurden einige Verfahren und Messinstrumente entwickelt, um Meinungsführer reliabel und valide zu erfassen. Das Methodeninventar reichte dabei von sehr einfachen bis hin zu komplexen Umsetzungen. Die so entstandene Vielfalt ist angesichts der Komplexität von Meinungsbildungsprozessen in ‚realen', virtuellen sowie Online-Medienumgebungen einerseits verständlich. Andererseits resultiert sie in einen bis heute *geringen Grad an methodischer Standardisierung*. Dies gilt sowohl für die unterschiedlichen Verfahren, als auch für die einzelnen Messinstrumente innerhalb eines Verfahrens. So werden bei der Selbsteinschätzung bis heute unterschiedliche Item-Sets genutzt, deren Interpretation ebenfalls variiert (vgl. Rogers 2003; King & Summers 1970). Dies ist auch deshalb heikel, da die zentrale Bedeutung von Meinungsführern die Art ihrer methodischen Erfassung zu einem bedeutenden Qualitätskriterium macht. Wir wollen uns daher auch mit der methodischen Seite der Meinungsführerforschung befassen. Im Zentrum der Betrachtung stehen zwei Fragen: 1) *Wie findet man forschungspraktisch heraus, wer Meinungsführer ist* (bzw. Follower, Inaktiver usw.)? 2) *Wie sind die Verfahren bzw. Instrumente zu bewerten?*

Unabhängig von der eingesetzten Methode folgen fast alle Meinungsführerstudien einer ähnlichen Analyselogik. Sie ergibt sich aus den zentralen Prämissen des Meinungsführerkonzepts (**vgl. Kap. 1**). Nach dieser sind die *empirische Identifikation von Meinungsführern (bzw. Followern und Inaktiven)* einerseits sowie die Erfassung der von ihnen ausgehenden bzw. zwischen ihnen ablaufenden *Kommunikationsprozesse* (inklusive der resultierenden Wirkungen auf die Meinungen, Einstellungen, Verhaltens- und Handlungsweisen) andererseits zentrale Ansatzpunkte. Wie wir schon gesehen haben, existieren bisher v.a. drei Zugänge (bzw. eine Kombination dieser Verfahren), um diese ‚Untersuchungseinheiten' zu erfassen: 1) die Selbsteinschätzung von Personen als Meinungsführer über Befragungen, 2) die Fremdeinschätzung von Personen als Meinungsführer über Befragungen sowie 3) die Identifikation von Meinungsführern über soziometrische Verfahren bzw. Netzwerkanalysen. Im weiteren Verlauf betrachten wir mit 4) Beobachtungsverfahren, 5) Inhaltsanalysen sowie 6) Experimente noch drei weitere Zugänge, die von der Meinungsführerforschung bisher nur selten eingesetzt wurden, jedoch auch über erhebliches Aufklärungspotenzial verfügen können.

4. Forschungs- und Analyselogik

4.1 Befragungen von Meinungsführern zur Selbsteinschätzung

Die *Befragung* gilt als Standardinstrument der empirischen Sozialforschung bei der Ermittlung von Fakten, Wissen, Meinungen, Einstellungen und Bewertungen (Brosius, Haas & Koschel 2015). Die Befragung zur Selbsteinschätzung von Meinungsführerschaft erfolgt über ein Set an Einzelfragen bzw. Statements, die den Teilnehmern bei der Befragung vorgelegt werden. Aus der Selbstauskunft in Form von offenen oder geschlossenen Antworten schließt der Forscher dann, ob bzw. zu welchem Grad die Person als Meinungsführer (oder Follower oder Inaktiver) einzuschätzen ist.

Befragung

Neben der einfachen und ressourceneffizienten Durchführbarkeit ist ein Vorteil der Selbsteinschätzung, dass die *subjektive Wahrnehmung* der Meinungsführerschaft der jeweiligen Befragten gemessen wird. Dies zieht einerseits methodische Probleme nach sich, andererseits ist aber plausibel, dass der Grad zu dem man sich selbst als Meinungsführer sieht, auch fundamental das eigene Kommunikationsverhalten prägt. Zudem lässt sich das Verfahren gut mit anderen kombinieren. Dadurch kann zusätzliche Analysetiefe gewonnen werden. Auch lassen sich die Ergebnisse der Befragung durch den Vergleich mit weiteren Datenquellen validieren. Schließlich können Selbsteinschätzungsverfahren auf jedes beliebige Sample angewendet werden. Es muss nicht vorher festgelegt werden, welcher abgeschlossene Personenkreis (wie bei soziometrischen Verfahren) oder welche Einzelpersonen (wie bei der Befragung von Schlüsselpersonen) befragt werden.

Vorteile

Verfahren

Die Pionierstudie *The People's Choice* lieferte auch das erste Messinstrument zur Identifikation von Meinungsführern. Mit zwei Fragen sollten sich die Teilnehmer selbst einschätzen (Lazarsfeld, Berelson & Gaudet 1948: 50): 1) „Have you tried to convince anyone of your political ideas recently?" 2) „Has anyone asked your advice on a political question recently?". Sobald eine dieser beiden Fragen positiv beantwortet wurde, galt die Person als Meinungsführer. Die übrigen Befragten wurden als Opinion Follower gewertet; das tatsächliche Kommunikationsverhalten wurde nicht gemessen, sondern auf Basis der Ergebnisse zu den Befragungsitems vermutet.

Studien

In Folgestudien wurden die Items modifiziert. Troldahl und Van Dam (1965/66: 627) nutzten etwa die beiden inhaltlich ähnlichen Schlüsselfragen: 1) „Have you asked anyone for his or her opinion on any of these topics during the past week or two?, 2) During the past week or two ... has anyone asked you for your opinions on any of these topics in the news?" Nur Teilnehmer, die *beide* Fragen bejahten, galten als Opinion Giver.

Kritik Zentrale Kritikpunkte an solchen einfachen Verfahren haben wir bereits angesprochen; v.a. erweist sich die Klassifikation auf der Basis von nur zwei Fragen als zu starr und unflexibel, weil sie Meinungsführerschaft als dichotome Variable betrachtet – man ist nach dieser Logik eben *entweder* Meinungsführer *oder* Follower. In der Folge wurden daher komplexere, d.h. *aus mehreren Einzelitems bestehende, Indikatoren* entwickelt, die Meinungsführerschaft differenzierter beleuchten und eine feinere Erfassung und Typisierung der Funktionen bzw. Rollen in den kommunikativen Netzwerken erlaubten. Eine in dieser Hinsicht bedeutsame methodische Weiterentwicklung legten Rogers und Cartano (1962) mit der mehrdimensionalen *Self-Designating-Opinion-Leadership Scale* vor.

Verfahren

In der *Self-Designating-Opinion-Leadership Scale*, die 1957 in einer Diffusionsstudie bei Farmern zum Einsatz kam, kombinierten sie sechs Einzelfragen (Rogers & Cartano 1962: 439-440):

1. During the past six months have you told anyone about some new farming practice?
2. Compared with your circle of friends are you (a) more or (b) less likely to be asked for advice about new farming practices?
3. Thinking back to your last discussion about some new farming practice (a) were you asked for your opinion of the new practice or (b) did you ask someone else?
4. When you and your friends discuss new ideas about farm practices, what part do you play? (a) Mainly listen or (b) try to convince them of your ideas?
5. Which of these happens more often, (a) you tell your neighbors about some new farm practice, or (b) they tell you about a new practice?
6. Do you have the feeling that you are generally regarded by your neighbors as a good source of advice about new farm practices?

Für jede mögliche Antwort wurde ein Punktwert zugeordnet und dann die Summe der erreichten Punkte pro Befragter errechnet. Für die Klassifikation als Meinungsführer mussten die Befragten eine Mindestpunktzahl erreichen; der Schwellenwert lag bei 6 Punkten. Wer also 6 oder mehr Punkte erreichte, galt als Meinungsführer.

Skala Die Skala wurde in einer Diffusionsstudie getestet. Die Prüfung, die auch über den Vergleich mit zweistufigen Identifikationsverfahren lief, ergab eine höhere Validität und Reliabilität des Messinstruments als die Vergleichsinstrumente. Auch die von den Autoren realisierte Kombination mit soziometrischen Analysen stützte die über die Skala ermittelten Befunde (Rogers & Cartano 1962: 440–441). Mit einigen Adaptionen (u.a. kleine Umformulierungen; Integration eines zusätzlichen Items) wurde die Skala auch in anderen Forschungskontexten erfolgreich eingesetzt, etwa im Konsumgütermarketing (vgl. z.B. King & Summers 1970). Für den Einsatz in Deutschland ließe sich allerdings problematisieren, dass die in den USA entwickelten Items zu sehr auf ein spezifisch amerikanisches Kommunikations- und Informationsverhalten zielten. In Schenks (1995) groß angelegter Netzwerkanalyse zur Medienwirkung und interpersonaler Kommunikation in Deutschland zeigt die Implementierung jedoch keine Probleme. Schenk (1995) fand hierbei eine Korrelation zwischen der über die *Skala der Persönlichkeitsstärke* (s.u.) ermittelten Persönlichkeitsstarken und den über die *Self-Designating-Opinion-Leadership Scale* identifizierten Meinungsführer.

Ausgehend von einer kritischen Betrachtung der Skala – v.a. basierend auf der beobachteten geringen internen Konsistenz der Skala sowie der Konstruktion einer Skala mit wechselnder Anzahl verschiedener Antwortkategorien – schlug Childers (1986) eine modifizierte Version des Messinstruments vor. In dieser Weiterentwicklung wurde Meinungsführerschaft einerseits als eine mehrdimensionale, andererseits auch stärker als eine *graduelle* Eigenschaft verstanden, die entsprechend auch als *kontinuierliche Variable* gemessen wurde. Hierfür wurden die Items mit einer fünfstufigen *Likert-Skala* versehen, bei der die Befragten ihre Antwort in Form der Ausprägung ihrer Zustimmung oder Ablehnung zur Aussage des jeweiligen Items (von maximal bis minimal gepolt) abgeben können.

Kritik und Modifizierung

Verfahren

Childers (1986: 186–188) setzte die Skala ursprünglich in einer Studie zum Kabelfernsehen ein; später wurden die Items auf andere Bereiche adaptiert – hier sind die Fragen mit Bezug zu Politik formuliert; der Themenbereich lässt sich entsprechend des Untersuchungsinteresses bzw. Forschungskontexts austauschen:

1. Wie häufig reden Sie mit Freunden und Bekannten über [Politik]? (Skala von 1=sehr häufig bis 5=nie)

2. Wenn Sie sich mit Bekannten oder Freunden über [Politik] unterhalten (Skala von 1=…bringe ich viele Informationen bis 5=…bringe ich wenig Informationen ein)

4. Forschungs- und Analyselogik

3. Wie viele Personen aus Ihrem Bekanntenkreis wurden von Ihnen in den letzten sechs Monaten über [Politik] informiert? (Skala von 1=viele Personen bis 5=niemand)
4. Verglichen mit Ihrem Freundes- und Bekanntenkreis: Wie wahrscheinlich ist es, dass Sie nach Ihrer Meinung zu [Politik] gefragt werden? (Skala von 1=sehr wahrscheinlich bis 5=sehr unwahrscheinlich)
5. Wenn Sie sich mit Bekannten oder Freunden über [Politik] unterhalten, welche Situation ist wahrscheinlicher? (Skala von 1=Sie sind tonangebend bis 5=Ihre Freunde sind tonangebend)
6. Wie häufig werden Sie in Diskussionen mit Ihren Freunden und Bekannten als Ratgeber für [Politik] herangezogen? (Skala von 1=sehr häufig bis 5=nie)

Die Zustimmung zu jeder Frage erfolgt auf einer fünfstufigen Likert-Skala, die – wie oben angegeben – für jedes Item unterschiedliche Pole mit symmetrisch formulierten Antwortmöglichkeiten besitzt. Die Items werden ungewichtet zu einem einzelnen Skalenwert für die Ausprägung der Meinungsführerschaft verrechnet bzw. gemittelt.

Einsatz der Skala

Die Skala wurde in der Meinungsführerforschung, v.a. in der kommerziellen, vielfältig eingesetzt. Ihre interne Konsistenz wurde in Methodenevaluationen als zufriedenstellend bewertet (vgl. Goldsmith & Desborde 1991). Kritisch betrachtet wurde jedoch, dass die Skala nicht eindimensional sei, sondern im Grund zwei verschiedene Meinungsführerkonzepte vermische. Während einige Items ein generelles Konzept von Meinungsführerschaft erfassten, zielten andere auf eine spezifische Meinungsführerschaft. Tatsächlich deuten die Befunde an, dass die Skala Meinungsführerschaft vor allem als *produktgruppenspezifisches* Phänomen erfasst – diejenigen Items, die auf eine spezifische Produktkategorie bezogen werden konnten, lieferten valide Ergebnisse, wohingegen allgemeine Dimensionen – wie etwa Selbstbewusstsein und Informationsverhalten – Ergebnisse mit geringerer Validität ergaben.

Ein regelmäßig in der Marktforschung sowie der politischen Meinungsforschung verwendetes Instrument liegt mit der von Elisabeth Noelle-Neumann am Institut für Demoskopie Allensbach entwickelten *Skala der Persönlichkeitsstärke* vor (vgl. **Kap. 3.7**). Auch in der kommunikationswissenschaftlichen Meinungsführerforschung wurde die Skala sowohl im Offline- als auch im Online-Kontext gewinnbringend verwendet (vgl. Schenk 1995; Schenk & Rössler 1997; Weimann 1991, 1994; Scheiko & Schenk 2013).

Das ursprünglich zur Identifikation von *einflussreichen Personen* konzipierte Instrument wurde in mehreren Schritten entwickelt. Aus anfänglich 34 Items, die aus qualitativen Interviews sowie repräsentativen Umfragen herausgearbeitet wurden, wurden mithilfe einer Faktorenanalyse zunächst 13 Items (mittlerweile 10 Items, **siehe Infobox unten**) ermittelt, die eng miteinander zusammenhingen. Die Items sollten nicht die klassischen ‚politischen Kommunikatoren' als Meinungsführer erfassen, sondern im weiteren Sinne ‚aktive Influentials' mit Ausstrahlungs- und Durchsetzungskraft.

Dazu kombinierte die Skala Aussagen, die auch schon in anderen psychologischen und sozialpsychologischen Messinstrumenten eingesetzt worden waren, v.a. zu: 1) Selbstvertrauen, Selbstbewusstsein, 2) Soziabilität, Kommunikationsbereitschaft, Offenheit, 3) Soziale Reputation, 4) die Bereitschaft, andere von der eigenen Meinung zu überzeugen, 5) Entscheidungsfreudigkeit sowie 6) das subjektiv empfundene Gefühl, für andere als Vorbild zu dienen (Jäckel 2011: 148–149). Die eingesetzten Items sollten graduell (nicht dichotom) ausgeprägt sein; sie wurden zudem als möglichst unabhängig von soziodemografischen Merkmalen, wie Geschlecht, Bildung und Einkommen, verstanden.

Merkmale, die keine individuellen Persönlichkeitseigenschaften darstellten, sondern primär den sozialen Status beschrieben, wurden aussortiert. Spätere Analysen zeigten zudem, dass eine Reduktion der Skala um drei Fragen zur beruflichen Führungsposition und der Organisations- oder Vereinsmitgliedschaft, die ursprünglich als ‚objektive' Ergänzung gedacht waren, ohne nennenswerten Informationsverlust möglich war (Noelle-Neumann 1985).

Verfahren

Die *Skala der Persönlichkeitsstärke* besteht mittlerweile aus 10 Items zur Selbsteinschätzung, die den Befragten in der typischen Durchführung als Kartenspiel vorgelegt werden (Noelle-Neumann & Köcher 1997: 73). Insbesondere das fünfte, sechste, siebte und zehnte Item beschreiben Faktoren, die dem Konzept der Meinungsführerschaft sehr nahestehen:

1. Gewöhnlich rechne ich bei dem, was ich mache, mit Erfolg.
2. Ich bin selten unsicher, wie ich mich verhalten soll.
3. Ich übernehme gerne Verantwortung.
4. Ich übernehme bei gemeinsamen Unternehmungen gern die Führung.
5. Es macht mir Spaß, andere Menschen von meiner Meinung zu überzeugen.
6. Ich merke öfter, dass sich andere nach mir richten.

7. Ich kann mich gut durchsetzen.
8. Ich bin anderen oft einen Schritt voraus.
9. Ich besitze vieles, worum mich andere beneiden.
10. Ich gebe anderen Ratschläge/Empfehlungen.

In der Befragungssituation wird den Teilnehmern ein Set aus 10 Kärtchen überreicht, auf denen jeweils eine Aussage steht; dazu wird ihnen die Frage gestellt: „Hier sind nun verschiedene Eigenschaften. Könnten Sie die bitte einmal durchsehen und mir die Punkte nennen, wo Sie sagen würden: ‚Das passt auf mich, das trifft auf mich zu'?" (Noelle-Neumann & Köcher 1997: 73).

Die ursprüngliche Konzeption der Skala (Noelle-Neumann 1985) beinhaltete noch drei weitere ‚objektive' Indikatoren, nämlich ob der Befragte eine berufliche Führungsposition innehabe, Mitglied einer Organisation oder eines Vereins sei und, falls ja, ob er dort auch ein Amt ausübe. In der aktuellen Skala wurde die Messung jedoch angeglichen; alle Items werden – wie oben beschrieben – nun auf dem Nominalniveau (‚trifft auf mich zu', ‚trifft nicht auf mich zu') erfasst (Rössler 2011: 203). Außerdem wurde das zehnte Item „Ich gebe anderen Ratschläge/Empfehlungen" ursprünglich nicht dichotom, sondern dreistufig (‚trifft oft auf mich zu'; ‚trifft ab und zu auf mich zu' und ‚trifft nie, fast nie auf mich zu') erhoben. Nach weiteren Analysen riet Noelle-Neumann (1985: 9) von der Verwendung der ursprünglichen 13er-Skala sogar ab, da männliche Befragte aufgrund ihres häufigeren Engagements in Vereinen und insbesondere Gewerkschaften gegenüber der 10er-Skala „bevorteilt" würden.

Typisierung Auf dieser Grundlage werden die Befragten typisiert; den verschiedenen Items werden dabei numerische Werte zugewiesen (von 6 bis 18, ausgehend von der Faktorladung der Items), dann wird der Gesamt-Score berechnet (Mindestpunktzahl 75 – Maximalpunktzahl 149). Bei der Klassifikation gingen die Forscher zunächst von fünf, später von vier gleich großen Persönlichkeitsstärke-Gruppen aus: 1) starke Persönlichkeit (111–149 Punkte), 2) überdurchschnittliche Persönlichkeitsstärke (91–110), 3) mäßige (81–90) oder 4) geringe Persönlichkeitsstärke (75–80). Persönlichkeitsstärke wird insofern nicht als eine dichotome, sondern als eine graduelle Variable verstanden – jeder Mensch hat einen bestimmten, mehr oder weniger hohen, Grad an Persönlichkeitsstärke.

Einsatz in verschiedenen Kontexten Die Skala der Persönlichkeitsstärke wurde in verschiedenen Ländern und in verschiedenen Untersuchungskontexten – wie skizziert auch außerhalb der Marktforschung – eingesetzt. Sie hat sich dabei als ein zuverlässiges und aussagekräftiges Messinstrument erwiesen (Schenk 1995; Weimann 1991, 1994). Von Vorteil erweisen sich dabei die „vergleichsweise simple Abfrage" sowie die klar formulierten Regeln zur Indexbildung, da dies eine forschungsökonomische Messung ermöglicht und die Reproduktion der fünfstufigen Typologie erleichtert (Rössler 2011: 203). Die Befunde haben das Bild, das wir von Meinungsführer haben, um eigene Charateristika erweitert und präzisiert (vgl. **Kap. 3.7**). Zudem hat Rössler (2011: 203) darauf hingewiesen, dass die Persönlichkeitsstärke – über den Kontext der Meinungsführerforschung hinaus – als allgemeines Persönlichkeitsmerkmal auch als Erklärungsvariable in Mediennutzungs- und -wirkungsstudien fungieren kann.

In einem neueren Ansatz argumentieren Boster und Kollegen (2011: 180–181), dass sich Meinungsführer – die sie *Superdiffuser* nennen – durch drei (bekannte) Merkmale auszeichnen: 1) *Connectivity:* Sie verfügen über ein großes soziales Netzwerk mit Schnittstellen zu weiteren Netzwerken; 2) *Persuasiveness:* Sie überzeugen gern andere und verfügen auch über das entsprechende ‚persuasive Potenzial' sowie 3) *Mavenness:* Sie besitzen hohe Expertise in ihrem Feld und informieren andere gerne darüber. Zur empirischen Erfassung schlagen die Autoren pro Merkmal fünf Items vor, die mit einer 5-stufigen Likert-Skala erfasst werden (ebd.: 189):

„Superdiffuser"

Verfahren

Items zur Erfassung von Connectivity
1. I'm often the link between friends in different groups.
2. I often find myself introducing people to each other.
3. I try to bring people I know together when I think they would find each other interesting.
4. I frequently find that I am the connection between people who would not otherwise know one another.
5. The people I know often know each other because of me.

Items zur Erfassung von Persuasiveness
1. I am good at thinking of multiple ways to explain my position on an issue.
2. When in a discussion, I'm able to make others see my side of the issue.
3. I am able to adapt my method of argument to persuade someone.
4. I can effortlessly offer multiple perspectives on an issue which support my position.

> 5. More often than not, I am able to convince others of my position during an argument.
>
> *Items zur Erfassung von Mavenness*
> 1. When I know something about a [...] topic, I feel it is important to share that information with others.
> 2. I like to be aware of the most up-to-date [...] information so I can help others by sharing when it is relevant.
> 3. If someone asked me about an [...] issue that I was unsure of, I would know how to help them find the answer.
> 4. Being knowledgeable enough about [...] so that I could teach someone else is important to me.
> 5. People often seek me out for answers when they have questions about an [...] issue.

Personen, die auf jeder Subskala über 75% erreichen, gelten als *superdiffuser* (insgesamt 2–5% im Sample; Boster et al. 2011: 192). Die Skala wurde in drei Befragungsstudien mit hohen Reliabilitätswerten (>.90) und entsprechender Konstruktvalidität getestet. Die Autoren resümieren: „These two contributions have the potential to enhance studies on social influence by refining the characteristics that make members of social networks influential and by allowing persons with these characteristics to be identified quickly and easily, without the complexity of sociometric methods or the cost of observational studies" (Boster et al. 2011: 193). Ein Abgleich der Skalenvorhersagekraft mit Verhaltens*änderungen* steht noch aus; allerdings kam die Skala in einer weiteren Studie zur Gesundheitskommunikation zum Einsatz, die zeigte, dass Superdiffuser in ihrem sozialen Umfeld Informationen über Verhaltensänderungen effektiv kommunizieren können.

Selbstauskunft Unabhängig von der Differenziertheit der Fragen bzw. Items basiert die Erfassung von Meinungsführerschaft über die Selbstauskunft der Teilnehmer – wie alle Befragungen – auf der Fähigkeit der Befragten, die Selbstauskunft aufrichtig und ‚unverzerrt' zu geben, sich an die erfragten Situationen bzw. Sachinformationen aktiv zu erinnern sowie dieses auch sprachlich bzw. schriftlich explorieren zu können: „This method is dependent upon the accuracy with which respondents can assess and report their self-images on opinion leadership" (Rogers & Cartano 1962: 439). Auch Methodeneffekte (z.B. sozialer Erwünschtheit, Interviewer-Effekte) müssen einkalkuliert werden. Zudem gibt die Selbsteinschätzung kaum Aufschluss über den *tatsächlichen* Einfluss der Meinungsführer auf ihre Follower (Dressler & Telle 2009: 110). Die

Ergebnisse stellen dabei stets eine Momentaufnahme dar, ohne Rückschlüsse auf zukünftiges ‚Meinungsführerverhalten' zu erlauben. Auch die Interpretation der erhobenen Daten durch den Forscher ist genauer zu betrachten; sie kann mehr oder weniger theoretisch fundiert sowie empirisch belastbar sein. Schließlich erschwert der geringe Grad der methodischen Standardisierung die Vergleichbarkeit der Befunde.

Die alleinige Erfassung von Meinungsführerschaft über die Selbsteinschätzung muss daher kritisch reflektiert werden: Offensichtlich nehmen Meinungsführer ihre Einflussnahme anders wahr – oder sie erinnern sie anders – als die von ihnen (angeblich) Beeinflussten. Dies fanden auch Yale und Gilly (1995): Bei Analyse der kommunikativen Dyaden benannten die vermeintlichen Follower weniger Personen als Meinungsführer als es Personen im Sample gab, die sich selbst als Meinungsführer wahrnehmen. Nimmt man diese Befunde ernst, müssten Studien, die Meinungsführerschaft über Selbstauskunft erfassen, jeweils zusätzliche Methoden integrieren, um die Validität der Ergebnisse abzusichern.

Kritik

4.2 Befragung der Peer-Group von Meinungsführern zur Fremdeinschätzung

Eine etwas weniger aufwendige Alternative zur Analyse des *gesamtes* Netzwerks bieten Fremdeinschätzungsverfahren, bei denen *Schlüsselpersonen im Netzwerk* zu den Meinungsführer in ihrem sozialen Umfeld und/oder zur Art und zum Ausmaß der (auf sie und ggf. auf andere ausgeübten) Meinungsführerschaft befragt werden. Die ‚Informanten' werden oft nach der Wahrscheinlichkeit ausgesucht, zu der sie die im Netzwerk vermuteten Meinungsführer kennen. Im Unterschied zu soziometrischen Studien wird nur eine Teilstichprobe befragt; von den Befunden wird dann auf die Gesamtheit der Interaktions- und Kommunikationsbeziehungen bzw. auf die Verteilung der verschiedenen Rollen im Netzwerk geschlossen.

Schlüsselpersonen im Netzwerk

Die Güte der Angaben hängt wesentlich vom Wissen und der Beurteilungsfähigkeit der Informanten ab; die für Befragungen allgemein typischen Verzerrungseffekte können die Aussagen zu den Kommunikationsbeziehungen beeinträchtigen. Eine zentrale methodische Herausforderung besteht bereits bei der Identifikation der Schlüsselpersonen, denn diese setzt so viel Wissen über das zu analysierende (virtuelle) soziale Netzwerk, sein Sozialgefüge und seine Kommunikationsstrukturen voraus, dass die weiterführende Analyse fast schon überflüssig wird. Dies ist auch ein Grund dafür, dass das Verfahren in der Forschungspraxis eher selten eingesetzt wird; seine ‚Prominenz' verdankt es eher der wiederholten Nennung in den einschlägigen Methodenbeiträgen (z.B. bei Rogers & Cartano 1962).

4.3 Kombination von Fremd- und Selbsteinschätzung

Ergänzung durch weitere Daten

Da sowohl Selbst- als auch Fremdeinschätzungen durch Befragungen auf subjektiven Wahrnehmungen basieren (und die Daten zudem auch durch methodische Fehlerquellen kontaminiert sein können), bietet es sich an, für eine zusätzliche Validierung der Befunde weitere Daten hinzuzuziehen. Auf dieser Logik basiert auch die Kombination von Fremdeinschätzung und Selbsteinschätzung, bei der die Angaben gegenseitig kontrolliert werden können. Studien, die Fremd- und Selbsteinschätzung kombinieren, sind selten – allerdings untermauern die hier gewonnenen Befunde, wie wichtig ein Abgleich sein kann: In der Decatur-Studie, in der Katz und Lazarsfeld (1962) eine solche zusätzliche Kontrolle in Form einer anschließenden Schneeballbefragung einbauten, mit der die Selbst- und Fremdeinschätzung gegeneinander abgeglichen werden konnten, wurden die Personen, die sich selbst als Meinungsführer sahen, nur in etwa zwei Drittel der Fälle auch von ihrem sozialen Umfeld als solche bestätigt (**vgl. Kap. 2.3**).

Verfahren

Das methodische Line-Up zur Identifikation von Meinungsführern im Rahmen der Decatur-Studie haben Katz und Lazarsfeld (1955: 139) selbst anschaulich formuliert:

„With reference to the formation of judgments and opinions about public affairs and political life, we *asked our respondents about three kinds of other people*. We asked them to name

1. the people whom they believe to be trustworthy and knowledgeable about matters of public concern;
2. the people who actually influenced them in some specific change of opinion in a matter of current concern; and
3. the people with whom they most often talk over what they hear on the radio or read in the papers.

In addition, from each woman in the sample we obtained extensive information about herself, including a *self-rating of her own influentiality* together with reports of recent specific occasions on which she claimed to have influenced others. [...]

We shall take up each of these detecting devices in turn and briefly describe the relations between the people located by each of them and the women in our sample who named them. *We want to investigate, in other words, the extent to which each of these three types of designated influentials are*

> influential in fact, and the extent to which they are actually in close contact with our sample of women. [...] From these designated influentials, we shall turn of the self-rated influential; that is, we shall analyze the adequacy of self-estimates of opinion leadership" (Herv.n.i.O.).

4.4 Soziometrische Studien/Netzwerkanalysen

Die Netzwerkanalyse basiert auf der Annahme, „dass Akteure in ihrem Handeln nicht nur von ihren individuellen Attributen, sondern auch von ihrer Einbettung in die Sozialstruktur abhängig sind" (Friemel 2008b: 474). Das Erkenntnisinteresse liegt in der Aufdeckung aller tatsächlich vorhandenen Interaktions- und Kommunikationsbeziehungen einschließlich der dabei ausgeübten Funktionen der einzelnen Teilnehmer. Daher werden (möglichst) alle Mitglieder eines sozialen Systems über ihre kommunikativen und sozialen Beziehungen zueinander befragt.

Netzwerkanalyse

Kernsätze

> „Communication networks are the patterns of contact that are created by the flow of messages among communicators through time and space" (Monge & Contractor 2003: 3).

Schon die frühen Columbia-Studien integrierten Grundideen der Netzwerkanalyse (vgl. **Kap. 1.7**). Während in *Patterns of Influence* kurze Ketten von Führer-Folger-Beziehungen (*Dyaden*) erhoben wurden, erfassten die Forscher in den Drug-Studien bereits ein gesamtes Netzwerk, sodass sich diejenigen Personen identifizieren ließen, die im Netzwerk als Meinungsführer, Follower oder Isolierte bzw. Inaktive fungierten (**vgl. Abb. 2**).

Wie bereits thematisiert (vgl. **Kap. 1.7**), werden Netzwerke über ein Set von Akteuren (*Knoten*) und ihren Verbindungen (*Kanten*) dargestellt. Das einfachste Netzwerk besteht aus einer *Dyade*, d.h. aus zwei Akteuren und ihrer Verbindung zueinander; durch Integration verschiedener Verbindungstypen (z.B. einseitig, zweiseitig) oder Berücksichtigung verschiedener Akteursattribute (z.B. Alter, Geschlecht) kann es weiter spezifiziert werden (Friemel 2013: 105).

Die Basis sozialer Netzwerkanalysen sind vier Komponenten: 1) Intuition über die Strukturen im sozialen System (*strukturelle Intuition*), 2) systematische relationale Daten, 3) grafische Darstellungen sowie 4) mathematische Modelle (Friemel 2013; Freeman 2004). Die Auswertung und Kombination dieser Komponenten ist aufwendig und zeitin-

Basis sozialer Netzwerkanalysen

tensiv. Zudem muss – um zuverlässige Aussagen über das Netwzerk bzw. über Meinungsführer und Follower zu erhalten – eine relativ große Personengruppe befragt werden, um wenige, mehrfach genannte Meinungsführer zu identifizieren. Damit zielt die Netzwerkanalyse nicht auf repräsentative Aussagen, sondern auf eine vollständige Erhebung eines oder mehrerer Klumpen, um die Relationen im Netzwerk umfassend abbilden zu können.

Stärke der Methode   Die Stärke der Methode liegt darin, dass (im Idealfall) das gesamte soziale Netzwerk befragt wird, wodurch Aussagen über dessen de-facto-Kommunikationsstruktur getroffen werden können. Der Einsatz bietet sich bei relativ abgeschlossenen, klar identifizierbaren sozialen Netzwerke – wie in den Drug-Studien – an. Allerdings erschwert der relativ geringe Grad der methodischen Standardisierung die Durchführung und Vergleichbarkeit; wie bei den Befragungsverfahren variieren die eingesetzten Indikatoren sowie die Instrumente, mit denen sie erhoben werden.

Verfahren

In der Drug-Studie stellten Coleman, Katz und Menzel (1957: 254) (nahezu) jedem Arzt in den einbezogenen vier Städten die folgenden drei soziometrischen Fragen:

1. „To whom did [you] most often turn for advice and information?"
2. „With whom did [you] most often discuss [your] cases in the course of an ordinary week?"
3. „Who were the friends, among [your] colleagues, whom [you] saw most often socially?"

Als Antwort sollten die Befragten jeweils drei Namen nennen. Darüber konnten die Forscher die Kommunikations- und Interaktionsverbindungen zwischen den einzelnen befragten Ärzten und dem gesamten Netzwerk ermitteln.

Die Drug-Studien sind ein Beispiel für *integrationsorientierte Netzwerkanalysemodelle* (Valente 1995). Hier wird die soziale Integration der Teilnehmer erhoben; auf dieser Basis werden die Interaktions- und Kommunikationsbeziehungen sowie die Funktionen der einzelnen Teilnehmer rekonstruiert. *Strukturorientierte Netzwerkmodelle* beziehen zusätzlich die Ausgestaltung der jeweiligen Interaktionsbeziehung ein; diese werden dann z.B. in starke und schwache Verbindungen unterteilt. Eine solche Differenzierung in *Strong Ties* vs. *Weak Ties* hatte ursprünglich Granovetter (1973) vorgeschlagen.

Die Idee, dass es im Meinungsbildungsprozess bestimmte Wendepunkte gibt, ab denen z.B. eine Information oder Innovation eine bestimmte Anzahl an Personen erreicht hat, nehmen *Kritische-Masse-Modelle* als Startpunkt. *Dynamische Netzwerkmodelle* stellen gegenwärtig den ausdifferenziertesten Analysezugang dar. Hierbei werden die Interaktionsbeziehungen sowie die Funktionen der einzelnen Teilnehmer aus prozessoraler Perspektiver im Zeitverlauf erhoben, wobei berücksichtigt wird, dass 1) die Netzwerkstruktur sich einerseits auf das Interaktions- und Kommunikationsverhalten der Teilnehmer auswirkt, dieses aber auch umgekehrt Auswirkungen auf die Netzwerkstruktur hat, die sich 2) dabei kontinuierlich verändert, wobei 3) die Meso-/Makro-Ebene des Gesamtnetzwerks (*Emergenzebene*) zusätzliche Informationen enthält, die bei Betrachtung einzelner Akteure oder Dyaden verborgen bleiben (Friemel 2013: 106).

Kritische-Masse-Modelle

Gerade in jüngerer Zeit haben methodologische sowie datenanalytische Weiterentwicklungen zu einer steigenden Bedeutung von Netzwerkanalysen beigetragen. Die Analyse von Meinungsbildungsprozessen wird durch soziale Netzwerkanalysen methodisch und theoretisch differenziert und erweitert (vgl. Weimann 1982, 1994; Schenk 1995; Friemel 2008b) – teilweise allerdings auch relativiert (vgl. Friemel 2008a, 2012, 2013, 2015).

4.5 Selten genutzte Methoden der Meinungsführerforschung: Beobachtung, Inhaltsanalyse und Experiment

Die methodische ,Engführung' der Meinungsführerforschung ist eigentlich erstaunlich. Denn obwohl auch Beobachtung, Inhaltsanalyse sowie Experimentaldesigns wertvolle Einsichten in Meinungsführerphänomene versprechen, wurden diese Verfahren bisher selten eingesetzt.

Beobachtung

Die wissenschaftliche Beobachtung ist die offene oder verdeckte, selektive und systematische Erfassung von sinnlich oder apparativ wahrnehmbaren Aspekten menschlichen Handelns und Verhaltens; sie basiert auf wissenschaftlichen Fragestellungen, dokumentiert ihr intersubjektiv nachprüfbares und reproduzierbares Vorgehen und legt alle relevanten Aspekte offen (Gehrau 2002: 25–26; Brosius, Haas & Koschel 2015). Die Erfassung der Analysedimensionen beruht auf einem der Fragestellung angemessenen Erhebungsinstrument – dem *Beobachtungsbogen* – und kann durch menschliche Beobachter oder apparative Beobachtungsverfahren erfolgen (Brosius, Haas & Koschel 2015).

Beobachtung

Die *Erhebung* beschränkt sich auf offen beobachtbares Handeln und Verhalten sowie auf kognitive oder emotionale Prozesse, die sich un-

Erhebung und Interpretation

mittelbar daraus erschließen lassen; ihr kann eine theorie- und regelgeleitete *Interpretation* des Beobachteten folgen (Gehrau 2002). So kann z.B. ein verbaler Medienverweis innerhalb eines beobachteten Gesprächs einerseits direkte Hinweise auf dessen Beurteilung geben, andererseits lässt sich aus der Art und Weise, *wie* dieser vorgetragen wurde, auch auf den Status des Absenders in der Gruppe oder dessen Meinungsführerschaft schließen. Die bisher einzige einschlägige Beobachtungsstudie zum Thema stammt von Martin (1980; vgl. Kepplinger & Martin 1986). Da sie zeigt, welches Aufklärungspotenzial Beobachtungsstudien für die Meinungsführerforschung haben können, wird sie nachstehend ausführlicher beschrieben.

Schlüsselstudien

Massenmedien im Gespräch von Kleingruppen: Martin (1980) ging der Frage nach, welche Rolle Medieninhalte im Gespräch von Kleingrupen spielen (vgl. Kepplinger & Martin 1986). Für die Analyse von Meinungsführerschaft ist besonders die Teilfrage interessant, inwieweit sich „Zusammenhänge zwischen der Rolle eines Gesprächsteilnehmers in seiner Kleingruppe und der Erwähnung von Medieninhalten" zeigen (Martin 1980: 2). Hierzu realisierte sie eine verdeckte (teilnehmende) Beobachtung von kleinen Gruppen (2 bis 5 Personen) über circa 30 Minuten. Insgesamt wurden so 180 Gruppen mit 480 Personen beobachtet; davon erfolgten jeweils 45 Beobachtungen auf der Straße, an der Universität, in Gaststätten sowie im familiären Kontext.

Verfahren

Das Beobachtungsschema operationalisierte Beobachtungsdaten auf drei Ebenen (Martin 1980: 12–20):

1. *Bereich der Gesprächsteilnehmer*

Alter; Geschlecht; kommunikative Rolle innerhalb des Gespräches (schweigt, hört zu, ist uninteressiert; zeigt eine durchschnittliche Beteiligung am Gespräch; ist dominierend im Gespräch; ist interessiert und stellt Fragen; ist skeptisch und mißtrauisch; ist aggressiv und widersprechend)

2. *Bereich des Gesprächsverhaltens*

Gesprächsthema (offen); Medienverweise (Zeitung; Zeitschrift; Hörfunk, TV); Tendenz des Verweises (positiv; negativ; neutral; zweifelnd); Funktion des Medienverweises im Gespräch (Gesprächseinwurf; Gesprächsanlass; Unterrichtung über Fakten; Verstärkung der eigenen Position; Verstärkung der Position von einer anderen Gesprächsperson; Widerlegung der Meinung von einer anderen Gesprächsperson; Auflockerung/Belustigung; nicht erkennbar/anderes); Reaktion der Gesprächsteilnehmer (Medieninhalt war bekannt; befürwortet; abgelehnt; angezweifelt; sonstiges); Gesprächsintensität

3. Bereich der Gesprächssituation
Personenanzahl, Ort und Zeit der Beobachtung

Medienverweise zeigten sich in über zwei Drittel der beobachteten Gespräche (Martin 1980: 37). Die Inhalte wurden meist neutral bewertet, wobei Inhalte aus TV und Zeitungen am häufigsten genannt wurden. Die meisten Medienverweise gab es in politischen Diskussionen (42% aller Medienerwähnungen); nur 31% stammten aus dem Unterhaltungsbereich (ebd.: 52ff.). Am häufigsten dienten Medienverweise zur Unterrichtung von Fakten (33%), als Gesprächsanlass (24%) sowie zur Verstärkung der eigenen Position (17%). Im überwiegenden Anteil der Gespräche (86%) führte die Erwähnung eines Medieninhaltes zu einer intensiven Diskussion der Gesprächspartner (Martin 1980: 67). In homogenen Gruppen (Familie/Universität) zeigte sich dabei eine intensivere Auseinandersetzung mit den Medienverweisen als in heterogenen Konstellationen (ebd.: 71).

Dominierende Gesprächspartner fanden sich in drei Viertel aller Gruppen (ebd.: 73). In rund 70% der Gespräche brachten sie Medienverweise ein (primär als Gesprächsanlass oder zur Unterrichtung über Fakten), während uninteressierte und durchschnittlich beteiligte Gesprächspartner nur zu 28% Medieninhalte erwähnten (ebd.: 76, 85). Der *dominierende Gesprächstyp* erwähnte aber nicht nur weitaus häufiger Medieninhalte als alle anderen beobachteten Gesprächstypen, in engagierten Gesprächen mit hoher Intensität erwies er sich auch als informierter (Martin 1980: 77). Zudem ergab sich die für Meinungsführerphänomene interessante Beobachtung: „Immer dann, wenn die eigene Argumentation bekräftigt werden sollte, was zumeist in Diskussionsgruppen mit gegensätzlichen Meinungen geschah, wurden Informationen aus den Massenmedien erwähnt" (Martin 1980: 39). Die Gesprächspartner ließen sich scheinbar eher von einer Meinung überzeugen, wenn diese durch einen Medienverweis legitimiert wurde (ebd: 40). Die Richtigkeit der Medieninhalte wurde dabei nur in 2% der Fälle infrage gestellt – und dann ausschließlich von dominierenden Gesprächsteilnehmern (Martin 1980: 63, 75). Junge Menschen zeigten sich dabei etwas kritischer gegenüber Medieninhalten (ebd.: 80).

Dominierende Gesprächspartner

Inhaltsanalyse

Inhaltsanalyse

Als empirische Methode zur systematischen, intersubjektiv nachvollziehbaren Beschreibung inhaltlicher und formaler Merkmale von Mitteilungen mit dem Ziel einer darauf basierten interpretativen Inferenz auf mitteilungsexterne Sachverhalte bzw. soziale Realität (vgl. Früh 2011; Rössler 2010) gilt die standardisierte Inhaltsanalyse als das am häufigsten eingesetzte Verfahren in der Kommunikationswissenschaft. Da sie ihrer Analyselogik nach *(massen-)medial verbreitete, textliche und/oder visuelle Botschaften* anhand vorher im *Codebuch* definierter Kategorien erfasst *(Codierung)* und diese Daten anschließend deskriptiv auszählt (Rössler & Geise 2013), ist einleuchtend, warum sie nicht die naheliegendste Methode zur Analyse von Meinungsführerphänomenen darstellt. Doch bieten Inhaltsanalysen überall dort Aufklärungspotenzial, wo die *kommunikative Konstruktion von Meinungsführerschaft* in den Blick gerät: Etwa, wenn analysiert werden soll, wie die Rolle des Meinungsführers in weitgehend anonymen sozialen Online-Netzwerken sprachlich hergestellt und vermittelt wird – was erstaunlicherweise bis heute ein großes Forschungsdesiderat darstellt.

Mit einer Inhaltsanalyse von Posts einer kolumbianischen Online-Community konnte Velasquez (2012) etwa zeigen, dass soziale und informationale *Cues*, die das Vertrauen in den Absender bzw. seine Botschaft erhöhten, einen stimulierenden Effekt auf Meinungsbildungsprozesse in politischen Diskussionen hatten. Dazu selektierte der Autor 380 Beiträge. Alle Beiträge enthielten Information zu Veröffentlichungszeitpunkt, einen Link zum Absender-Profil sowie die Anzahl der zum Beitrag publizierten Kommentare. Die Posts wurden dann codiert – erfasst wurden dabei u.a. Anzahl der Aufrufe des Posts, Thema, Anzahl der im Post verwendeten Referenzen bzw. Quellen, Reaktionszeit der User beim Kommentieren des Posts ('comment interactivity'), Anzahl der Kommentare zu diesem und anderen Artikeln sowie die Anstiegsrate der Kommentare. Dann wurden die Daten vergleichend analysiert. Es zeigte sich, dass Nutzer, die viele Beiträge posten auch mehr Kommentare provizieren als Wenig-Poster. Mehr Kommentare erhielten (auf geringem Niveau) auch Nutzer, die viele Quellen verwendeten. Außerdem führte eine hohe Interaktivität – wenn wenig Zeit zwischen Post und Kommentaren vergeht oder Kommentierende sich auch auf andere Posts beziehen – zu einem Anstieg der Kommentaranzahl.

Auch Kommunikationsstrategien oder Typen von Meinungsführern ließen sich über Inhaltsanalysen identifizieren. Gerade im Kontext einer zunehmenden Bedeutung von Meinungsbildungsprozessen in Social-

Media- und Online-Kontexten dürfte die Inhaltsanalyse daher an Bedeutung für die Meinungsführerforschung gewinnen.

Experiment

Das Experiment bezeichnet eigentlich keine empirische Methode, sondern eine bestimmte *Anordnung der Untersuchung*, in der verschiedene Methoden kombiniert werden (z.B. Beobachtung, Befragung), um *Kausalzusammenhänge* zu überprüfen (Brosius, Haas & Koschel 2015). Über das Experimentaldesign wird ein Vergleich zwischen mindestens zwei Gruppen angestellt, die sich idealerweise lediglich dadurch unterscheiden, dass sie mit unterschiedlichen Treatmentbedingungen – dem *Stimulus*, mit dem die unabhängige Variable operationalisiert wird – konfrontiert werden. Üblicherweise werden die Teilnehmer, die *zufällig* auf die verschiedenen Gruppen aufgeteilt werden, vor und nach der Konfrontation mit dem Stimulus *befragt*, sodass Veränderungen im Vorher-Nachher-Vergleich sowie zwischen den Gruppen gemessen werden können. Zeigen sich Veränderungen, können diese kausal mit der Treatmentexposition erklärt werden.

Im klassischen Experimentaldesigns werden die Teilnehmer in der *Experimentalgruppe* mit der experimentellen Stimulusmodifikation konfrontiert, deren kausaler Einfluss auf die Versuchsgruppe untersucht werden soll, während die Teilnehmer der Kontrollgruppe einen neutralen Stimulus erhalten; alle anderen Bedingungen werden konstant gehalten. Für die in der US-amerikanischen Forschung üblicheren *Treatment Designs* wird keine Kontrollgruppe im strengen Sinn genutzt, sondern die Versuchsgruppen werden mit Variationen der unabhängigen Variablen in ihrer Wirkung zwischen Gruppen von Probanden (*Between-Subject Design*) oder über alle Teilnehmer hinweg (*Within-Subject Design*) verglichen. Da jede Gruppe hierbei einem experimentellen Treatment ausgesetzt wird, können die Gruppen gleichermaßen als Experimentalgruppe *und* als Kontrollgruppe für die jeweils gegenüberliegenden Stimulusexpositionen angesehen werden; die Gruppen kontrollieren sich sozusagen wechselseitig.

Experimentaldesigns

Experimente empfehlen sich für die Meinungsführerforschung immer dann, wenn es um die Aufdeckung kausaler Zusammenhänge geht: Wird eine Person mit einem bestimmten (experimentell manipulierten) Merkmal (z.B. Alter, Bildung, kommunikative Kompetenz) eher als Meinungsführer wahrgenommen? Werden *Facebook*-Nachrichten, die einem von persönlich bekannten Freunden empfohlen werden, eher gelesen? Besteht ein kausaler Zusammenhang zwischen dem Informationsgrad einer Botschaft und ihrer Weitergabe durch Meinungsführer?

Einsatz von Experimenten

Letzteres hat Bobkowski (2015) für das Teilen von Nachrichten in Social-Media-Kontexten getestet (**vgl. Kap. 6.3**). Entsprechend der oben skizzierten Experimentallogik im *Between-Subject Design* hat er dazu Teilnehmer in zwei Gruppen mit zwei Artikeln unterschiedlich hoher *Information Utility* (hoch vs. niedrig) konfrontiert; nach jedem Artikel war eine Befragung zwischengeschaltet, in der die Teilnehmer u.a. zu ihrem Mediennutzungsverhalten, ihrer Intention, den Artikel weiterzuleiten (als abhängige Variable), zu der wahrgenommenen *Information Utility* des Artikels (unabhängige Variable) sowie zu ihrer Kommunikationsrolle (Meinungsführer vs. Follower) befragt wurden. Der Vergleich der Befragungsdaten ergab, dass gerade die Opinion Leader die Nachrichten nicht primär in Abhängigkeit von der tatsächlichen Information Utility an ihre Netzwerke weiterleiten wollten, sondern dies auch dann intendierten, wenn diese faktisch nicht vorhanden war (Bobkowski 2015: 334).

Turcotte et al. (2015) gingen dem Zusammenhang zwischen dem Vertrauen in Online-Medien und der Social-Media-Empfehlung durch Freunde nach. Dazu konzipierten sie ein Online-Experiment mit Befragung, in dem die Probanden einen Link erhielten, der zu zwei Nachrichtenartikeln (Rauchverbot in Spielcasinos; Steuern für die Filmindustrie) führte. Die Experimentalgruppe (n=181) erhielt den Link als Empfehlung eines persönlich bekannten Facebook-Freundes; die Kontrollgruppe (n=191) bekam ihn ohne Empfehlung. Die Befragungsdaten zur Rezeption, Wahrnehmung und Bewertung (Glaubwürdigkeit, Ausgewogenheit) der Artikel sowie auch zur Bewertung des Empfehlenden (wird dieser als Meinungsführer wahrgenommen?) wurde dann verglichen. Dabei ergab sich, dass die Empfehlung eines Facebook-Freundes das Vertrauen in die Botschaft steigerte, wenn dieser als Opinion Leader wahrgenommen wurde – d.h. als „well informed about politics and current events" und „honest about politics and current events" (so die Items zur Messung von Meinungsführerschaft); wurde er jedoch nicht als Meinungsführer eingeschätzt, zeigte sich ein negativer Effekt auf die Vertrauenswahrnehmung (Turcotte et al. 2015: 527). Im positiven Fall steigerte die Empfehlung auch die Bereitschaft der Teilnehmer, auf dem selben Medien-Outlet nach weiteren Nachrichten zu suchen bzw. diese zu rezipieren (ebd.: 528).

5. Funktionen, Eigenschaften und Typen von Meinungsführern

Was macht Meinungsführer zu Meinungsführern? Welche Funktionen erfüllen sie? Auf beide Fragen haben die bisherigen Studien uneinheitliche, teilweise auch widersprüchliche Antworten gegeben. Dies liegt zum einen in der Vielschichtigkeit der methodischen Ansätze, die die verschiedenen Forscher eingesetzt haben. Zum anderen variiert auch das Verständnis von Meinungsführern. Dennoch lassen sich aus den empirischen Befunden einige Funktionen und Eigenschaften von Meinungsführern in Online- und Offline-Kontexten herauskristallisieren, die sich wiederholt in der Forschung als relevant erwiesen haben; diese wollen wir hier im Überblick betrachten.

Meinungsführer in realen sowie virtuellen bzw. digitalen sozialen Netzwerken erfüllen v.a. fünf, teilweise zusammenhängende, Funktionen. Sie dienen 1) der *Vermittlung* von (medialen) Informationen durch direkte unmittelbare sowie mediatisierte soziale Kommunikation an ihr soziales Netzwerk (und hierbei v.a. an weniger aktive bzw. weniger interessierte Rezipienten; *Informationsfunktion*, damit verbunden: *Relaisfunktion; Verstärkerfunktion; Multiplikatorfunktion*) und unterstützen die 2) Einordnung, Interpretation und Bewertung dieser Informationen (Dressler & Telle 2009). Damit bieten sie 3) Orientierung und Entscheidungshilfen (*Orientierungsfunktion*), begrenzen und strukturieren die Informationsbasis aber auch (*Strukturierungs- und Selektionsfunktion; Gatekeeper-Funktion*; Turnbull & Meenaghan 1980). Zudem erfüllen die Meinungsführer auch eine 4) *Legitimationsfunktion*, denn durch ihr Kommunikationsverhalten bestätigen sie die medial verbreiteten Informationen und deren Relevanz (Grewal, Mehta & Kardes 2000). Schließlich stärken Meinungsführer mit ihrem normen- und wertkonformen Handeln 5) den Zusammenhalt sowie die soziale Integration innerhalb der eigenen Netzwerke (*soziale Integrationsfunktion;* Katz 1957; Grewal, Mehta & Kardes 2000; Friemel 2008a) und unterstützen den Austausch zwischen verschiedenen sozialen Netzwerken (*Brückenfunktion*).

In den bisherigen Befunden finden sich auch einige Eigenschaften, die in engem Zusammenhang zu Meinungsführerschaft stehen bzw. die Ausübung von Meinungsführerschaft begünstigen. Sie liegen einerseits in der *Person des Meinungsführers* – seinem Wissen und seiner Expertise, seiner kommunikativen Kompetenz und Integrationsfähigkeit usw. – begründet; andererseits ergeben sie sich mit und aus dem *sozialen Umfeld des Meinungsführers* – etwa, wenn der soziale Status des Meinungsführers oder der Größe seines sozialen Netzwerks beeinflusst,

Funktionen

welche Anerkennung er aus diesem erhält. Daraus resultiert, dass der Meinungsführerstatus nicht ausschließlich aus Persönlichkeitsmerkmalen abgeleitet werden kann, sondern vielmehr als soziale Rolle zu verstehen ist, die Personen situativ und themenspezifisch oder auch andhaltend ausüben können, sofern ihre Interaktionspartner ihnen diese Rolle zugestehen und den Meinungsführerstatus akzeptieren.

Mit Katz (1957: 73) lassen sich die Eigenschaften von Meinungsführern entlang von drei Dimensionen spezifizieren bzw. empirisch bestimmen: 1) *Who one is* – über welche Persönlichkeitseigenschaften der Meinungsführer verfügt, 2) *What one knows* – welche spezifischen Kompetenzen und welches Wissen der Meinungsführer hat sowie 3) *Who one knows* – welche kommunikativen und sozialen Kompetenzen den Meinungsführer auszeichnen und welche Position er im sozialen Netzwerk innehat.

> **Kernsätze**
>
> „Broadly, it appears that influence is related (1) to the personification of certain values (who one is); (2) to competence (what one knows); and (3) to strategic social location (whom one knows)" (Katz 1957: 73).

Sowohl die Gruppen von Eigenschaften als auch die einzelnen Merkmale können aber kaum isoliert betrachtet werden, sondern sind vielfältig miteinander verbunden: So prägt z.B. die Ausprägung der Charakterprädisposition ‚Extroversion/Offenheit im Zugang auf andere' wesentlich mit *(who one is)*, wie viele Freunde und Bekannte zum sozialen Netzwerk gehören *(whom one knows)*. Unterschiedliche Kombinationen bestimmter Merkmale begründen auch unterschiedliche *Typen von Meinungsführern*. Nachstehend werden die wichtigsten Merkmale sowie Typen entsprechend der vorgeschlagenen Dimensionierung zusammengefasst; eine bis heute beachtenswerte Zusammenstellung von Merkmalen, ist bei Koeppler (1984) sowie auch im Teilkapitel *Massenkommunikation und Interpersonale Kommunikation* bei Schenk (2007: 382ff) zu finden.

5.1 Eigenschaften im Zusammenhang mit Persönlichkeitsmerkmalen und Charakterprädispositionen

Persönlichkeitsmerkmale

Bestimmte Persönlichkeitsmerkmale *(who one is)* begünstigen offensichtlich, dass Personen als Meinungsführer fungieren. Zu diesen gehören etwa Selbstsicherheit, Standhaftigkeit, Durchsetzungsfähigkeit, Ausstrahlung/Charisma, Extroversion, eine hohe kommunikative Kompetenz und Artikulationsfähigkeit, Geselligkeit und Kontaktfreudigkeit, Glaubwürdigkeit, ein hohes Verantwortungsbewusstsein sowie auch soziale Integrationsfähigkeit, was auch die Kenntnis sozialer Normen einschließt (Rössler & Scharfenberg 2004; Schenk 2007).

Meinungsführer haben sich auch wiederholt als innovativer und risikoaffiner gezeigt als Nicht-Meinungsführer (Weimann 1994); sie greifen neue Themen und Trends schneller auf (Black 1982). Dabei sehen sich auch selbst als Pioniere und nehmen sich als hinreichend kompetent und intelligent wahr, um anderen ihre persönlichen Meinung über gesellschaftlich relevante Themen zu vermitteln (Summers 1970; Chan & Misra 1990). Allerdings treten Meinungsführer selten als *Early Adopter* auf, was auch mit ihrer Konformität und Soziabilität zusammenhängt (Rogers & Cartano 1962; Rogers 2010).

5.2 Eigenschaften im Zusammenhang mit Wissen, Expertise und Themeninteresse

Das formalisierte Fakten- sowie das nicht-formalisierte Erfahrungswissen der Meinungsführer (*what one knows*) begründet ihre Kompetenz und Expertise (Weimann 1994: 72–76). In engem Zusammenhang zum Wissen steht die Informiertheit bzw. Informationsbereitschaft. Meinungsführer zeigen meist ein intensiveres Mediennutzungsverhalten als Nicht-Meinungsführer (Shah & Scheufele 2006). Dabei beziehen sie ihre Informationen nicht ausschließlich aus den Massenmedien, sondern wenden sich ebenso stärker der interpersonalen Kommunikation zu.

Kompetenz und Expertise

Meinungsführer haben tendenziell ein höheres politisches Interesse als Nicht-Meinungsführer, sind politisch involvierter und aktiver (Black 1982; Kavanaugh et al. 2006; Robinson 1976; Shah & Scheufele 2006). In ihrer vermittelnden Funktion zwischen Medien und Bezugsgruppen transferieren sie Themen aus der Medienberichterstattung in die interpersonale Kommunikation und schlagen damit eine konkrete Agenda vor; umgekehrt können Meinungsführer auch einen Bottom-Up-Einfluss des Publikums auf die Medienberichterstattung induzieren (Weimann & Brosius 1994; Brosius & Weimann 1996).

Merton (1968) unterschied zwei Typen von einflussreichen Personen, nämlich die tendenziell polymorphen *Locals* und die monomorphen *Cosmopolitans*. Während sich der Einfluss der zuerst genannten eher im Sinne einer generellen, themenübergreifenden Meinungsführerschaft ausdrückte, galten die Kosmopoliten eher als spezialisierte Experten für bestimmte Fragen. Dass Meinungsführerschaft situativ bzw. je nach Themenfeld auch von unterschiedlichen Personen ausgeübt wurde, motivierte Katz und Lazarsfeld (1955, 1962) dazu, das Phänomen der Meinungsführerschaft in verschiedenen Bereichen Politik, Konsum, Mode und Kinokonsum zu untersuchen. Ihre Ergebnisse be-

zwei Typen von einflussreichen Personen

stätigten die Idee der *monomorphen Meinungsführer* und zeigten, dass Meinungsführerschaft thematisch begrenzt sein kann und persönlicher Einfluß auf einem der Gebiete nicht zwingend mit Meinungsführerschaft in anderen Kompetenzfeldern einhergehe (vgl. Kap. 2.3).

spezifisches Themeninteresse   *Monomorphe Meinungsführerschaft* geht meist mit einem spezifisches Themeninteresse einher (Katz & Lazarsfeld 1955; Merton 1968; Nisbet 2005). Die Meinungsführer verfolgen die Themen ihres Interesses über einen längeren Zeitraum und rezipieren häufiger und intensiver themenspezifische Medieninhalte (Peters 1996: 5). Dabei nutzen sie Massenmedien nicht grundsätzlich quantitativ häufiger, aber spezifischer – und sie informieren sich auch häufiger aus Fachpublikationen über ihren Kompetenz- bzw. Interessensbereich (Schenk 1995).

Aufgrund ihres höheren Involvements, Vorwissens und Interesses verarbeiten Meinungsführer die aufgenommenen Informationen auch tiefergehend als geringer Involvierte und können sie besser interpretieren und einordnen (Schenk 2007: 383). Allerdings muss nicht *faktisches Mehrwissen* als relevanter Prädiktor für den Status als Meinungsführer gelten. Trepte und Böcking (2009) sowie Trepte und Scherer (2010) zeigten, dass nicht alle Meinungsführer auch objektiv über einen höheren Wissensstand verfügen, weshalb sie eine Unterteilung zwischen *wissenden* und *unwissenden Meinungsführern* vorschlugen. Für die Position als Meinungsführer kommt es vor allem darauf an, dass die Follower dem Meinungsführer positive Eigenschaften im Zusammenhang mit Wissen und Expertise *zuschreiben* – und insofern „den Expertenstatus des Meinungsführers akzeptieren" (Trepte & Böcking 2009: 457). Allerdings gehen Meinungsführer auch selbst davon aus, dass sie über ein höheres Wissen und Interesse verfügen als ihr Netzwerk, was auch ihre größere Bereitschaft erklärt, ihre Meinung kund zu tun.

stille Experten   Die Rollen der wissenden und unwissenden Meinungsführern können noch ergänzt werden um die der *stillen Experten*, also jenen Personen, die zwar über ein hohes Wissen verfügen, dieses jedoch nicht aktiv als Meinungsführer einbringen, sowie den *sonstigen*, die weder über eine ausgeprägte Meinungsführerschaft noch über hohes Wissensrepertoire verfügen (Trepte & Böcking 2009).

5.3 Eigenschaften im Zusammenhang mit der sozialen Integration und Soziabilität

Von Beginn an wurden Meinungsführer als Personen verstanden, die besonders häufig von anderen um Rat gefragt wurden, die ihre Informationen und Meinungen bereitwillig und pro-aktiv an Dritte weitergaben, weshalb sie in ihren meist größeren sozialen Netzwerken über größeren Einfluss verfügten als andere. Eigenschaften, die mit der Soziabilität und sozialen Integration verbunden sind (*whom one knows*), haben sich wiederholt als relevant für die Meinungsführerposition erwiesen: Meinungsführer sind meist besonders sozial integriert und besonders aktiv in ihren Netzwerken; sie kommunizieren häufiger mit anderen. Sie verfügen über ein größeres Netzwerk als Nicht-Meinungsführer, in dem sie eine Vielzahl von Kontakten pflegen, die auch über ihre eigene soziale Position und die eigene Altersgruppe hinausgehen (Schenk 2007).

Auch Persönlichkeitseigenschaften wie eine hohe kommunikative Kompetenz, und Artikulationsfähigkeit, Geselligkeit, Extroversion und Kontaktfreudigkeit (**vgl. Kap. 5.1**) beeinflussen die soziale Integration und Soziabilität. So zählt zur sozialen Integration und Soziabilität auch, dass Meinungsführer meist normenkonform handeln: „Opinion leaders deviate less from group norms than the average group member. Opinion leaders exemplify the values of their followers" (Rogers & Cartano 1962: 437). Dies festigt nicht nur den Zusammenhalt im und die Identifikation mit dem sozialen Netzwerk, sondern stärkt auch die Rolle des Meinungsführers und sein Einflusspotenzial. Die Normen und Werte der Gruppe wirken zugleich als „sources of pressure to conform to the group's way of thinking and acting, as well as sources of social support" (Katz 1957: 77); sie binden damit auch die Meinungsführer und begründen ihre relative ‚Unfreiheit'.

weitere Persönlichkeitseigenschaften

Das Wechselverhältnis zwischen Integration und Differenzierung wurde auch als *Public Individualization* beschrieben: Während die Meinungsführer einerseits das normative Sozialgefüge des Netzwerks festigen, differenzieren sie sich gleichzeitig von der Masse und behaupten ihre Leader-Position (Tsang & Zhou 2005). Burt (1999: 37) fasst dieses Wechselspiel pointiert zusammen: „The familiar two-step flow of communication is a compound of two very different network mechanisms: contagion by cohesion through opinion leaders gets information into a group, and contagion by equivalence generates adoptions within the group."

Public Individualization

5. Funktionen, Eigenschaften und Typen von Meinungsführern

5.4 Eigenschaften im Zusammenhang mit der sozialen Position

Die Eigenschaften, die im Zusammenhang mit der sozialen Integration und Soziabilität eines Meinungsführers stehen, berühren auch seine soziale Position: Zwar rekrutieren sich Meinungsführer nicht per se aus einer bestimmten sozialen Schicht; der Typus der *horizontalen Meinungsführerschaft* zeichnet sich gerade dadurch aus, dass Meinungsführer und Follower hinsichtlich ihrer sozialen Position annähernd gleichgestellt sind.

Statusgefälle Dennoch geht mit Meinungsführerschaft (v.a. mit der spezialisierten) oftmals auch ein gewisses Statusgefälle zwischen den Meinungsführern und ihren Followern einher. Beim Typus der *vertikalen Meinungsführerschaft* verläuft der Einfluss von einer vergleichbar höheren sozialen Position zu einer vergleichsweise geringeren. Vertikale Meinungsführer könnten auf nationaler Ebene zum Beispiel Parteivorsitzende oder Repräsentanten bestimmter Institutionen sein, auf der kommunalen Ebene etwa Lokalpolitiker, Bürgermeister oder sonstige bedeutsame Persönlichkeiten.

Wiederholt hat sich gezeigt, dass Meinungsführer über eine Position in ihrem sozialen Netzwerk verfügen, die ihnen ein gewisses Maß an Anerkennung und Prestige zusichert (Rogers & Cartano 1962). Dieses kann einerseits durch den formalisierten Expertenstatus genährt werden (z.B. über einen entsprechenden Beruf, über ein Amt, das der Meinungsführer innehat, oder einen offiziellen Titel), andererseits jedoch auch über nicht-formalisiertes Erfahrungswissen. Auch persönliche Integrität, Glaubwürdig- und Vertrauenswürdigkeit sowie Charisma stärken das soziale Prestige bzw. das „soziale Kapital" des Meinungsführers als „Informationsbroker" (Burt 1999). Allerdings deuten einige Studien an, dass die demografischen und sozialen Merkmale des Meinungsführers sowie seine Normen und Werte nicht zu stark von denen seiner Follower abweichen dürfen, um Einfluss ausüben zu können.

5.5 Soziodemografische Merkmale

soziodemografische Merkmale Hinsichtlich soziodemografischer Merkmale – wie Alter, Geschlecht, Bildungsstatus oder Einkommen – fanden einige Studien Unterschiede zwischen Meinungs- und Nicht-Meinungsführern. Tendenziell verfügen Meinungsführer über einen höheren Bildungsstatus, teilweise hat sich auch das Alter, das Geschlecht oder die Position im Lebenszyklus als relevanter Indikator erwiesen. Die beobachteten Unterschiede waren jedoch teilweise widersprüchlich; oft waren sie gering oder stark kontextabhängig. Wiederholt hat sich auch gezeigt, dass eine Beeinflussung am ehesten durch jene Personen stattfindet, mit denen man im Alltag regelmäßig Kontakt hat und die einem hinsichtlich der soziodemografischen Merkmale gleichen *(Homologie)* – Menschen kommunizieren bevorzugt mit Personen, die ihnen hinsichtlich sozialer oder politischer Merkmale ähnlich sind (Schenk 1995; Friemel 2013). Da soziodemografische Merkmale also isoliert betrachtet keine ausreichende Erklärungskraft besitzen, um zu begründen, ob jemand als Meinungsführer auftritt, resümiert Koeppler (1984: 48) „die Suche nach Persönlichkeitsmerkmalen, die durchgehend diskriminieren, [ist] als gescheitert zu beurteilen."

5.6 Kommunikationsrollen: Opinion Follower, Opinion Sharer und Inaktive

Die Bedeutung der Meinungsführer ist eng mit den Funktionen und Eigenschaften ihrer Interaktionspartner verbunden. Bezüglich einer differenzierten Betrachtung der kommunikativen Funktionen und Eigenschaften von *Opinion Followern*, *Opinion Sharern* sowie *Inaktiven* bzw. *Isolierten* (Robinson 1976) ist der Meinungsführerforschung ein gewisses Forschungsdefizit zu attestieren. Denn die am Meinungsbildungsprozess beteiligten ‚Nicht-Meinungsführer' wurden in den meisten Studien höchstens indirekt – meist in Abgrenzung zu den Meinungsführern – in den Blick genommen. Die weitgehende Fokussierung auf die Kommunikationsrolle der Meinungsführer wurde sogar als eine der Ursachen angesehen, warum die Meinungsführerforschung theoretisch und methodisch ins Stocken geraten ist (Friemel 2008b: 476); in jedem Fall führte sie dazu, dass die Gesamtstruktur der Interaktion im Netzwerk weitgehend unbeachtet blieb (ebd.: 489).

Funktionen und Eigenschaften der Interaktionspartner

Kritik an dieser Engführung wurde erstmals bei bei Troldahl und Van Dam (1965/66) expliziert, die dafür plädierten, die starre Unterscheidung von Meinungsführern und Followern zugunsten der Unterscheidung von *Opinion Givern* und *Opinon Askern* zu erweitern. Dabei betonten sie die Bedeutung des wechselseitigen Austauschs von Informationen, des *Opinion Sharing*, als vorherrschende Kommunikationsform (Schenk 1995; Rössler & Scharfenberg 2004). Die aktiv am Kommunikationsprozess beteiligten *Opinion Asker* stimulieren den Austausch von Informationen und Meinungen: Durch das aktive Einholen von Rat ermöglichen die Follower den Leadern erst ihre Führungsposition (Troldahl & Van Dam 1965/66). Follower bzw. Asker sind damit alles andere als *passiv* – sie nehmen eine eigenständige Rolle im Kommunikationsprozess ein (Friemel 2008b: 479).

Kritik

Troldahl und Van Dam (1965/66) argumentierten auch für eine stärkere Berücksichtigung der *Inaktiven*, die vermutlich den größten Bevölkerungsanteil darstellen. Da sie nicht aktiv nach Informationen suchen, themenbezogene Massenmedien seltener nutzen und Inhalte ver-

Rolle der Inaktiven

mutlich auch selektiver rezipieren (Wright & Cantor 1967), wurden sie häufig auch als Meinungsverweigerer – als *Opinion Avoiders* – charakterisiert. Auch Robinson (1976), der für seine Analyse die drei Akteure im Meinungsbildungsprozess 1) Massenmedien, 2) Opinion Leader, und 3) wenig Aktive modellierte, beklagte, dass die wenig Aktiven eine weitgehend unbekannte Gruppe blieben (Robinson 1976: 307–308) – woran sich bis heute wenig geändert hat.

6. Weiterentwicklungen und neue Perspektiven in der Meinungsführerforschung

Nicht zuletzt aufgrund der zunehmenden Expansion massenmedialer Informationskanäle wurde das Konzept von Meinungsführerschaft in den 1980er-Jahren um Formen *medienvermittelter Meinungsführerschaft* erweitert. In diesem Teilkapitel wollen wir uns drei zentralen Perspektiven widmen, die in diesem Kontext entstanden sind, nämlich 1) *virtuellen* bzw. *publizistischen Meinungsführern in traditionellen Massenmedien*, 2) *parasozialen Meinungsführern* und 3) *Meinungsführern in Online und Social Media*.

<small>medienvermittelte Meinungsführerschaft</small>

Hintergrund dieser Erweiterungen war insgesamt die Beobachtung, dass ein Einfluss auf den Meinungsbildungsprozess nicht nur von Personen ausgehen kann, zu denen man *persönliche Interaktionsbeziehungen* unterhält, sondern dass auch reale oder fiktive Medienpersonen Meinungen und Einstellungen ihrer Zielgruppen beeinflussen können (Merten 1988; Schenk 2007). Solche, primär aus den Medien ‚bekannte' Einflusspersonen wurden in der Literatur zunächst – heute etwas irreführend – als *virtuelle Meinungsführer* bezeichnet (Eisenstein 1994; Merten 1988; Peters 1996; Schenk 2007; **vgl. Kap. 6.1**). Unter stärkerer Integration der Befunde zu *para-sozialen Interaktion* wurde – darauf aufbauend – das Konzept der *parasozialen Meinungsführerschaft* entworfen (**vgl. Kap. 6.2**). Besonders in den letzten Jahren hat sich die Forschung dann verstärkt der Analyse von *Meinungsführerschaft in Online- und Social-Media-Kontexten* gewidmet (**vgl. Kap. 6.3**).

<small>Hintergrund der Erweiterungen</small>

6.1 'Virtuelle' bzw. publizistische Meinungsführer in traditionellen Massenmedien

Die Bezeichnung *virtuelle Meinungsführer* ist vom Begriff der *virtuellen Kommunikation* abgeleitet, die einen Kommunikationsprozess charakterisiert, bei dem sich die Beteiligten weder persönlich kennen noch wechselseitig interagieren: „Virtuelle Kommunikation erfolgt nicht zwischen Kommunikator und Rezipient, sondern zwischen allen (denkbaren Rezipienten). Und sie bedarf dazu eines Schnittpunktes der Wahrnehmungen in Gestalt des Kommunikators der Massenkommunikation" (Merten 1976: 212). Virtuelle Meinungsführer können entsprechend bekannte Personen aus den verschiedensten Bereichen des öffentlichen Lebens sein, etwa aus den Bereichen Politik, Wirtschaft, Kunst und Kultur oder den Medien selbst.

<small>virtuelle Meinungsführer</small>

> **Begriffe**
>
> *Virtuelle Meinungsführer* sind Meinungsführer, die mit den durch sie beeinflussten Personen, d.h. ihren Opinion Followern, nicht (bzw. nicht ausschließlich) über direkte, interpersonale Kontakte verbunden sind, sondern ihren Einfluss medienvermittelt ausüben. Solche virtuellen Meinungsführer können zum Beispiel Politiker und Wissenschaftler, aber auch Moderatoren, Nachrichtensprecher oder sogar fiktive Charaktere aus dem Unterhaltungsfernsehen sein.
>
> Für den Fall, dass die medienvermittelten Meinungsführer in den Medien selbst das Wort führen, hat Jäckel (2011: 156) auch den Begriff der *publizistischen Meinungsführer* vorgeschlagen. Über ihre massenmediale Bühne würden sie gegenüber allen nachfolgenden Einflussinstanzen zunächst einmal festlegen, was es zu kommentieren, zu kritisieren und zu diskutieren gäbe (ebd.).

Hintergründe — Virtuelle bzw. publizistische Meinungsführerschaft gründet auf der Idee, dass die mediale Repräsentation der Meinungsführer die fehlende interpersonale Kommunikation im direkten persönlichen Umfeld kompensieren kann. Die Medien bieten den Meinungsführern hierbei also eine virtuelle Plattform, über die sie ihre jeweiligen Follower erreichen können. Zwar können diese Meinungsführer – im Unterschied zu Meinungsführern im persönlichen Umfeld – nicht explizit um Informationen oder Rat gebeten werden – bei der ersten Beschreibung des Phänomens sprach Merten (1988: 631) daher auch von „fiktiven Influentials." Dennoch charakterisieren virtuelle bzw. publizistische Meinungsführer vergleichbare Eigenschaften wie interpersonale, insbesondere thematische Expertise, charismatische Autorität bzw. kommunikative Kompetenz (Eisenstein 1994: 167). Dabei profitieren sie von der formalen, legalen Autorität, die sie durch ihre Prominenz erhalten und der sie wiederum ihre Medienpräsenz verdanken (ebd.). Eine wiederholte Konfrontation mit den virtuellen Meinungsführern kann dann – sofern die Verhaltenserwartungen ihrer Follower über längere Zeit nicht enttäuscht werden – zu einer mehr oder weniger unbewussten Internalisierung der Medienrealität und ihre Persönlichkeiten als Meinungsführer führen. Die den Medienpersonen entgegengebrachte „Bewunderung" mündet dann möglicherweise in die Ausbildung einer „Beziehung" von Seiten des Rezipienten gegenüber der Medienperson, in der dieser Vertrauen und Loyalität entgegengebracht wird (Peters 1996: 160). Als Ergebnis kann sich der Rezipient „die Einstellungen und Argumentationen seines ‚medialen Vorbildes', das er nun zu kennen glaubt, zu eigen machen" (Eisenstein 1994: 167) und seiner Loyalität und Zuneigung durch eine (bewusste oder unbewusste) Anpassung an die Meinung der bewunderten Personen Ausdruck verleihen. Zudem dürfte die bestehende Beziehung auch ein kognitives Bewertungsschema liefern, das dazu beiträgt, die Botschaften des virtuellen bzw. publizistischen Meinungsführers rasch zu verarbeiten und einzuordnen.

Fallbeispiele

Ist *Jan Böhmermann* für Sie ein publizistischer Meinungsführer? Das Magazin *GQ* (Ausgabe Januar/2016) hat den Moderator der satirischen ZDFneo Late-Night-Show *Neo Magazin Royale* Anfang 2016 mithilfe eines Expertenbeirats jedenfalls zum „wichtigsten Meinungsmacher Deutschlands" gewählt. Auch wenn sein Status als Meinungsmacher auf eine bestimmte Zielgruppe beschränkt sei, schaffe es Böhmermann perfekt, Geschichten zu erzählen, er provoziere und vermittle gesellschaftlich relevante Themen an seine Zielgruppe, hieß es in der Begründung der Jury. In der Sendung, für die Böhmermann neben dem Deutschen Comedypreis 2014 und 2015 im Jahr 2016 auch mit dem Deutschen Fernsehpreis in der Kategorie „Beste Unterhaltung Late Night" ausgezeichnet wurde, steht eine satirische Auseinandersetzung mit aktuellen Ereignissen im Mittelpunkt, bei der Böhermann jedoch auch häufig pointiert Stellung bezieht. Damit löst er offensichtlich eine rege Anschlusskommunikation aus: 2015 belegte das *Neo Magazin Royale* Rang 10 der in Deutschland am meisten im Social Media Kontext kommentierten Fernsehsendungen.

Eine Besonderheit virtueller bzw. publizistischer Meinungsführerschaft liegt darin, dass insbesondere die eigentlich Inaktiven bzw. Isolierten als empfänglich für ihren Einfluss vermutet werden. Da sie selbst nur über wenige Bindungen in ihrem sozialen Netzwerk verfügen, sollten sie sich in ihrer Meinungsbildung durch publizistische Meinungsführer besonders beeinflussen lassen, denen sie aufgrund ihrer Prominenz und häufigen Medienpräsenz eine soziale, fachliche und kommunikative Kompetenz bzw. einen Experten- und Autoritätsstatus zuweisen.

Besonderheit

Schenk (1989: 414) und Eisenstein (1994: 164) gehen davon aus, dass virtuellen Meinungsführern bei zunehmender Wirklichkeitskonstruktion durch die Massenmedien eine steigende Bedeutung zukommt. Auch würden gesellschaftliche Entwicklungen einen Bedeutungsge-

steigende Bedeutung bei zunehmender Wirklichkeitskonstruktion durch die Massenmedien winn virtueller Meinungsführer unterstützen; so seien etwa die zunehmende Urbanisierung oder der demografische Wandel mit einen Verlust direkter Kontakte im persönlichen Umfeld verbunden (vgl. Merten 1988). Aus den Medien bekannte Persönlichkeiten könnten auch daher vermehrt als ‚Ersatzbezugspersonen' fungieren und helfen, einen Mangel an Sozialkontakten zu kompensieren (Eisenstein 1994: 165).

In ihrer Studie befragte Eisenstein (1994) Teilnehmer zu ihrer Mediennutzung, ihrem interpersonalen Kommunikationsverhalten, ihrem Themeninvolvement sowie auch zu Personen des öffentlichen Lebens, die für die individuelle Meinungsbildung in den Bereichen Politik und Gesundheit als ‚besonders' wahrgenommen wurden (n=1049). Für die analysierten Bereiche nannten die Befragten nur wenige virtuelle Meinungsführer; unter diesen fanden sich v.a. Politiker und TV-Moderatoren (Eisenstein 1994: 262–263). Für die Wahrnehmung einer Person als virtueller Meinungsführer zeigten sich eine charismatische Autorität bzw. kommunikative Kompetenz sowie eine wahrgenommene themenspezifische Kompetenz als relevanter als ein faktischer Einfluss (z.B. qua Amt); auch eine starke Medienpräsenz bestätigte sich als Voraussetzung (ebd.: 266–267). Während sich die Mehrzahl der in den Befragungen genannten Meinungsführer als monomorph einstufen ließ, fanden sich auch einige wenige Personen des öffentlichen Lebens, denen eine polymorphe Meinungsführerschaft attestiert wurde (ebd.).

Prominente als Meinungsführer

Peters (1996) hat in ihrer Studie zu Prominenz aufgearbeitet, inwieweit *Prominente als Meinungsführer* wahrgenommen werden. Die Bedeutung von Prominenz für den Aufbau von Meinungsführerschaft sieht sie (1996: 174) darin begründet, dass die publizistischen Meinungsführer über den mit Prominenz verbundenen Aufmerksamkeitswert eine enorm hohe Reichweite generieren. Zudem besäßen Medienpersonen allein aufgrund ihres Prominentenstatus „eine Position, die eine gewisse Kompetenz vermuten läßt, sie sind leicht zugänglich, und sie verfügen auch über andere Informationsquellen als die Rezipienten" (Peters 1996: 175). Da es sich hierbei weitgehend um fachlich unspezifische Eigenschaften handelt, wurde vermutet, dass Prominenz v.a. zu generalisierter Meinungsführerschalt führt, die Einflussnahme also unabhängig von einer tatsächlich existierenden Expertise ist (Eisenstein 1994: 167; Peters 1996: 175).

Mit einer repräsentativen Mehrthemenbefragung hat Peters (1996) den Einfluss der Prominenz auf die Meinungsbildung von Rezipienten empirisch untersucht (n=1461). Zunächst wurden die Befragten gebeten, prominente Persönlichkeiten zu benennen, die sie gerne a) in einer Talkshow sowie b) in einer politischen Talkshow sehen würden. Insgesamt wurden hierbei 722 Prominente von den Befragten genannt, wobei sich eine große Übereinstimmung zwischen beiden Gruppen zeigte. Im Anschluss wurden die genannten Prominenten in Bereiche (Kultur, Politik, Sport, Wissenschaft, Wirtschaft, Kirche, Adel und sonstiges) klassifiziert. Dann wurden die Befragten gebeten anzugeben, wie sie selbst den Einfluss von Prominenten auf ihre Meinungsbildung bewerten würden. Dies wurde mit folgender Frage operationalisiert: „Wenn man sich eine eigene Meinung zu politischen Angelegenheiten bildet, können ja auch andere Leute eine Rolle spielen. Sagen Sie mir bitte für jede der von Ihnen genannten prominenten Personen, für wie wahrscheinlich Sie es halten, daß diese Person Einfluss auf Ihre Meinungsbildung hat. Bewerten Sie das bitte anhand dieser Skala" (Peters 1996: 176).

Zunächst zeigt die Analyse zum Zusammenhang von Aufmerksamkeitswert und Einflußnahme, dass den zuvor meistgenannten Prominenten auch am häufigsten ein Einfluss auf die politische Meinungsbildung zugestanden wurde (Peters 1996: 181). Die (bereinigten) 1302 Antworten lassen sich in drei Gruppen einteilen: Fast die Hälfte der Befragten (45,5%) gab an, dass sie sich ihre Meinung grundsätzlich unbeeinflusst und selbst bilden würden. Rund ein Viertel der Interviewpartner (23,0%) fühlte sich durch die von ihnen genannten Prominenten nicht in ihrer Meinungsbildung beeinflusst. Lediglich rund ein Drittel der Befragten (31,5%) hielt einen Einfluss durch mindestens eine der zuvor genannten prominenten Persönlichkeiten für wahrscheinlich.

Bei Analyse in Bezug auf diejenigen Prominenten, die die Befragten in eine *politische* Talkshow einladen würden, zeigt sich ein leicht anderes Bild: Hier geben 41% der Befragten an, dass sie bei sich selbst einen persönlichen Einfluss von mindestens einer der zuvor genannten prominenten Persönlichkeiten vermuten; nur noch 19% der Befragten halten jede Einflußnahme für unwahrscheinlich (Peters 1996: 179). Bezieht sich die Einschätzung einer *politischen Meinungsbeeinflussung* zudem auf einen prominenten *Politiker*, wird ein Einfluß in rund der Hälfte (52,6%) dieser Fälle zugestanden (Peters 1996: 181). Zusammengefasst wurde eine Beeinflussung durch *nicht-politischer* Prominente also kritischer bewertet; '*politisch relevanten*' Prominenten wurde hingegen durchaus ein gewisser Einfluss auf die Meinungsbildung attestiert.

Prominenz alleine reicht jedoch nicht aus um von einer generalisierten Meinungsführerschaft auszugehen; der wahrgenommene ‚Expertenstatus' eines Prominenten beeinflusst sein Beeinflussungspotenzial deutlich. In denjenigen Fällen, in denen auch Nicht-Experten ein möglicher Einfluss attestiert wird, begünstigen ein positives Image des Prominenten (allen voran eine moralische Integrität) sowie wahrgenommene Sympathie die Einflusswahrscheinlichkeit (Peters 1996: 187–188). Auch der Grad der wahrgenommenen Homogenität der politischen Grundeinstellungen beeinflusst die zugestandene Einflussnahme positiv: Bei homogener Einstellung hält über die Hälfte der Befragten eine Einflussnahme wahrscheinlich, bei heterogener Perspektive reduziert sich der Anteil auf ein Drittel (Peters 1996: 189). Ähnlichkeit hinsichtlich des Alters und der Geschlechtszugehörigkeit wirkte sich hingegen kaum auf eine Meinungsbeeinflussung aus (ebd.).

Entgegen der Idee, dass vor allem kommunikativ Inaktive bzw. Isolierte durch publizistische Meinungsführer beeinflussbar sind, zeigte sich, dass die Befragten Prominenten dann eine höhere Beeinflussungswahrscheinlichkeit attestierten, wenn sie auch in ihrem Freundeskreis über politische Themen sprachen (in 38% der Fälle vs. 31%, wenn keinerlei Gespräche im persönlichem Umfeld stattfinden) (Peters 1996: 191). Eine wichtige Rolle spielte hierbei politisches Interesse; bei hohem politischen Interesse vermuteten die Befragten auch eine höhere mögliche Einflussnahme – und zwar abhängig davon, ob politische oder nicht-politische Prominenz in ihrer Einflussnahme beurteilt wurde (ebd: 192).

politisches Interesse Ebenso wie persönlich Bekannte können also Prominente bzw. publizistische Meinungsführer vor allem auf diejenigen Rezipienten Einfluss nehmen, die 1) als politisch interessiert gelten und sich daher auch 2) häufig mit Freunden über politische Fragen austauschen. Virtuelle Meinungsführer können insofern nur bedingt als „Ersatz für mangelnde ‚Opinion Leader' im sozialen Umfeld der Rezipienten" gelten, sondern vielmehr als eine „ergänzende Quelle" (Peters 1996: 192). Persönlich bekannte und virtuelle Meinungsführer schließen sich in ihrem Einfluss auf denselben Rezipientenkreis also nicht aus, sondern ergänzen sich eher wechselseitig.

Obwohl Peters (1996) Befunde zum meinungsbildenden Einfluss (prominenter) publizistischer Meinungsführer andeuten, dass ihre Rolle in der Meinungsführerforschung bisher zu Unrecht vernachlässigt wurde, ist die methodische Umsetzung der Studie kritisch zu reflektieren. Problematisch erweist sich vor allem die Operationalisierung über Fragen der Selbsteinschätzung. Abgesehen von Verzerrungen aufgrund sozialer Erwünschtheit, bleibt auch fraglich, inwieweit den Befragten eine tatsächliche Einflussnahme auf ihren Meinungsbildungsprozess überhaupt bewusst ist und diese sie damit überhaupt verbalisiert werden können. Dies räumte aber Peters (1996: 178) auch selbst ein: „Der hohe Anteil an Personen, die auf ihre selbstständige Meinungsbildung verweisen, mag darüber hinaus auch daher rühren, dass hier perzipierter, nicht tatsächlich stattfindender Einfluss gemessen wurde und eine fingierte Einflusssituation aufgrund ihres Abstraktionsgrades schwieriger zu beurteilen ist."

Eine theoretische Schwierigkeit ergibt sich zudem hinsichtlich einer klaren a priori Differenzierung von virtuellen und interpersonalen Meinungsführern. Auch virtuelle Meinungsführer sind keineswegs sozial isolierte Persönlichkeiten, sondern verfügen meistens über eine ausgeprägte Einbindung in ihre sozialen Netzwerke. Insofern fungieren sie zwar für einen Teil ihres unbekannten Publikums als virtuelle Meinungsführer, andererseits können sie innerhalb ihrer sozialen Bezugsgruppen jedoch auch die Rolle des ‚realen' Opinion Leaders (oder Followers) einnehmen (Eisenstein 1994: 168). Ob ein Medienakteur also als sozialer oder virtueller Meinungsführer charakterisiert wird, kann letztlich nur aus Perspektive der Empfänger entschieden werden.

theoretische Schwierigkeit

Zum Forschungsstand medienvermittelter, publizistischer Meinungsführer lässt sich zusammenfassend reflektieren, dass das Konzept bisher nur im Ansatz empirisch untersucht sowie theoretisch fundiert wurde (vgl. exemplarisch Eisenstein 1994; Merten 1988; Peters 1996). Dass die Thematik im Fach kaum weiter verfolgt wurde, ist besonders erstaunlich, da sich aus Forschungen rund um die Themen ‚*Celebrities*'/ ‚*Fankulturen*' einige spannende Schnittstellen ergeben, die bisher von der Forschung nur im Ansatz adressiert wurden. So konnten etwa Jackson und Darrow (2005) – theoretisch gestützt auf den *Celebrity-Endorsement-Ansatz* – Einflüsse von Prominenten auf die politische Meinungsbildung von jungen Erwachsenen demonstrieren. Bezüge zeigen sich auch zu Forschungen aus den Bereichen *Education Entertainment* und *Social Learning*, die u.a. demonstrieren, dass fiktive Medieninhalte (und damit implizit auch Medienfiguren) die Meinung zu kontroversen politischen Themen (Todesstrafe; Homosexualität) beeinflussen können (Slater, Rouner & Long 2006).

Forschungsstand

Beide Forschungsstränge deuten noch eine weitere Schnittstelle an, nämlich zum Bereich der *para-sozialen Interaktion* (**vgl. Kap 6.2**). In einer neueren Arbeit haben Leißner und Kollegen (2014) dabei auf die im ‚virtuellen Online-Zeitalter' etwas doppeldeutige Begriffsverwendung verwiesen, die v.a. auch mit aktueller internationalen Forschung kollidiert. Denn hier wird der Terminus der virtuellen Meinungsführerschaft zur Beschreibung interpersonaler Meinungsführer eingesetzt, die ihren Einfluss auf die Meinungsbildung Dritter *über Online-Kom-*

munikation und speziell über *Social Media* ausüben (vgl. Kap. 6.3). Unter stärkerer Integration der Befunde zu para-sozialer Interaktion empfehlen die Autoren, Medienpersonen, die den Rezipienten im Rahmen klassischer massenmedialer Angebote beeinflussen, als *parasoziale Meinungsführer* zu bezeichnen; dies wird im Folgenden vertieft (vgl. Kap. 6.2).

6.2 Parasoziale Meinungsführer

Das Konzept der *parasozialen Meinungsführerschaft* ist eine Weiterentwicklung der zuerst als virtuelle bzw. publizistische Meinungsführerschaft thematisierten Phänomene (vgl. Kap. 6.1). Dabei rückt die Bedeutung der *parasozialen Beziehung* zwischen den medienvermittelten Meinungsführern und ihren Followern in den Mittelpunkt der Betrachtung (Stehr et al. 2014: 398). Als *parasoziale Beziehung* haben Donald Horton und Richard Wohl (1956) die Beobachtung zusammengefasst, dass sich zwischen regelmäßig auftauchenden Medienfiguren und ihren Zuschauern eine ‚Beziehung' entwickelt, sie zu wahrgenommenen ‚Medienfreunden' werden: „[Recipients] ‚know' such a person in somewhat the same way they know their chosen friends: through direct observation and interpretation of his appearance, his gestures and voice, his conversation and conduct in a variety of situations" (Horton & Wohl 1956: 216; vgl. ausführlich den Band *Parasoziale Interaktion und* Beziehungen von Tilo Hartmann (2010) in der Konzepte-Reihe).

parasoziale Interaktion — Die zugrunde liegende *parasoziale Interaktion* unterscheidet sich von ‚klassischen' sozialen Interaktionen v.a. dadurch, dass sich die Interaktionspartner – der Rezipient und die (fiktive oder reale) Medienfigur – nicht, gleichzeitig und reflexiv, in ihren kommunikativen Handlungen intentional aufeinander beziehen und ihr Handeln nicht wechselseitig aneinander ausrichten können (vgl. Kap. 1.3) . Zwar wissen die Interaktionspartner prinzipiell voneinander, weshalb sie ihr jeweiliges Gegenüber auch mehr oder weniger direkt ansprechen bzw. dessen Reaktionen zu einem gewissen Grad antizipieren können. Da jedoch nur einer der Interaktionspartner den anderen *beobachten* kann, bleibt die gegenseitige Bezugnahme eingeschränkt; ein Rollentausch findet nicht statt (Hartmann 2010: 14). Parasoziale Interaktionen sind also *einseitig* und damit *nur scheinbar* soziale Interaktionen (ebd: 15), sie können sich für die Beteiligten (v.a. für die Rezipienten) aber wie ‚echte' soziale Interaktionen bzw. Beziehungen anfühlen. Entsprechend lässt sich die aus der parasozialen Interaktion hervorgehende parasoziale Beziehung als *„seeming* face-to-face relationship between spectator and performer" (Horton & Wohl 1956: 215; Herv.n.i.O.) verstehen.

6. Weiterentwicklungen und neue Perspektiven

> **Kernsätze**
>
> „Parasocial interaction resembles personal interaction in that one party (the media performer) appears to address the other(s) directly, adjusting his course of action to the latter's responses. Insofar as the other (the user) responds as suggested, he may experience the encounter as immediate, personal, and reciprocal, but these qualities are illusory and are presumably not shared by the speaker" (Horton & Strauss 1957: 580).

Im Konzept der *parasozialen Meinungsführerschaft* werden diese Ideen mit den Erkenntnissen zu medienvermittelten Formen von Meinungsführerschaft verknüpft. Parasoziale Meinungsführerschaft wird dabei als ein psychologisches Rezeptionsphänomen und spezifischer Typus von Meinungsführerschaft verstanden (Leißner et al. 2014: 255). Zentrale Bedingung ist die Existenz und Ausgestaltung einer parasozialen Beziehung des Rezipienten zu einer fiktiven oder realen Medienperson, auf deren Basis er der Medienperson die Rolle des parasozialen Meinungsführers mehr oder weniger bewusst zuweist. Dazu sollte die Medienperson über eine regelmäßige Präsenz in den Medien verfügen, damit der parasoziale Follower mit ihr und ihren Aussagen wiederholt konfrontiert wird (ebd.: 256).

parasoziale Meinungsführerschaft als psychologisches Rezeptionsphänomen

> **Kernsätze**
>
> Parasoziale Meinungsführerschaft liegt vor, „wenn 1) ein Rezipient einer Medienperson im Rahmen einer parasozialen Beziehung bestimmte Merkmale zuschreibt, die 2) ermöglichen, dass die Medienperson den Rezipienten daraufhin in dessen Einstellungen beeinflussen kann. Dies geschieht unterschiedlich intensiv durch die Erfüllung von mindestens einer der drei Funktionen Informations- und Komplexitätsreduktion, Orientierung oder Interesse wecken" (Leißner et al. 2014: 248).

Prämissen für parasoziale Meinungsführerschaft

Bereits Levy (1979) hatte auf das Potenzial von Medienpersonen verwiesen, als Meinungsführer wahrgenommen zu werden bzw. einen Einfluss auf die Meinungsbildung der Rezipienten auszuüben. In seiner Studie *Watching TV News as Para-Social Interaction* gaben mehr als die Hälfte der Befragten (n=240) an, dass Nachrichtensprecher „almost like friends" seien, die man jeden Tag sähe (Levy 1979: 72). Rund ein Drittel der Befragten sah den Nachrichtensprecher zudem als „cognitive guide" an, mit dem man die Welt erkunde und der ihnen helfe, die präsentierten Nachrichten zu verstehen (ebd.: 74). 80% der Be-

Potenzial von Medienpersonen

fragten sagten zudem aus, dass sie ihre eigenen Meinungen mit denen der Sprecher vergleichen würden (ebd). Levy (1979: 74) folgert daraus: „This finding has an interesting implication for the concept of opinion leadership. While opinion leaders often derive their information and opinions from the mass media, opinion leaders are not generally thought of as mass media actors but rather as attentive members of the audience. However, if [...] some viewers interact with the news commentators as though they were physically present, then it is possible that under certain circumstances mass media actors might take on some of the functions normally reserved to the interpersonal communicator."

Auch Perse und Rubin (1989: 71) fanden, dass die parasoziale Interaktion mit Medienfiguren Unsicherheiten beim Rezipienten verringern und ihn dadurch bei der Meinungsbildung und Entscheidungsfindung beeinflussen kann. Ein positives Gefühl beim Abbau von Unsicherheiten förderte gleichzeitig auch die vom Rezipienten wahrgenommene Beziehung zu seinem parasozialen Interaktionspartner.

Mit der *Parasocial Contact Hypothesis* haben Schiappa, Gregg und Hewes (2005) das Phänomen der parasozialen Interaktion mit Befunden aus der Stereotypenforschung verbunden. Sie konnten zeigen, dass der parasoziale ‚Rezeptionskontakt' mit homosexuellen Mediencharakterien über TV-Serien stereotype Vorstellungen gegenüber Homosexuellen reduzieren kann – wenn sich die Rezipienten mit den Medienfiguren (über eine wahrgenommene Ähnlichkeit oder Attraktivität) identifizierten.

Zur Fundierung des Konzepts haben Leißner und Kollegen (2014) genauer untersucht, inwieweit sich Rezipienten im Rahmen parasozialer Beziehungen durch Medienpersonen beeinflussen lassen (vgl. Stehr et al. 2015). Im Unterschied zu Studien zu *virtueller Meinungsführerschaft* (z.B. Merten 1988; Eisenstein 1994) vermuteten die Autoren einen parasozialen Einfluss nicht ausschließlich für kommunikativ Inaktive, sondern verstehen parasoziale Meinungsführer als ergänzende Quelle der Information und Meinungsbildung (Stehr 2014: 221; vgl. Peters 1996).

Schlüsseleigenschaften

Parasoziale Meinungsführerschaft sollte vorliegen, wenn der Medienperson durch den individuellen Rezipienten bestimmte, für ihre Opinion-Leader-Rolle relevante Schlüsseleigenschaften zugeschrieben werden (Leißner et al. 2014: 256). Hierzu zählten Sympathie bzw. ein positives Images, Glaubwürdig- sowie Vertrauenswürdigkeit, Autorität, kommunikative Kompetenz, ebenso wie eine wahrgenommene Homogenität zwischen Meinungsführer und Follower (ebd: 258; vgl.

die Befunde zu virtuellen Meinungsführern, exemplarisch: Eisenstein 1994; Peters 1996). Daneben sollte der parasoziale Meinungsführer aus Sicht der Rezipierenden/Follower mindestens eine der drei Funktionen wahrnehmen (ebd.: 259): 1) *Information und Komplexitätsreduktion*: Parasoziale Meinungsführer vermitteln Informationen und Meinungen und reduzieren die Komplexität des Informationsangebotes. Gleichzeitig erfüllen sie damit eine 2) *Orientierungsfunktion* und erleichtern dem Rezipienten die Einordnung hinsichtlich bestimmter Werte, Normen und Einstellungen. Schließlich sind parasoziale Meinungsführer auch in der Lage, 3) die *Aufmerksamkeit* des Rezipienten auf Themen zu lenken und sein *Interesse auch für neue Themen zu wecken*.

Eine qualitative Rezipientenbefragung (n=24) lieferte zunächst Hinweise darauf, dass Rezipienten parasoziale Beziehungen zu Medienakteuren ausleben und sich in der Folge auch in ihrer Meinungsbildung von diesen beeinflussen lassen, wobei sie die oben genannten Funktionen auch aus Sicht der Rezipienten erfüllen. Die identifizierten parasozialen Meinungsführer waren, ähnlich der virtuellen Meinungsführer, tendenziell monomorph. Die den ihnen zugesprochenen Schlüsselmerkmale fanden sich aus Sicht der Rezipienten nur eingeschränkt, denn die große Abhängigkeit von den Nutzungs- und Zuwendungsmotiven der Rezipienten war hoch (Leißner et al. 2014: 262). Dennoch konnten Leißner et al. (2014: 262–263) eine Typologie parasozialer Meinungsführer ableiten, für die jeweils andere Schlüsselmerkmale relevant erschienen (z.B. Typus „kritischer Provokateur", bei dem die Zuschreibung von Reflektiertheit, Ehrlichkeit, Glaubwürdigkeit, moralischer Integrität sowie von Kompetenz sich als relevant zeigte).

Um mögliche Beeinflussungslevel im Rahmen einer parasozialen Meinungsführerschaft differenzierter zu fassen, schlugen die Autoren in Anlehnung an McGuire (1989) ein sechsstufiges Modell vor, nachdem sich die Beeinflussung über die 1) Zuwendung des Rezipienten zu der Medienperson, 2) das Erfassen der kommunizierten Informationen, 3) den Aufbau von Vertrauen, 4) die tatsächliche Zustimmung des Mediennutzers zu den Botschaften des parasozialen Meinungsführers, 5) die Integration der Botschaften in das kognitive Bewertungsschema des Rezipienten sowie schließlich 6) eine Anpassung des Handelns entfaltet (Leißner et al. 2014: 263–264). Die wahrgenommene Wirkung von Medienpersonen auf die Einstellungsbildung der Mediennutzer, deren Stärke sowie die Analyse relevanter Kontextfaktoren wurde im Anschluss über eine standardisierte Rezipientenbefragung untersucht (Stehr et al. 2014).

Differenzierung der Beeinflussungslevel

Verfahren

Messinstrument

Zur Erfassung, 1) ob eine parasoziale Meinungsführerschaft zwischen einem Rezipienten und einer Medienperson vorhanden ist, 2) welche Funktionen diese für die Rezipienten erfüllen sowie 3) als wie hoch der Grad der Einstellungsbeeinflussung im Rahmen dieser parasozialen Beziehung angenommen werden kann, haben die Autoren ein komplexes Messinstrument entwickelt, das in einem Zweischritt-Verfahren angewendet wird (Stehr et al. 2014): Zunächst werden Medienpersonen (genauer: Medienpersonen aus dem TV, die sich zu politischen oder gesellschaftlich relevanten Themen äußern) identifiziert, mit denen die jeweiligen Befragten potenziell eine parasoziale Beziehung unterhalten. Dann wird die Qualität dieser Beziehung differenziert mit einem Messinstrument untersucht, das aus drei Teilskalen besteht. Alle Teilskalen sind als 6-stufige Likert-Skalen angelegt, mit denen die Befragten den Grad der Zustimmung zu den Einzelitems angeben können.

Teilskalen

In der ersten Teilskala werden neun Items zur Erfassung der Zuwendung des Rezipienten zur Medienperson, seinem emotionalen Involevement sowie der Homogenität zwischen Rezipient und Medienperson kombiniert (Stehr et al. 2014: 406). Die zweite Teilskala umfasst zehn Items, die den Grad der Übernahme der ‚parasozialen Meinungsführerfunktionen' Informations- und Komplexitätsreduktion, Interesse wecken sowie Orientierung bieten messen (ebd.: 408). Die dritte Teilskala zur Messung des Beeinflussungsgrades durch parasoziale Meinungsführer übersetzt schließlich die theoretisch modellierten (ursprünglich sechs) Stufen der Beeinflussung in 16 entsprechende Items, wobei diese für die Skala allerdings leicht modifiziert und auf drei Stufen reduziert wurden (ebd.: 411): Für Stufe 1 werden Items genutzt, die die Zuwendung des Rezipienten zur Medienperson, das Erfassen der kommunizierten Informationen sowie den Aufbau von Vertrauen messen. Items zur Messung der tatsächlichen Zustimmung des Mediennutzers zu den Botschaften des parasozialen Meinungsführers sowie seiner Überzeugungskraft bzw. der Integration der Botschaften in das kognitive Bewertungsschema des Rezipienten werden für Stufe 2 operationalisiert. Stufe 3 umfasst schließlich Items, die die tiefergehende Integration der Botschaften sowie eine Anpassung des Handelns des Rezipienten erfassen.

parasoziale Meinungsführerschaft als graduelles Phänomen

Die Befragungsdaten bestätigten, dass parasoziale Meinungsführerschaft als graduelles Phänomen verstanden werden kann, das sich über verschiedene, aufeinander aufbauende Beeinflussungsstufen konstituiert. 360 der insgesamt 638 Befragten verfügten über eine parasoziale Beziehung zu einer Medienperson; für 308 der Befragten erfüllte diese zusätzlich auch mindestens eine wichtige Funktion. Damit sahen die

Autoren bei 308 bzw. bei rund 60% der Befragten eine parasoziale Meinungsführerschaft als vorhanden an. Von diesen erreichten 84% Stufe 1 der Beeinflussung (Zuwendung; Erfassen; Vertrauen); 61% Stufe 2 (Zustimmung; Integration und Übernahme der Botschaften) sowie weitere 21% Stufe 3 (Integration und Anpassung des Handelns). Parasoziale Meinungsführerschaft ist also vermutlich kein „Randphänomen" der Medienzuwendung (Stehr et al. 2014: 413) – die Beeinflussung durch parasoziale Meinungsführer kann „aufgrund der hohen Reichweite der Massenmedien einen nicht zu unterschätzenden Faktor bei der politischen Meinungs- und Einstellungsbildung in der Gesellschaft darstellen" (ebd.).

Hohes politisches Interesse begünstigte eine parasoziale Beziehung (Stehr 2014: 234). Zudem sahen die Befragten mit höherem politischem Interesse auch mehr ‚parasoziale Meinungsführerfunktionen' als erfüllt an, womit das Beeinflussungspotenzial des parasozialen Meinungsführers steigt (ebd). Gleichzeitig nahmen Personen, die für Einflüsse parasozialer Meinungsführer empfänglicher sind, tendenziell auch häufiger selbst die Funktion eines interpersonalen Meinungsführers ein: „Dies zeigt, dass parasoziale Meinungsführerschaften tatsächlich keine ausschließlich kompensatorische Funktion für sozial Isolierte darstellen, sondern im Gegenteil sogar besonders für interpersonale Meinungsführer [...] eine Quelle der Meinungs- und Willensbildung darstellen" (Stehr 2014: 234-235).

Eine weiterführende empirische Prüfung steht noch aus (vgl. Leißner et al. 2014: 265; Stehr et al. 2014: 413-414). Dennoch bietet die Verknüpfung zweier höchst relevanter Theorienstränge vielfältige Anregungen zur weiteren Auseinandersetzung. Zudem haben die Autoren mit der Entwicklung des Fragebogeninstruments auch eine Möglichkeit geliefert, den Einfluss von Medienpersonen auf die politische Meinungs- und Einstellungsbildung standardisiert zu erfassen.

6.3 Opinion Leadership Online: Meinungsführer in Online und Social Media

Die zunehmende Verbreitung und Nutzung von Online-Kanälen verändert und erweitert auch das Verständnis von Meinungsführerschaft. Daher haben sich in den letzten zwanzig Jahren einige Forscher mit der Frage beschäftigt, wie sich das Meinungsführerkonzept sowie der Two- bzw. Multi-Step-Flow of Communication auf Online- und Social-Media-Umgebungen übertragen lassen. Die Auseinandersetzung berührt zugleich eine fundamentale theoretische Positionierung, nämlich die Frage, ob und inwieweit sich das ursprünglich in der unmittelbaren, direkten und wechselseitigen sozialen Interaktion verortete Phänomen

Übertragung auf Online-Umgebungen

der Meinungsführerschaft überhaupt auf Online- und Social-Media-Kontexte transferieren lässt, und welche Anpassungen hierbei notwendig werden – oder inwieweit *mediatisierte Meinungsführerschaft* ein vielleicht konzeptionell verwandtes, jedoch nicht identisches Konzept darstellt.

Leider wird diese fundamentale Frage bisher höchstens implizit beantwortet; dezidierte theoretische Überlegungen stehen weitgehend aus. Auch empirische Untersuchungen liefern noch kein umfassendes Verständnis von Online-Meinungsführerschaft. Die Idee, dass die im Internet Ratsuchenden und -gebenden mit Opinion Follower sowie mit Opinion Leadern vollständig *gleichgesetzt* werden könnten, ist jedoch kritisch zu sehen: Kommunikative Interaktionen in Online- und Offine-Kontexten weichen erheblich voneinander ab, sodass die die Besonderheiten computervermittelter bzw. mediatisierter Online-Kommunikation zu berücksichtigen sind (Tanis & Postmes 2003; **vgl. Kap. 1.3**).

Charakteristika von Online-Kommunikation

Zu zentralen Aspekten, die die Kommunikation in Online- und Social Media charakterisieren, und die für die Frage nach dem Transfer besonders aktuell werden, zählen die Prinzipien 1) *Vergemeinschaftung*, 2) *Partizipation* und 3) *Kollaboration*. So prägt eine kollaborative Zusammenarbeit der Nutzer sowie deren kollektive Intelligenz den Inhalt von Social-Media-Plattformen; potenziell werden hierbei ‚Grenzen' zwischen Nationalitäten, Subkulturen, Ideologien und Sprachen überwunden; dies gilt ebenso für die Trennlinie zwischen Produzent und Konsument (*User-Generated Content; Produser*). Die verschiedenen Aktivitätsgrade der Nutzung, Interaktion und Interaktivität des Mediums durch aktive und passive Nutzer haben auch zur Folge, dass sich Individual-, Massen-und Gruppenkommunikation zunehmend vermischen. Die vereinfachten Möglichkeiten der Teilnahme und Teilhabe sind aus demokratietheoretischer Perspektive mit einer Vervielfachung der individuellen Partizipationsmöglichkeiten verbunden (Dahlberg 2001, 2007; Kavanaugh et al. 2006; Papacharissi 2002). Prinzipiell vergrößert sich dadurch auch der Kreis der potenziellen Meinungsführer enorm (Park 2013).

> **Kernsätze**
>
> „A major premise driving today's content-sharing culture is that *all news consumers can use social media to serve as opinion leaders* for their personal networks" (Bobkowski 2015: 324; Herv.n.i.O.).

Gleichzeitig erweitern und verändern sich auch die sozialen Integrations- und Interaktionsmechanismen, auch im Kommunikations- und Mediennutzungsverhalten. Öffentlich zugängliche Informationen in Newsgroups oder Diskussionsforen sind meist schneller und einfacher abrufbar und häufig auch aktueller als analoge Informationsquellen. Zudem werden sie über einen längeren Zeitraum online gespeichert, was neben einer synchronen Interaktion auch eine raum-zeitlich asynchrone Informationssuche und Meinungsbildung erlaubt – „providing novel settings for leader-follower interactions" (Turcotte et al. 2015: 523).

Veränderung der sozialen Integrations- und Interaktionsmechanismen

Fallbeispiele

Dass Online- und Social Media auch neuen Formen von Meinungsführerschaft Raum geben, lässt sich am Beispiel des deutschen ‚YouTuber-Stars' *LeFloid* (Florian Mundt) anschaulich nachvollziehen: Der von ihm seit einigen Jahren betriebene YouTube-Kanal *LeFloid* zählt zu einem der meistabonnierten Kanäle Deutschlands: 2015 hatte LeFloid fast 3 Millionen Abonnenten, jedes hochgeladene Video wird etwa eine Million mal angesehen.

Im Format *LeNews* thematisiert LeFloid in kurzen, temporeichen Videos zweimal wöchentlich aktuelle Ereignisse aus Politik, Wirtschaft, Wissenschaft und Popkultur. Die Videos liefern keine sachliche Nachrichtenberichterstattung; LeFloid berichtet weder sachbezogen noch vollständig über das aktuelle Weltgeschehen. Stattdessen steht die Einordnung, Bewertung, Reflexion und Kommentierung der News im Vordergrund, deren eigentlicher Informationsgehalt von LeFloid nur kurz angerissen wird. Neben einigen ‚Hard News' aus Politik und Wirtschaft werden dabei v.a. zielgruppengerechte und aufmerksamkeitsstarke Themen ausgewählt, z.B. aus den Bereichen Pop-/Jugendkultur, Musik, Schule/Bildung, Games/Spiele, Crime oder Skurriles. Im Unterschied zur klassischen Nachrichtenberichterstattung ist der Anteil an kommentierender und bewertender Meinungsäußerung auffällig hoch: In unvermittelter, frecher, zuweilen auch respektloser Jugendsprache rechnet LeFloid mit der Welt ab, überzeichnet, ist betroffen, verurteilt, eskaliert und eschauffiert sich. Zugleich gibt er aber auch konkrete Handlungsempfehlungen, fordert zu kritischer Auseinandersetzungen auf oder motiviert zu Zivilcourage – und bringt dabei gesellschaftlich relevante Themen an seine jugendliche, tendenziell ‚politikverdrossene' Zielgruppe.

Klaus Raab vom politischen Magazin *Cicero* hat den originellen Zugriff auf politische Themen gewürdigt und LeFloid als „Meinungsmacher der Generation Youtube" bezeichnet – „Wäre Youtube eine Zeitung, LeFloid wäre mit seiner Show *LeNews* der Leitartikler" (Ausgabe 05/2013). Für den *Stern* ist LeFloid die „Stimme einer Generation, die kaum noch Zeitung liest, Radio hört, ‚Tagesschau' oder ‚Heute-Journal' sieht." Folgt man dieser Perspektive, ließe sich LeFloid im Sinne des *Two Step Flow of Communication* als Meinungsführer interpretieren, der Informationen, mehr noch Einordnungen und Bewertungen, an die weniger politischen interessierten Netzwerkmitglieder weitergibt. Dazu passt auch die Begründung, mit der Bundeskanzlerin Angela Merkel LeFloid im Sommer 2015 ein Interview gab: man könne nicht die jüngeren Zuschauer ignorieren, die sich heute andere Kanäle als die klassischen Medien suchten.

In der prinzipiell offenen, global zugänglichen und dezentralen Kommunikationsumgebung ist die Ausübung von Online-Meinungsführerschaft – wie bei virtuellen bzw. publizistischen Meinungsführern (**vgl. Kap. 6.1**) – nicht an die persönliche Bekanntschaft der Interaktionspartner gekoppelt. So werden online auch unbekannte Dritte um Rat gebeten, die entweder weitgehend anonym bleiben oder deren personale oder soziale Identität nicht oder nur bedingt nachprüfbar ist. Faktoren, die die soziale Position der Nutzer betreffen, können damit prinzipiell an Bedeutung verlieren; die Bewertung von Meinungsführerschaft verlagert sich möglicherweise auf Faktoren, die mit explizierbaren Wissen und Expertise zusammenhängen (Park 2013).

Anonymität

Die weitgehende Anonymität kann einerseits Unsicherheiten auf Seiten der Follower erhöhen. Gleichzeitig führt sie jedoch auch zum Abbau von Hemmungen und Zwängen sozialer Kontrolle bzw. sozialer Isolationsfurcht, was die Artikulationsbereitschaft erhöhen kann (Ho & McLeod 2008). Der niederschwellige Zugang erleichtert die Informationssuche und den Austausch insbesondere bei ‚heiklen' Themen, für die online zunächst auf eine Selbstberatung zurückgegriffen wird, etwa im Rahmen der Gesundheitskommunikation (Rossmann 2010). Dressler und Telle (2009: 158) vermuten daher, dass das Internet besonders vorteilhaft für Menschen sei, die sich „nicht trauen nach Informationen zu fragen oder die nicht die entsprechenden persönlichen Quellen haben, um Rat einzuholen."

Strukturelemente von Online-Profilen

Dass die technische Ausgestaltung der Plattformen nicht nur eine „multitude of communication practices" (Tanis & Postmes 2003: 676) erlaubt, sondern auch die Interaktions- und Kommunikationsmöglichkeiten der Teilnehmer erheblich vorstrukturiert, wird oft übersehen. Ein Social-Network-Profil (SNS) besteht typischerweise aus den drei vorgegebenen Strukturelementen: 1) Beschreibung des Profileigners, oft mit Profilfoto versehen, 2) Liste der Kontakte bzw. Freunde, und 3) einsehbarer Austausch zwischen dem Profileigner und seinem sozialen Netzwerk (boyd & Ellison 2007). Wie Wright und Street (2007) oder Velasquez (2012) am Beispiel von politischen Diskussionsforen gezeigt haben, können – neben der grundsätzlichen SNS-Infrastruktur – auch Design Features sowie vorgegebene systemische Informationen über die User die Interaktion der Teilnehmer erheblich prägen. Auch eine Moderation sowie die Möglichkeit wechselseitiger Bezugnahme der Teilnehmer untereinander (*message interactivity*) beeinflussen die Partizipation (Wise, Hamman & Thorson 2006; Turcotte et al. 2015).

> **Kernsätze**
>
> „Although it is possible that social media facilitate and lower the barriers for political discussion, the features of the medium might be giving place to the creation of new inequalities" (Velasquez 2012: 1300).

Auch wenn die Anonymität im Netz Mechanismen der sozialen Kontrolle tendenziell limitiert, können die in der Online-Community etablierten Normen einen kontrollierenden Einfluss auf die Kommunikation der Teilnehmer ausüben. Interessanterweise scheint dieser allerdings primär über *informationale Mechanismen* induziert zu werden, die ein ‚argumentatives Klima' und damit einen sachlichen Diskurs forcieren:

„There appears to be a process of collective elicitation of arguments and mere opinion statements (perhaps a form of group 'contagion'), in which individuals' behaviors mimic the general tenor of the group. Such behaviors – particularly the *arguments* each individual made – then contributed to individual shifts of opinion. Overall, there appears to be less consistency with the group tenor in the mere expression of opinion – making statements favorable or unfavorable about the candidates or their plans – than in the *making of arguments*" (Price, Nir & Capella 2006: o.S.).

Aus individualzentrierter Perspektive haben einige Studien die Persönlichkeitsmerkmale, Nutzungs- und Interaktionsprofile der Online-Meinungsführer (auch im Vergleich zu Offline-Meinungsführern) in den Mittelpunkt gerückt. Dabei implizieren die Befunde, dass sich die Online-Meinungsführer hinsichtlich zentraler Merkmale kaum von den

‚traditionellen' Meinungsführern unterscheiden (Lyons & Henderson 2005). So fanden Smith et al. (2007) auch bei Online-Meinungsführern einen positiven Zusammenhang zwischen der Anzahl der Online-Kontakte und der (selbsteingeschätzten) Online-Meinungsführerschaft – bei zunehmender Größe des sozialen Online-Netzwerks ergibt sich jedoch auch eine größere Anzahl von *Weak Ties* (vgl. Granovetter 1973). Auch Carpenter et al. (2015) legten einen starken Zusammenhang zwischen der sozialen Eingebundenheit in Online-Netzwerke und der Position als Meinungsführer dar. Demografische Unterschiede zwischen Online-Meinungsführern und Followern bzw. Inaktiven fanden sich hingegen kaum (Tsang & Zhou 2005; Lyons & Henderson 2005). Es lässt sich daher vermuten, dass Personen, die in der direkten sozialen Interaktion eine Meinungsführerposition ausüben, auch tendenziell eher in Online- und Social-Media-Kontexten als Meinungsführer auftreten.

Schäfer und Taddicken (2015) betrachteten genauer, 1) welche kommunikativen Rollen (Meinungsführer, Follower, Inaktive) im Meinungsbildungsprozess sich aus den veränderten medialen Bedingungen ergeben, und 2) inwieweit diese den Charakteristika entsprechen, die aus der Offline-Meinungsführerforschung bekannt sind; 3) fragten sie, zu welchem Grad Meinungsführerschaft selbst über Medien ausgeübt wird bzw. zu welchem Grad das Konzept ‚mediatisiert' ist. Methodisch untersuchten sie dies mit einer Online-Befragung, in der die Teilnehmer (n= 1.765) zu ihrem Informationsverhalten, zum Themeninteresse und zur Mediennutzung sowie ihrer Meinungsbildung in verschiedenen Themenfeldern (Rentenvorsorge, Bildungspolitik, Klimawandel sowie Mode und Stil) sowie ihrer Peer-Group (Größe und Heterogenität) befragt wurden.

Kommunikationsrollen

Eine Cluster-Analyse zeigte zunächst verschiedene Kommunikationsrollen, die auch aus Offline-Meinungsführerstudien bekannt sind, nämlich *Meinungsführer, Follower* sowie *Inaktive*. Daneben führte die Analyse zur Identifikation der *Mediatized Opinion Leaders*. Diese „MOLs" unterschieden sich von den ‚klassischen' Meinungsführern: Sie verfügten tendenziell über eine noch stärkere Persönlichkeit als die ‚klassischen' Meinungsführer und nutzten auch Medien noch sehr viel intensiver, und zwar sowohl um ihre eigenen Meinungen zu kommunizieren, als auch um sich selbst zu informieren; sie hatten online mehr Freunde als alle anderen Gruppen und waren tendenziell auch etwas jünger. Außerdem wies die Gruppe der Mediatized Opinion Leaders einen überwiegenden Anteil weiblicher Meinungsführer auf.

Unterschiede zeigten sich wiederholt im Bereich der technischen Affinität und Online-Kompetenz: Online-Meinungsführer nutzen Online- und Social Media intensiver und häufiger als andere, sie besitzen eine höhere Computeraffinität, ein höheres Online-Involvement, mehr Wissen und mehr Fähigkeiten, die sich auf die Hard- und Software von Online- und Social Media beziehen (Lyons & Henderson 2005). Auch Smith und Kollegen (2007) fanden, dass diejenigen Nutzer, die über besonders viele Kontakte verfügten, neue Technologien wie E-Mails, Instant Messenger, Chatprogramme oder SMS-Funktionen am intensivsten nutzten. Ebenso wie Offline-Meinungsführer zeigten auch Online-Meinungsführer ein aktives Kommunikationsverhalten: sie sind aktive Nutzer von Newsgroups und Diskussionsforen und lesen und posten hier mehr Beiträge, einerseits um sich selbst zu informieren, andererseits um ihre Informationen und Meinungen zu verbreiten (Tsang & Zhou 2005; Lyons & Henderson 2005). Auch sind sie in ihrem Online-Verhalten neugieriger, explorativer und innovativer: „These opinion leaders are likely to surf the internet just to see what is there and explore unfamiliar websites simply out of curiosity" (Lyons & Henderson 2005: 325).

Unterschiede

In zwei Online-Experimenten hat Bobkowski (2015) getestet, welchen Einfluss der *Informationsgrad* einer Nachricht (,informational utility') und die Meinungsführerschaft auf das Teilen von Online-Nachrichten in Social Media haben (n1=270; n2=275). Ausgehend vom *Informational Utility Model* wurde der Informationsgrad als Konstrukt angelegt, das sich aus a) dem Gewicht der (positiven und negativen) Konsequenzen einer Nachricht, b) der Wahrscheinlichkeit, mit der diese eintreten wird, und c) ihrer Unmittelbarkeit zusammensetzt; dabei wurde jeweils zwischen wahrgenommener und tatsächlicher Information Utility unterschieden, die auch entsprechend in den Nachrichten (Technologie, Wirtschaft) experimentell variiert wurde (Bobkowski 2015: 322–323). Die Befunde der beiden Experimentalanordnungen zeigen, dass – obwohl ein relevanter Prädiktor für das Teilen von Nachrichten allgemein – gerade Opinion Leader Nachrichten nicht primär in Abhängigkeit von der tatsächlichen Information Utility an ihre Netzwerke weiterleiten; sie attestieren Nachrichten vielmehr auch dann eine hohe Information Utility und teilen diese, wenn diese faktisch nicht vorhanden ist (Bobkowski 2015: 334). Ob dies daran liegt, dass Meinungsführer – z.B. aufgrund ihrer besonderen Expertise oder ihres höheren Involvements – schlicht mehr Informationen als nützlich wahrnehmen als Nicht-Meinungsführer, oder sie durch das häufigere Teilen von Informationen (auch nicht nützlicher) ihren Status als Meinungsführer behaupten wollen, bleibt offen, dürfte jedoch weitere Anschlussforschungen motivieren.

Die Idee, dass Individuen generelle Verhaltens- und Handlungsmuster auch auf die Kommunikation und Interaktion online übertragen, wurde durch aktuelle Forschung weiter ausdifferenziert. Wright und Li (2011) konnten etwa zeigen, dass Nutzer identische prosoziale Handlungsmuster in Social-Media-Kontexten anwenden wie in unmittelbaren sozialen Interaktionen. Dies gilt ähnlich auch für charakterliche Prädispositionen: Besonders extrovertierte und stark vernetzte Personen zeigen sich beispielsweise auch beim *Information Sharing* über Facebook weniger zurückhaltend als Introvertierte oder stärker Isolierte (Amichai-Hamburger & Vinitzky 2010), wobei ein Zusammenhang zwischen Extroversion und Meinungsführerschaft plausibel ist (Gnambs & Batinic 2012).

Auch die (kommunikationswissenschaftliche) *Online*-Meinungsführerforschung widmet sich vielfach *politisch relevanten Meinungsbildungsprozessen*. Explizit Bezug auf politische Kommunikation in Online- und Social-Media-Kontexten nehmen etwa Norris und Curtice (2008), die nach der Rolle des Internets bzw. politischer Webseiten im „Two-Step Flow of Political Communication" im Wahlkampfkontext fragen. Die Ergebnisse der repräsentativen Befragungsstudie (n=3.167) legten zunächst einen ‚klassischen' Zweistufenfluss nahe (Norris & Curtice 2008: 11). Dieser zeigte sich allerdings auch für die Rezeption von Online-Inhalten: „Those who used the Internet to find out about the election were particularly talkative to others about the election, and thus could well have passed on to others who did not use the Webinformation about the election" (ebd.).

Einer ähnlichen Fragestellung gingen Vaccari und Valeriani (2015) in Bezug auf den Mikro-Blogging-Service Twitter nach. Sie analysierten, zu welchem Grad italienische Politiker ihre unmittelbaren Zielgruppen bzw. *Follower* im Wahlkampf direkt über ihre eigenen Tweets erreichten, und wie eine „secondary audience" indirekt über Retweets vitaler Twitter-Meinungsführer angesprochen wurde. Dabei zeigte sich nur eine Minderheit (5%) der Politiker-Follower als intensive Twitter-Nutzer (5% als sog. *Power Follower*); diese waren primär männlich, unter ihnen dominierten Celebrities, Journalisten sowie News Organizations (ebd.: 1036). Den *Power Followern* stand eine große Gruppe weitgehend passiver bzw. mäßig aktiver Follower gegenüber (ebd. 2015: 1034–1035). Es fand sich ein negativer Zusammenhang zwischen der Größe des sozialen Netzwerks an Twitter-Followern und ihrer Aktivität: „the more followers a politician accumulates, the less active they tend to be" (ebd: 1034). Die Autoren folgerten daraus ein moderates Einflusspotenzial, das sie vor allem in der ‚vitalen' Mitte der Twitter-Nutzer ungenutzt sahen.

Mit einem repräsentativen Web-Survey hat Karlsen (2015) untersucht, ob Online-Meinungsführer häufiger politische Webseiten nutzen und politischen Kandidaten häufiger folgen als Nicht- Meinungsführer. Im zweiten Schritt richtete sich die Analyse auf die Größe und Struktur der sozialen Online- und Offline-Netzwerke der Meinungsführer sowie auf ihre Interaktionen. Rund ein Drittel der User qualifizierte sich als Meinungsführer (Karlsen 2015: 308). Unter diesen ließ sich ein höherer Prozentsatz an Usern ausmachen (40%), die regelmäßig politische Webseiten nutzen und politischen Kandidaten folgten als die Gesamtbevölkerung (15%); tendenziell waren diese User jünger und hatten ein höheres politisches Interesse (ebd.). Online-Meinungsführer, die politischen Inhalten und Kandidaten folgen, verfügten auch über ein größeres soziales Netzwerk als Opinion Leader, die dies nicht taten – im Durschnitt 302 *Facebook*-Freunde (vs. 220) und 166 *Twitter*-Follower (vs. 76; Karlsen 2015: 311). Die politisch-interessierten Online-Meinungsführer waren auch aktiver im Verbreiten, Kommentieren und Diskutieren politisch relevanter Informationen (ebd.). Dieser Befund zeigte sich nicht nur für die Online-Kommunikation, sondern auch für unmittelbare soziale (Offline-)Interaktionen und Formen politischer Partizipation (Karlsen 2015: 312–313).

Vraga und Kollegen (2015) haben am Beispiel von Facebook die Bedeutung *themenspezifischen Engagements* für die Social-Media-Aktivität der Nutzer (unterschieden in ‚News Consumption', ‚News Expression' und ‚Issue-Specific Engagement') herausgearbeitet. Dieses sollte nicht nur direktere Rückschlüsse auf die Fähigkeiten und Verhaltensmuster der Nutzer und ihre Funktion als Opinion Leader erlauben, sondern auch die Interaktion im Netzwerk mit Gleichgesinnten fördern (ebd.: 202). Der Zusammenhang zwischen themenspezifischen Engagement bzw. Partizipation auf Facebook, politischer Selbstwirksamkeit und Opinion Leadership wurde für die Themen Klimawandel und Energiepolitik untersucht (n=726). Die Befunde zeigen, dass themenspezifisches Facebook-Engagement mit höherer politischer Selbstwirksamkeit sowie der Selbstwahrnehmung als Meinungsführer assoziiert war. Während eine ausgeprägte ‚news expression' (Teilen und Kommentieren von Nachrichten allgemein) ebenfalls positiv mit Opinion Leadership korrelierte, ging eine ausgeprägte, generelle ‚News Consumption' (ohne ‚News Expression') nicht automatisch mit Opinion Leadership einher.

Ähnlich fand auch Park (2013) für Twitter, dass Meinungsführer nicht nur über eine höhere Motivation der politischen Informationssuche verfügen, sondern ihre Meinung auch stärker artikulieren und damit auch stärker andere zur Partizipation mobilisieren. In einer Online-Befragung (n=439) analysierte er dazu den Zusammenhang zwischen Twitter-Nutzungsmotiven (Informationsuche, Mobilisation sowie öffentliche Meinungsäußerung), Opinion Leadership in Twitter sowie politischer Partizipation. Die Twitter-Opinion-Leader zeigten interessanterweise keine intensivere Nutzung traditioneller Medien oder von Online-Medien (Park 2013: 1645). Allerdings fand sich ein positiver Zusammenhang zwischen Informationssuche, Mobilisation sowie öffentlicher Meinungsäußerung und Opinion Leadership (ebd.). Auch nutzten Twitter-Meinungsführer den Mikro-Blogging-Service häufiger. Zudem engagierten sich die Twitter-Meinungsführer auch stärker in politischen Diskussionen und zeigten eine höhere Bereitschaft zu politischem Engagement.

Dass auch Online-Unterhaltungsformate politische Meinungsbildungsprozese beeinflussen können, konnten Podschuweit et al. (2015) für jugendliche YouTube-Nutzer (12–18 Jahre) zeigen, die im Rahmen der *VideoDays* 2015 in Köln befragt wurden (n=238). Die Frage „Wenn du nun an die Bereiche denkst, in denen du Rat suchst – An wen wendest du dich da eher: an Freunde und Familie oder an einen YouTuber?" beantworteten 56% der Befragten für den Bereich ‚Politik' mit „an einen YouTuber" (Familie/Freunde: 44%), für den Bereich ‚Spiele/Games' lag der Anteil mit 71% sogar noch höher (Familie/Freunde: 23%). Jugendliche Fans nehmen ‚ihre' YouTuber also durchaus als themenspezifische Meinungsführer wahr. Insgesamt 40% der befragten Jugendlichen gaben zudem an, dass sie die Positionen der „Lieblings-YouTuber" in Diskussionen mit Peers als hilfreich empfanden, womit sie deren Einflusspotenzial vergrößerten. Für die politische Meinungsbildung war dabei besonders interessant, dass die Jugendlichen kaum YouTuber nannten, die spezifische Angebote für den Politikbereich machten – den „Lieblings-YouTubern" wurde hier aber dennoch eine höhere Expertise zugesprochen als Freunden und Familie.

In Online- und Social- Media-Umgebungen können Meinungsführer ihren Einfluss nicht nur darüber geltend machen, dass sie Informationen in eigenen Worten an Dritte weitergeben, dabei auch einordnen, kommentieren oder bewerten. Eine wichtige Form des Online-Einflusses kann darin gesehen werden, dass die Meinungsführer Informationen bzw. Links zu Informationen unverändert über ihren Account an

Dritte weiterleiten. Dass dabei ein *Social Endorsement* erfolgt, in dessen Folge die selektive Wahrnehmung reduziert wird, steigert die Wahrscheinlichkeit, dass Dritte diese Informationen auswählen und rezipieren (Messing & Westwood 2014): „One extremely important way [individuals] decide what to pay attention to is through recommendations that reach them through their online social networks" (Mutz & Young 2011: 1038). In sozialen Online-Netzwerken kann dies zu enormen Kaskadeneffekten führen (Velasquez 2012). So ist ein Teil des Erfolgs der Obama Wahlkampagne 2008 dadurch erklärt worden, dass aktive Webnutzer die Information einfach an ihrer Freundeskreise weitergeleitet haben (Cogburn & Espinoza-Vasquez 2011).

In einer frühen Studie hatten Tanis und Postmes (2003) bereits demonstriert, dass (selbst minimale) *Social Cues* in Online-Kontexten im Sinne einer Heuristik fungieren und das nachfolgende Rezeptionsverhalten beeinflussen können: Wenn biographische Informationen oder ein Profilfoto des Teilnehmers vorhanden waren, formten die Rezipienten ein positiveres Bild von den Usern als wenn diese nicht vorlagen; fehlende Informationen über die soziale Identität bzw. Gruppenzugehörigkeit des Nutzers förderten hingegen Ethnozentrismus bzw. die Individuation der Rezipienten. Damit korrespondiert, dass eine wahrgenommene Ähnlichkeit der Prädispositionen und Werte der Social-Media-Interaktionspartner das Vertrauen in die Kommunikation und die Glaubwürdigkeit der Inhalte fördern kann (Metzger et al. 2010). Insbesondere in heterogenen Social-Media- und Online-Kontexten mit unvollständiger Information über die Interaktionsteilnehmer bzw. ihre *Source Credibility* dürfte die Wirkung sozialer und informationaler Cues beträchtlich sein: „Since Facebook users are often confronted by abundant social and news information from a wide variety of sources of varying credibility within the same news feed, they may feel the need to employ cues to reduce the cognitive burden of deciding how much to trust these sources" (Turcotte et al. 2015: 528).

Kernsätze

„Social cues give people a strong sense that they know with whom they are interacting, despite the fact that objectively their knowledge of the person is scant. […] Social cues foster a more positive impression" (Tanis & Postmes 2003: 690).

Entsprechend fanden Turcotte und Kollegen (2015), dass Artikel-Empfehlungen von persönlich bekannten Freunden, die als Meinungsführer wahrgenommen werden, das Vertrauen in das verlinkte Medium erhöhen (im Vergleich zu nicht vorhandenen Empfehlungen) – und damit auch die Bereitschaft steigt, zukünftig mehr Nachrichten in dem verlinkten Medium zu rezipieren: „Recommendations from friends who are perceived as strong opinion leaders are associated with an increase on respondents' desire to engage in additional information-seeking behaviors. On the other hand, recommendations from those perceived to be poor opinion leaders have the inverse effect on information-seeking intent" (Turcotte et al. 2015: 528). Ähnlich Effekte wurden auch auf das Kaufverhalten ausgehend von Produktempfehlungen von Freunden in Social-Networking Sites gefunden (vgl. z.B. Forbes & Vespoli 2013).

Soziale und informationale Cues können nicht nur das Vertrauen in den Absender bzw. seine Botschaft erhöhen, sondern auch einen stimulierenden Effekt auf die nachfolgende *Partizipation* an politischen Online-Diskussionen haben (Velasquez 2012). Neben systemischen Informationen wie der Anzahl an Posts des Users beeinflussten auch Charakteristika des Post-Inhalts – v.a. die Anzahl der genannten Quellen, sowie das Verhalten der Diskussionsteilnehmer – v.a. die Interaktivität der Diskussion, sowie die Reaktionsgeschwindigkeit, mit der der Post kommentiert wird, die Partizipation der User positiv (vgl. Wise, Hamman & Thorson 2006). Auch Fiore, Tiernan und Smith (2002) fanden, dass rezipierende User einen Post als vertrauens- und glaubwürder einschätzen, wenn der postende User über einen längeren Zeitraum intensiv aktiv war (*Langlebigkeit* and *Frequenz* der Partizipation). Befunde zum Sprachstil und zu Informationen, die auf den Grad der Expertise schließen lassen, sind uneindeutig: Während Tan et al. (2008) hier keinen Zusammenhang fand, deuten die Befunde von Velasquez (2012) auf einen positiven Einfluss wahrgenommener Expertise. Auch Huffaker (2010) fand in seiner Analyse von fast 650.000 Posts aus 16 Google-Groups-Diskussionen, dass Online-Meinungsführer – neben hoher kommunikativer Aktivität, Glaubwürdigkeit sowie einer zentralen Position im Netzwerk – über eine emotionalisierende, bestimmte und sprachlich differenzierte Ausdrucksweise verfügen.

Lurker   Insgesamt liefert die Mehrzahl der Studien Hinweise darauf, dass der Anteil hoch aktiver Nutzer in den Social-Media-Netzwerken als gering einzuschätzen ist und eher eine ‚Subkultur' darstellt (Burgess & Bruns 2012), der Großteil hingegen der Gruppe der weitgehend inaktiven *Lurker* zugeordnet werden muss, die die Diskussion lediglich passiv verfolgen (Nonnecke & Preece 2003). Auch andere Forscher haben zwischen ‚konsumierenden' und ‚sich artikulierenden' Nutzern unterschieden (Gil de Zúñiga, Jung & Valenzuela 2012; Vraga et al. 2015). Da die Lurker-Rolle in der Forschung vielfach negativ konnotiert wurde, argumentiert Crawford (2009: 527) für ein differenzierteres Verständnis der Online-Inaktiven als *Listeners*: „Listening more usefully captures the experience that many Internet users have. It reflects the fact that everyone moves between the states of listening and disclosing online; both are necessary and both are forms of participation". *Listeners* würden nicht nur den Aktiven das Gefühl geben, gehört zu werden und motivierten in diesem Sinne politisches Engagement; auch könnten sie durchaus in Offline-Kontexten für die Distribution der online rezipierten Informationen sorgen.

Zusammengefasst bleibt der Befund, dass auch Online-Netzwerke keine hierarchiefreien und egalitären Foren für öffentliche Kommunikations- und Meinungsbildungsprozesse darstellen (Feng 2016). Vielmehr ist auch die Online-Interaktion stark *sozial strukturiert*. In der Regel geht ein Einfluss von wenigen aktiven Nutzern aus, wobei die ihnen direkt oder indirekt zugeordneten Statusrollen auch ihre Reichweite im Netzwerk determinieren. Das Potenzial von Meinungsbildungsprozessen online, den Bürger zur Meinungsäußerung und Partizipation zu motivieren, in dessen Folge eine Konsensbildung durch rationalen Diskurs aller Diskussionsteilnehmer erreicht wird (Dahlberg 2001, 2007; Papacharissi 2002), ist damit zu relativieren.

> **Kernsätze**
>
> „Not everyone is equally-connected with others and some central users who attract numerous incoming and/or out-going connections in the network play influential roles in the flow of information. This signifies that communication is concentrated on a few single users, rather than circulating through multiple users in the online discussion" (Feng 2016: 50).
>
> „Communications over the Internet are all but free from influences of the social, the cognitive, and the physical" (Tanis & Postmes 2003: 692).

Auf Basis einer Netzwerkanalyse über 18.000 Tweets bzw. 14.343 Twitter-User hat Feng (2016: 50–51) – neben den Isolierten – fünf Nutzer-Typen herausgearbeitet, die den Informationsfluss maßgeblich prägen: 1) *Conversation Starter* als User, die den Diskurs eröffnen; 2) *Influencer*, die als Opinion Leader fungieren und viele Retweets generieren, aber selbst selten auf Dritte verweisen; 3) *Active Engager*, die als aktive ‚Opinion Expresser' selbst viele Retweets erzeugen, aber selbst nicht unbedingt einflussreich im Netzwerk sind und daher nicht unbe-

Nutzer-Typen

dingt zum Opinion Leader aufsteigen; 4) *Network Builder*, die strategische Positionen im Netzwerk besetzen und dadurch eine zentrale Position einnehmen sowie 5) *Information Bridge* als User, die eine Verbindungsposition zwischen Influencer und Active Engager einnehmen. Fengs (2016) Nutzertypologie weist einen stark explorativen Charakter auf; dennoch könnten die Befunde eine fruchtbare Basis für Anschlussstudien bieten, die auf eine weitere Differenzierung zielen.

Aus angebotsspezifischer Perspektive haben einige Studien das Konzept der *Meinungsführermedien* auf Online-Formate übertragen und analysiert, wie diese Meinungsbildungsprozesse beeinflussen. So hat Bönisch (2006) das Beeinflussungpotenzial von *Spiegel Online* näher in den Blick genommen. In ihrer Online-Befragungsstudie kommt sie zu dem Ergebnis, dass *Spiegel Online* in der Wahrnehmung der befragten Journalisten (n=151) einen vergleichbaren Rang einnimmt wie Offline-Leitmedien wie der Spiegel, die Süddeutschen Zeitung oder die Tagesthemen. Auch für die Blogosphäre konnten derartige Beeinflussungpotenziale festgestellt werden (Campus 2012; Kavanaugh et al. 2006).

Studien aus institutionalistischer Perspektive, die digitale *Meinungsführer-Institutionen* in den Blick nehmen, liegen bisher nur wenige vor. Bulkow, Urban und Schweiger (2010) haben zur Identifikation von Meinungsführern im Internet über Suchmaschinentreffer eine Kombination aus Hyperlink- und Inhaltsanalyse durchgeführt. Als Meinungsführer galten Treffer der ‚Suchmaschinen-Institution' Google zum Suchbegriff ADHS, „die in der Trefferausgabe möglichst weit oben gelistet" wurden; die Analyse wurde auf die ersten 50 Google-Treffer beschränkt (Bulkow, Urban & Schweiger 2010: 116). Eine weiterführende Analyse der Verlinkungen ergab dabei, dass nur elf Internet-Angebote häufiger als zehn Mal verlinkt wurde, womit nur rund 15% aller gefundenen Links auf diese ‚Top-Seiten' verwies (ebd.: 123). Semiprofessionelle Online-Angebote konnten dabei in ihrer Relevanz durchaus mit professionellen Instituts- oder Unternehmensangeboten konkurrieren (ebd.). Insgesamt zeigte die weiterführende Auswertung allerdings auch, dass die Mehrzahl der Google-Treffer nicht als Meinungsführer im Sinne der obigen Definition gelten können, da ihre Platzierung auf der Trefferliste nicht dadurch begründet werden konnte, dass sie auch von Orientierungssuchenden besonders häufig als empfehlenswerte Ratgeber gekennzeichnet wurden (ebd.: 126). Stattdessen implizieren die Ergebnisse, dass Suchmaschinen-Treffer zwar als Einstieg in eine thematische Suche genutzt werden, sich die Ratsuchenden dann aber auch auf andere Quellen als diese Treffer beziehen (ebd.: 127).

7. Fazit und Ausblick: Zur gesellschaftlichen Relevanz des Meinungsführerkonzepts

Ist das Konzept der Meinungsführerschaft heute noch von Relevanz? In den Achtziger- und Neunzigerjahren sah es so aus, als hätte sich das Konzept überlebt, als würde mit ihm auch die Meinungsführerforschung versanden (Merten 1988: 632; Noelle-Neumann 2002: 134). Auch im Marketing und der Marktforschung hatte sich die Idee, mit der Beeinflussung weniger Meinungsführer eine Aktivierung der gesamten Gefolgschaft auszulösen, nicht als realisierbar erwiesen, was auch hier zu einer skeptischen Haltung gegenüber dem Meinungsführerkonzept führte (Schnell & Friemel 2005; Dressler & Telle 2009). Mit den medialen, gesellschaftlichen und sozialen Entwicklungen der letzten Jahre sind Meinungsführerphänomene jedoch wieder stärker in den Blick geraten. Dabei hat sich die Forschung auch zunehmend den verbundenen theoretischen, methodischen sowie gesellschaftlichen Herausforderungen gestellt: „Social and technological changes have created new theoretical challenges to the two-step flow model broadly and the role of opinion leadership specifically" (Turcotte et al. 2015: 523).

aktuelle Relevanz

Zu diesen Herausforderungen gehört insbesondere, die *Bedeutung von Meinungsführern* in den heutigen Medienumgebungen neu auszuloten. Aus theoretischer Perspektive stehen sich hierbei zwei Positionen bipolar gegenüber: Einerseits lässt sich argumentieren, dass Meinungsführer in der Vielfalt öffentlich zugänglicher, disperser und heterogener Medienumgebungen mit ihrem immensen Informationsangebot, dessen Nutzung sich zunehmend individualisiert und höchst selektiv gestaltet, *an Bedeutung verlieren*. Diese Position wird durch die Beobachtung unterstützt, dass in den gegenwärtigen individualisierten Gesellschaften ohnehin eine abnehmende Relevanz sozialer Bezugsgruppen sowie konsensual geteilter Normen und Werte zu verzeichnen ist und die soziale Integration des Einzelnen sinkt – womit auch die Orientierung an Meinungsführern abnehmen könnte. Bennett und Manheim (2006) gehen hier sogar noch einen Schritt weiter und argumentieren, eine zunehmende soziale Separation bzw. Isolation der Individuen führe nicht nur zu einem Bedeutungsverlust von Meinungsführern, sondern auch zur Rückkehr starker Wirkungen massenmedialer sowie professioneller Angebote strategischer Kommunikatoren – weshalb die Autoren für die zunehmende Existenz eines *One-Step Flow of Communication* plädieren.

Herausforderungen

Auf der anderen Seite lässt sich auch ein *Bedeutungsanstieg von Meinungsführern* plausibel begründen: Die immense Vielfalt an öffentlich zugänglichen, oft hoch komplexen und teilweise widersprüchlichen

Informationen in Online- und Offline-Kontexten – mit zuweilen unklarer Quellenherkunft bzw. schwer zu beurteilender *Source Credibility* (Johnson & Kaye 2014) – kann auf Seiten der Nutzer auch in Orientierungslosigkeit und Unsicherheit resultieren, welchen Informationen man aus welchen Quellen noch trauen kann, wie die vielfältigen Informationen zu selektieren, zusammenzusetzen, zu verstehen, einzuordnen und zu interpretieren sind. In dieser Situation könnten die Meinungen und Ratschläge von Meinungsführern – seien sie persönlich aus dem unmittelbaren sozialen Umfeld bekannt oder durch eine gefestigte Online-Beziehung – enorm an Bedeutung gewinnen: „This research, which found that people are more influenced by interpersonal communication than media content is especially prescient today given that the public is becoming less attentive to [traditional] news" (Turcotte et al. 2015: 523). Hierbei bieten gerade Social-Media-Netzwerke vielfältige zusätzliche Möglichkeiten der Vernetzung, des zeit- und ortsunabhängigen interpersonalen Austausches sowie der wechselseitigen Orientierung aneinander – was zumindest ein Gegengewicht zur ‚Isolationsthese' bilden dürfte (Mutz & Young 2011).

Social Navigation — Ein interessantes Phänomen ist in diesem Zusammenhang die sogenannte *Social Navigation*, d.h. die Orientierung der eigenen (Online-)Medienselektion und -nutzung am Verhalten Dritter sowie das Hinterlassen eigener Nutzungs- und Bewertungsinformationen auf medialen Plattformen. Für den Online-Kontext differenzieren Rössler, Hautzer und Lünich (2014: 94–95) vier Erscheinungsformen von Social Navigation: 1) das nicht-intentionale Hinterlassen von Daten, die den nachfolgenden Nutzern eine Vorstellung davon vermitteln, was Nutzer vor ihnen mit den betreffenden Inhalten gemacht haben (sog. ‚*Footprints*'); 2) *Weiterleitungen* zu anderen Informationsangeboten als aktive ‚soziale Navigationshilfe'; 3) *Bewertungen* von Plattformen oder Beiträgen durch integrierte Rating- und Feedbackformen oder durch eigene Kommentare sowie 4) eigene Produktionen von Medieninhalten in Form von veröffentlichten Kommentaren, Pinnwand- oder Blogeinträgen. Aus Sicht der Rezipienten ist eine solche Navigation durch Informationsumgebungen „driven by the actions of others" (Svensson 2000: 1) weniger risikoreich und bietet v.a. in informationsdichten Umgebungen wie dem World Wide Web Orientierungshilfen (Hautzer, Lünich, Rössler 2012: 17). Die geteilten Nutzungsinformationen können allerdings auch die Wahrnehmung und Bewertung der rezipierten Informationen selbst beeinflussen (Houston, Hansen & Nisbett 2011; Thorson, Vraga & Ekdale 2010). Gerade hinsichtlich aktuell diskutierter Fragestellungen zu Erklärungsmustern, Wirkungsprozessen und Konsequenzen von Online-Meinungsführerschaft auf

7. Fazit und Ausblick

der Mikro-Ebene sowie auch für Fragen nach der gesellschaftlichen Diffusion von Informationen kann das Konzept der Social Navigation auch für die Meinungsführerforschung neue Perspektive eröffnen. Auch explizit kommt Meinungsführern im Social- Navigation-Prozess eine besondere Bedeutung zu: Einerseits zählen (Online-)Meinungsführer zu den Early Adopters und nutzen ihrerseits Social Navigation früher als andere Menschen; andererseits nutzen sie Social Navigation auch bewusst als Kommunikationstool, um ihren rollenimmanenten Funktionen nachzukommen (vgl. Hautzer, Lünich, Rössler 2012: insb. 62–68).

Auch einige der oben referierten Studien zeigen bereits, dass Empfehlungen von Meinungsführern die *Selektion* von Informationen beeinflussen können, indem sie die Glaubwürdigkeit der empfohlenen Medien bzw. Botschaften erhöhen. Entsprechend resümieren Mutz und Young (2011: 1038): „One extremely important way [individuals] decide *what to pay attention to* is through recommendations that reach them through their online social networks." Auch wenn die Forschung sich diesem Feld bisher noch nicht näher gewidmet hat, ist ebenso plausibel, dass Meinungsführer auch ihre Funktion der Interpretation von Informationen über Online- und Social-Media-Kontexte ausüben und damit die *Bewertung und Einordnung* ihrer Follower beeinflussen können – „opinion leadership may help ‚opinion followers' make sense of and evaluate the news content exchanged" (Turcotte et al. 2015: 523). Gerade zu dieser Frage versprechen Experimentaldesigns Aufklärung, in denen systematisch untersucht wird, wie sich die Meinungsführerposition auf die der Rezipierenden auswirkt.

Eigenschaften Eine spannende Frage, die in diesem Zusammenhang neu zu thematisieren ist, ist die nach den *Eigenschaften* von Online-Meinungsführern und ihren Followern: Wer hat heutzutage das Potenzial, Meinungsführer zu werden? Wer die Veranlagung, eher zu folgen? Gibt es überhaupt weiterhin die typischen ‚Rollen' von Meinungsführern, Followern und Inaktiven? Welchen Einfluss auf die Rollenausübung hat die (mobile) Online- und Offline-Mediennutzung? Ergibt sich dadurch eine Veränderung der Rollen? Überhaupt wurden die unterschiedlichen *Kommunikationsrollen* im Meinungsbildungsprozess nur selten näher in den Blick genommen – obwohl die Befunde bereits früh impliziert haben, dass das theoretisches Verständnis von kommunikativen Netzwerken und ihren Funktionen nicht auf die Unterscheidung von Meinungsführern, Austauschern und Followern beschränkt bleiben sollte (Friemel 2008a, 2008b). Bereits 2008 hatte Friemel problematisiert, dass die *Operationalisierung von Kommuni-*

Selektion von Informationen

von Online-Meinungsführern

kationsrollen bisher – vor allem in den früheren Studien – lediglich *auf theoretischer Ebene* Eingang in die Meinungsführerforschung gefunden hat, während „zum heutigen Zeitpunkt genau das Umgekehrte festgestellt werde. *Einem breiten Spektrum methodischer Operationalisierungsvarianten steht eine vergleichsweise wenig ausdifferenzierte Theorie gegenüber*" (Friemel 2008b: 494-495).

Wie deutlich wurde, rekurriert das Meinungsführerkonzept auf einen äußerst komplexen Prozess, der in seiner Wirkungslogik sowohl auf der Mikroebene der verschiedenen am Informations- und Meinungsbildungsprozess beteiligten Interaktionspartner (Meinungsführer, Opinion Sharer, Follower, Inaktive) als auch auf der Meso-/Makro-Ebene des sozialen Kontextes, in dem die Interaktionen eingebettet sind, höchst vielschichtig und voraussetzungsreich ist. Das ‚Hinzuschalten' von Online- und Social-Media-Kontexten, das zu einem Nebeneinander von traditionellen, d.h. einseitigen, massenmedialen sowie ‚neuen' interaktiven und dialogischen Medien und Kommunikationsformen führt, mündet dabei nicht in einer Reduktion der Komplexität. Dies pointiert auch Katz (2015: 1027) in seiner jüngsten Reflexion zum Forschungsfeld: „With the move from newspaper, to radio, to television, to social media, our world has become, paradoxically, both bigger and smaller – more global and more local – making it even more complex and creating the need for ever more access to diverse types of information, influence, and support and, probably, to ever more specialized interpreters and influentials." Es ist eigentlich wenig verwunderlich, dass die regen Forschungen mit ihrem unterschiedlichen Erkenntnisinteresse dabei auch zu uneinheitlichen, teilweise auch widersprüchlichen Befunden gelangt sind. Dies gilt umso mehr, wenn man zusätzlich noch die konzeptionelle theoretische und methodische Pluralität berücksichtigt, mit der Meinungsführerphänomene analysiert wurden.

Wenn Park (2013: 1642) allerdings resümiert „to date, the original *conceptualization of opinion leadership remain salmost unchanged*" (Herv.n.i.O.) verweist das auf eine gegenwärtig zu konstatierende Herausforderung der Forschung – nämlich die kontinuierliche, differenzierte Adaption und Weiterentwicklung des Meinungsführerkonzepts. Gerade hier ist die Meinungsführerforschung in der paradoxen Situation, dass sie gleichzeitig 1) ihr methodisches Inventar auf konzeptioneller Ebene – was etwa die verwendeten Konstrukte zur Identifikation von Meinungsführern und Followern betrifft – stärker als bisher standardisieren sollte und 2) auf Ebene des grundsätzlichen Zugangs das Methodenrepertoire stärker als bisher erweitern sollte (**vgl. Kapitel 4**).

7. Fazit und Ausblick

Beobachtung, Inhaltsanalyse und Experimentaldesigns stellen bis heute selten genutzte Methoden dar, die aber über ein enormes Aufklärungspotenzial verfügen, das bisherige Verständnis von Meinungsführerschaft zu ergänzen und zu erweitern.

Ein Forschungsdesiderat liegt etwa im Bereich der *kommunikativen Konstruktion von Meinungsführerschaft*: Wie stellen Meinungsführer eigentlich kommunikativ ihre Rolle her? Wie vermitteln sie kommunikativ, dass sie Meinungsführer sind bzw. als solche wahrzunehmen sind? So erstaunlich es ist, dass sich die Kommunikationswissenschaft dieser Frage in den letzten 50 Jahren nicht gewidmet hat – die Tatsache, dass Meinungsführerschaft vor allem auch ein *kommunikatives* Phänomen ist, gewinnt im Kontext von Online- und Social-Media-Kommunikation noch an Relevanz, da hier die kommunikative bzw. textliche Ebene – von heuristischen Information Cues wie etwa der Anzahl der Follower oder der Facebook-Freunde abgesehen (**vgl. Kap. 6.3**) – die einzige ‚belastbare' Informationsbasis darstellt, die auf die Expertise und die Leadership-Qualitäten des Meinungsführers schließen lässt. Hier könnten etwa Inhalts- oder auch Diskursanalysen, die über die bisherigen Ansätze hinausgehen, rhetorische Strategien sowie textliche Konstruktionsmechanismen aufdecken (vgl. dazu auch die Befunde von Huffaker (2010)). Eine ähnliche Richtung scheint auch Katz (2015: 1026) nahezulegen, wenn er zur Meinungsführerforschung reflektiert:

„Personally, I have gradually come to feel that identifying the loci and extent of conversation about an issue makes for a more promising start than the search for influentials. That is, *who talks to whom about what* may be more rewarding than investing effort in sorting leaders from others – especially since role reversals may be quite frequent" (Herv.i.O.).

Eine entsprechende konzeptionelle Ausdifferenzierung ließe sich sicherlich über einen Theorieimport aus der Rhetorik bzw. der Linguistik erreichen. Auch erste Ansätze, neben textlichen Informationen auch die *visuelle* Konstruktionsebene zu berücksichtigen – etwa, wenn in Twitter Bilder geteilt werden, die Rückschlüsse auf die lebensweltliche Erfahrung oder fachliche Expertise des Meinungsführers nahelegen (vgl. Stefanone et al. 2015) – dürften das Verständnis von Meinungsführerschaft, die in multimodalen Kommunikationsumgebungen ausgeübt wird, bereichern.

Eine Auseinandersetzung mit der kommunikativen Konstruktion von Meinungsführerschaft könnte auch das bisherige ‚Shortcoming' der unbefriedigenden methodischen Operationalisierung von Meinungs-

Forschungsdesiderat

konzeptionelle Ausdifferenzierung

führerschaft in Online- und Social-Media-Kontexten überwinden – wenn etwa Meinungsführer auf Twitter über die Anzahl ihrer Indegrees, ihrer Follower, Erwähnungen in anderen Tweets oder Retweeter identifiziert werden sollen (vgl. z.B. Cha et al. 2010; Xu et al. 2014), was isoliert betrachtet keinen Rückschluss auf eine Meinungsführerposition, noch weniger eine tatsächliche Beeinflussung zulässt (vgl. dagegen Zhang & Dong 2008).

konkrete Ausübung von Meinungsführerschaft

Das Gleiche gilt für die *eigentliche Ausübung von Meinungsführerschaft:* Wie genau üben Meinungsführer eigentlich ihren Einfluss auf ihr soziales Umfeld aus? Wie beeinflussen sie? Üben sie wirklich – wie einige der frühen Studien nahelegen – sozialen Druck auf ihre Follower aus? Nutzen sie subtil die Isolationsfurcht ihres sozialen Umfelds? Rekurrieren sie auf soziale Integrationsmechanismen, etwa indem sie gemeinsam geteilte Normen und Werte aktualisieren? Setzen sie am Bedürfnis zu sozialer Orientierung an und machen sich gezielt Formen von *Social Navigation* zu Nutze? Oder nutzen sie bewusst kognitive Mechanismen – etwa Verarbeitungsheuristiken wie Fallbeispiele oder informationale Cues (z.B. Quellenverweise), um ihre Führungsrolle zu behaupten? Welche persuasiven Strategien wenden sie an? Und unter welchen Bedingungen werden diese wirksam? Besonders Theorien und Befunde aus der Sozialpsychologie, die der Meinungsführerforschung auch zu ihren Anfängen wertvolle Impulse verliehen hat, lassen sich hier fruchtbar integrieren. Mit der systematischen Beobachtung von Gesprächen und Meinungsbildungsprozessen – die bis heute auch insgesamt erstaunlich selten in der empirischen Kommunikationsforschung eingesetzt wird (vgl. Gehrau 2002) – würde auch eine Methode bereitstehen, um sich diesen Fragestellungen näher zu widmen. Eine weiterführende Auseinandersetzung wäre auch deshalb angeraten, da u. a. Friemels (2012, 2015) Netzwerkanalysen zum Vergleich von sozialen Selektions- und Beeinflussungsprozessen nahelegen, dass die Existenz homogener Meinungen in Gruppen nicht auf Meinungsführerschaft, sondern auf eine homogene Selektion der Interaktionsteilnehmer zurückzuführen sind (**vgl. Kap. 3.8**).

Zusammengefasst deuten die Befunde auf die paradoxe Situation, dass Phänomene und Prozesse von Meinungsführerschaft in den heutigen Gesellschaften gleichzeitig an Bedeutung gewinnen sowie auch an Bedeutung verlieren – beides lässt sich nicht nur theoretisch begründen, für beides hat die Forschung auch plausible Befunde vorgelegt. Dieses ‚*Paradoxon' des Meinungsführerkonzepts* noch stärker als bisher auszuloten, erscheint auch aus demokratietheoretischer Perspektive höchst relevant. Angesichts eines tendenziell abnehmenden politischen

7. Fazit und Ausblick

Interesses und sinkender Aufmerksamkeit gegenüber klassischen Nachrichtenmedien fordern etwa Turcotte und Kollegen (2015: 530), Meinungsführer stärker als bisher auch für ihre gesellschaftliche Verantwortung zu sensibilisieren: „Both news professionals and opinion leaders *shoulder the burden of informing and educating the public in the age of digital journalism*" (Herv.n.i.O.). Neben einer derart positiven Konnotation von Meinungsführern darf jedoch der Befund nicht übersehen werden, dass Meinungsführer auch in Social-Media- und Online-Kontexten bestehende Machtverhältnisse re-konstruieren können und möglicherweise lediglich eine „Camouflage" für den hegemonialen Einfluss strategischer oder massenmedialer Kommunikatoren bieten (Gitlin 1978; Katz 2015). Zugleich werfen gerade die jüngsten Entwicklungen um die Terror-Vereinigung *Islamischer Staat* – „where certain types of religious leaders incite young people to terror" (Katz 2015: 1027) – auch die Frage nach dem dysfunktionalen, demokratiegefährdenden Potenzial von Meinungsführern auf.

Die zukünftige Relevanz des Meinungsführerkonzepts wird sich daher auch darüber entscheiden, wie gut es der Forschung gelingt, die medialen, sozialen und individuellen Bedingungen herauszuarbeiten, unter denen Meinungsführer ihren Einfluss geltend machen können – und unter denen ein Meinungsführereinfluss keine Erklärungskraft (mehr) besitzt.

zukünftige Relevanz des Meinungsführerkonzepts

8. Die „Top Ten" der Forschungsliteratur

Lazarsfeld, Berelson & Gaudet (1948)

Die erstmalig 1944 erschienene Monografie *The People's Choice* gehört zu den Klassikern der Politik- und Kommunikationswissenschaft und ist ein ‚Must-Read'. Neben der ‚Entdeckung' von Meinungsführern und der Konzeption des Two-Step-Flow of Communications liefert die Studie auch die Basis für (mikro-)soziologische Modelle zur Erklärung des Wählerverhaltens. Die Autoren legten hiermit ein theoretisch vielschichtiges und methodisch klug angelegtes Werk vor, das sich bis heute spannend liest und zugleich sehr anschaulich geschrieben ist. Auch, wenn die Meinungsführerforschung in der Folge Vieles spezifizieren, ausdifferenzieren und auch relativieren konnte – eine Vielzahl der Grundgedanken der späteren Auseinandersetzung sind in *The People's Choice* bereits angelegt.

Merton (1968)

Social Theory and Social Structure ist vor allem als Standardwerk der Soziologie bekannt, jedoch für die Meinungsführerforschung von ebenso großem Mehrwert. Dies gilt einerseits, weil das Buch Mertons (1949) zuerst in Lazarsfelds und Stantons *Communications Research* publizierten Aufsatz über die Rovere-Studie *Patterns of Influence* beinhaltet, mit der Merton die bis heute gebräuchliche Typisierung von monomorphen und polymorphen, lokalen und comsopolitischen Meinungsführern eingeführt hat. Zweitens ist die Monografie aber auch darüber hinaus eine wahre Fundgrube an theoretischen und methodischen Ideen, die inspirierend wirken – und zwar nicht nur für die Meinungsführerforschung.

Katz & Lazarsfeld (1955)

Auch wenn *Personal Influence* die Decatur-Studie zur Meinungsführerforschung präsentiert, die weiterführende Erkenntnisse über Wirkungsmenchanismen interpersonaler Beeinflussung zwischen den Influentials und Influences einbringt, – der eigentliche Mehrwert des Werks liegt in der bis heute wertvollen theoretischen Fundierung interpersonaler Kommunikation in sozialen Gruppen und ihrer Bedeutung für Meinungsbildungsprozesse. Die Autoren erschließen damit ein umfangreiches Repertoire an sozialpsychologischen Theorien auf eine so anschauliche und zugleich differenzierte Weise, dass man nach der Lektüre einen ähnlichen, aktualisierten Zugang bis heute vermisst.

Troldahl (1966)

Der *Two Step Flow of Information* war Gegenstand zahlreicher Modifikationen und Erweiterungen. Unter diesen sticht Troldahls Konzeption des *Two-Cycle-Flow* hervor, die er auf Basis empirischer Befunde aus der Diffusionsforschung sowie auf konsistenztheoretischen Überlegungen entwickelte. Troldahl unterschied in seinem Modell zwei Zyklen der Beeinflussung sowie einen einstufigen Flow of Information und brachte der Forschung damit mehrere wichtige Anregungen, etwa die konzeptionelle Unterscheidung zwischen *Information* und *Beeinflussung*, die der Two Step Flow impliziert hatte, sowie die Erkenntnis, dass Meinungsführer auch ihrerseits von Meinungsführern beeinflussbar sind.

Weimann (1994)

Die Idee, ein gesamtes soziales Netzwerk zu erfassen, wurde von den Forschern der Columbia-Schule zuerst in den Drug-Studien (Menzel & Katz 1955; Coleman, Katz & Menzel 1957) umgesetzt – und auch diese zählen eigentlich zu den ‚Must-Reads'. In *The Influentials* hat Weimann diesen Zugang allerdings auf eine bemerkenswerte Art perfektioniert, indem er alle Mitglieder eines isrealischen Kibbuz befragt und aus den Daten ein sehr differenziertes Soziogramm konstruiert hat, das eine entsprechend detaillierte Beschreibung der interpersonalen Kommunikations- und Interaktionsbeziehungen und der zugeordneten Rollen im Netzwerk erlaubte. Die Daten brachten Weimann u.a. dazu, das Konzept des Zwei-Stufen-Flusses um die Brückenfunktion der Marginals zu erweitern, deren Funktionen für den Austausch zwischen verschiedenen Gruppen bis dahin vernachlässigt worden waren. Mit *The Influentials* hat Weimann eine theoretisch dichte, methodisch ausgefeilte Arbeit vorgelegt, in der sehr viele kluge Ideen stecken.

Schenk (1984)

In methodischer Hinsicht hatten bereits Katz und Lazarsfeld (1955) Neuland betreten, indem sie in der Decatur-Studie das Schneeballverfahren in Follow-Up-Interviews übersetzt hatten. In *Soziale Netzwerke und Kommunikation* (1984) – sowie auch im Folgewerk *Soziale Netzwerke und Massenmedien* (1994) – kombinierte Schenk diesen Ansatz mit innovativen netzwerkanalytischen Zugängen zur Datenauswertung und leistete damit Pionierarbeit für die Methode der Netzwerkanalyse. Beide Studien werden eher selten als Referenzwerk angegeben – dabei sind sie nicht nur theoretisch und methodisch sorgfältig angelegt, sondern liefern auch viele spannende Detailbefunde zur Größe und Intensität, Homogenität bzw. Heterogenität interpersonaler Netzwerke. Schenk dürfte vielen vor allem über sein Mammutwerk *Medi-*

enwirkungsforschung (2007) bekannt sein – seine eigenen Studien zur Meinungsführerforschung (vgl. etwa auch Schenk & Rössler 1997) illustrieren jedoch, dass sie zu Unrecht etwas aus dem Blick geraten sind.

Kepplinger & Martin (1986)

Martin (1980) hat ihre Abschlussarbeit zusammen mit Kepplinger in dieser komprimierten Version (Kepplinger & Martin 1986) publiziert. Zwar standen Meinungsführer eigentlich gar nicht im Fokus der Studie, sondern es ging allgemeiner um Funktionen der Massenmedien für die interpersonale Kommunikation. Der Beitrag kann aber dennoch als eine Schlüsselstudie für die Meinungsführerforschung gelten, weil hier Gesprächssituationen *direkt beobachtet* wurden – was bis heute eine Besonderheit darstellt. Die Beobachtung der Interaktions- bzw. Meinungsbildungsprozesse brachte dabei nicht nur interessante Befunde zur Bedeutung von Medieninhalten für die interpersonale Kommunikation, sondern auch Erkenntnisse über die Funktion „dominanter" Interaktionspartner im Sinne von Meinungsführern.

Rogers (2010)

Die erstmalig 1962 vorgelegte Monografie *Diffusion of Innovations* zählt zu den Standardwerken der Diffusionsforschung; mit ihr lieferte Rogers die erste systematische Gesamtschau zum Forschungsfeld mit seinen unterschiedlichen disziplinären Verortungen. Für die Meinungsführerforschung kann das Werk stellvertretend für die engen Schnittstellen zur Diffusion von Nachrichten stehen, die zwischenzeitlich von der Forschung etwas vernachlässigt wurden. So illustriert die Lektüre auch, wie sich die ursprünglich eng verzahnten Forschungsbereiche verselbstständigt und weitgehend isoliert weiterentwickelt haben. Beispielsweise wurde die Grundannahme Rogers, Diffusion als einen Prozess des sozialen Wandels zu bezeichnen, für die Meinungsführerforschung bisher nur im Ansatz fruchtbar gemacht.

Trepte & Scherer (2010)

Der Artikel ist nicht so ein ‚Schwergewicht' wie die übrigen hier versammelten Arbeiten. Aber die beiden hier präsentierten Studien sind höchst originell: Die Autoren testen nämlich eine der Grundprämissen des Meinungsführerkonzepts – die Idee, dass Meinungsführer smarter sind bzw. mehr wissen als ihre Follower. Dies führt zu dem bemerkenswerten Befund, dass Meinungsführer nicht per se über eine höhere Expertise verfügen, sondern es auch Nicht-Wissende unter ihnen gibt. Meinungsführerschaft ist insofern also als eine Persönlichkeitseigenschaft zu sehen, die nicht notwendigerweise auf sachbezogener Kompetenz beruht.

Die Herangehensweise, mit der die Autoren die Beziehung zwischen Meinungsführerschaft und Wissen untersuchen, ist auch methodisch ausgefallen: Während die Meinungsführer in früheren Studien ihr Wissen meist selbst einschätzen sollten, konzipierten Trepte und Scherer einen objektiven Wissenstest zu allgemeinen sowie tagesaktuellen Politikthemen auf Europa- und Bundesebene (vgl. auch Trepte & Böcking 2009).

Friemel (2013)

Auch die Monografie von Friemel zählt nicht zu den Klassikern der Meinungsführerforschung – es geht Friemel auch nicht primär um Meinungsführer, sondern weiter gefasst um die *Sozialpsychologie der Mediennutzung*, für die Meinungsführerschaft nur einen Aspekt darstellt. Allerdings sollte die Arbeit aus zwei Gründen die Top Ten-Liste abrunden: Erstens hat sich Friemel in den letzten Jahren aus theoretischer, methodischer und datenanalytischer Perspektive intensiv mit der Netzwerkanalyse beschäftigt, weshalb seine Arbeit hierzu wertvolle und aktuelle Einsichten bieten. Zweitens fordern Friemels Befunde (zuletzt pointiert in 2015) das Meinungsführerkonzept aber auch theoretisch heraus, wenn er etwa ein homogenes Meinungsklima durch Selektions- und eben nicht durch Meinungsführerprozesse erklärt – und damit nicht nur eine kritische Reflexion der bisherigen Befunde anregt, sondern auch dazu motiviert, Phänomenen der Meinungsführerschaft aus verändertem Blickwinkel weiter auf die Spur zu kommen.

9. Literatur

Amichai-Hamburger, Y., & Vinitzky, G. (2010). Social Network Use and Personality. *Computers in Human Behavior*, 26(6), 1289–1295.

Bennett, W. L., & Manheim, J. B. (2006). The one-step flow of communication. *The ANNALS of the American Academy of Political and Social Science*, 608(1), 213–232.

Berelson, B. R., Lazarsfeld, P., & McPhee, W. (1954). *A Study of Opinion Formation in a Presidential Campaign*. Chicago: University of Chicago Press.

Black, J. S. (1982). Opinion Leaders: Is Anyone Following? *Public Opinion Quarterly*, 46(2), 169–176.

Bobkowski, P. S. (2015). Sharing the News: Effects of Informational Utility and Opinion Leadership on Online News Sharing. *Journalism & Mass Communication Quarterly*, 92(2), 320–345.

Bonfadelli, H., & Friemel, T. N. (2011). *Medienwirkungsforschung: Grundlagen und theoretische Perspektiven*. Stuttgart: UTB.

Bönisch, J. (2006). *Meinungsführer oder Populärmedium? Das journalistische Profil von Spiegel Online*. Münster: Lit.

Boster, F. J., Kotowski, M. R., Andrews, K. R., & Serota, K. (2011). Identifying influence: Development and validation of the connectivity, persuasiveness, and maven scales. *Journal of Communication*, 61(1), 178–196.

boyd, D., & Ellison, N. B. (2007). Social network sites: Definition, history, and scholarship. *Journal of Computer Mediated Communication*, 13(1), 210–230.

Brosius, H.-B., & Esser, F. (1998). Mythen in der Wirkungsforschung: Auf der Suche nach dem Stimulus-Response-Modell. *Publizistik*, 43(4), 341–361.

Brosius, H.-B., Koschel, F. & Haas, A. (2015). *Methoden der empirischen Kommunikationsforschung*. Wiesbaden: Springer VS.

Brosius, H.-B., & Weimann, G. (1996). Who Sets the Agenda? Agenda-Setting as a Two-Step Flow. *Communication Research*, 23(5), 561–580.

Budd, R. W., MacLean, M. S., & Barnes, A. M. (1966). Regularities in the diffusion of two major news events. *Journalism and Mass Communication Quarterly*, 43(2), 221.

Bulkow, K., Urban, J., & Schweiger, W. (2010). Meinungsführerschaft online messbar machen – ein hyperlink-inhaltsanalytischer Ansatz. In N. Jackob, T. Zerback, O. Jandura, & M. Maurer (Eds.), *Das*

Internet als Forschungsinstrument und -gegenstand in der Kommunikationswissenschaft (pp. 109–131). Köln: Halem.

Burgess, J., & Bruns, A. (2012). (Not) the Twitter election: the dynamics of the #ausvotes conversation in relation to the Australian media ecology. *Journalism Practice, 6*(3), 384–402.

Burt, R. S. (1999). The social capital of opinion leaders. *The ANNALS of the American Academy of Political and Social Science, 566*(1), 37–54.

Bussemer, T. (2003). Gesucht und gefunden: das Stimulus-Response-Modell in der Wirkungsforschung. *Publizistik, 48*(2), 176–189.

Campus, D. (2012). Political discussion, opinion leadership and trust. *European Journal of Communication, 27*(1), 46–55.

Carpenter, C. J., Boster, F. J., Kotowski, M., & Day, J. P. (2015). Evidence for the Validity of a Social Connectedness Scale: Connectors Amass Bridging Social Capital Online and Offline. *Communication Quarterly, 63*(2), 119–134.

Case, D. O., Johnson, J. D., Andrews, J. E., Allard, S. L., & Kelly, K. M. (2004). From two-step flow to the internet: the changing array of sources for genetics information seeking. *Journal of the American Society for Information Science and Technology, 55*(8), 660-669.

Cha, M., Haddadi, H., Benevenuto, F., & Gummadi, P. K. (2010). Measuring User Influence in Twitter: The Million Follower Fallacy. *ICWSM, 10*(10–17), 30.

Chan, K. K., & Misra, S. (1990). Characteristics of the opinion leader: A new dimension. *Journal of advertising, 19*(3), 53–60.

Childers, T. L. (1986). Assessment of the Psychometric Properties of an Opinion Leadership Scale. *Journal of Marketing Research (JMR), 23*(2), 184–188.

Cogburn, D. L., & Espinoza-Vasquez, F. K. (2011). From networked nominee to networked nation: Examining the impact of Web 2.0 and social media on political participation and civic engagement in the 2008 Obama campaign. *Journal of Political Marketing, 10*(1–2), 189–213.

Coleman, J., Katz, E., & Menzel, H. (1957). The diffusion of an innovation among physicians. *Sociometry, 20*(4), 253–270.

Coleman, J. S., Katz, E., & Menzel, H. (1966). *Medical innovation: A diffusion study*. Indianapolis: Bobbs Merrill.

Cooper, J. (2007). *Cognitive Dissonance. 50 Years of a Classic Theory*. Los Angeles: Sage.

Crawford, K. (2009). Following you: Disciplines of listening in social media. *Continuum: Journal of Media & Cultural Studies*, 23(4), 525–535.

Czerwick, E. (1986). *Legitimation und Legitimierung im Parteiensystem der Bundesrepublik Deutschland. Forschungsgruppe Parteiendemokratie. Analysen und Berichte 16.* Koblenz.

Dahlberg, L. (2001). The Internet and democratic discourse: Exploring the prospects of online deliberative forums extending the public sphere. *Information, Communication & Society*, 4(4), 615–633.

Dahlberg, L. (2007). Rethinking the fragmentation of the cyberpublic: from consensus to contestation. *new media & society*, 9(5), 827–847.

Danielson, W. A. (1956). Eisenhower's February decision: A study of news impact. *Journalism & Mass Communication Quarterly*, 33(4), 433–441.

Delhaes, D. (2002). *Politik und Medien. Zur Interaktionsdynamik zweier sozialer Systeme.* Wiesbaden: Weststadt.

Deutschmann, P. J., & Danielson, W. A. (1960). Diffusion of knowledge of the major news story. *Journalism & Mass Communication Quarterly*, 37(3), 345–355.

Dressler, M., & Telle, G. (2009). *Meinungsführer in der interdisziplinären Forschung. Bestandsaufnahme und kritische Würdigung.* Wiesbaden: Gabler.

Eisenstein, C. (1994). *Meinungsbildung in der Mediengesellschaft. Eine theoretische und empirische Analyse zum Multi-Step Flow of Communication.* Opladen: Westdeutscher.

Emmer, M., Kuhlmann, C., Vowe, G., & Wolling, J. (2002). Der 11. September–Informationsverbreitung, Medienwahl, Anschlusskommunikation. *Media Perspektiven*, 4(2002), 166–177.

Emmer, M. & Wolling, J. (2010): Online-Kommunikation und politische Öffentlichkeit. In Schweiger, W. & Beck, K (Eds.): *Handbuch Online-Kommunikation* (pp. 36–58). Wiesbaden: VS.

Emmer, M. & Wolling, J. (2009): ‚Online Citizenship'? Die Entwicklung der individuellen politischen Beteiligung im Internet. In Bertelsmann Stiftung (Eds): *Lernen von Obama? Das Internet als Ressource und Risiko von Politik.* (pp. 83–116). Gütersloh: Bertelsmann.

Eveland, W. P., & Hively, M. H. (2009). Political discussion frequency, network size, and "heterogeneity" of discussion as predictors of political knowledge and participation. *Journal of Communication*, 59(2), 205-224.

Fang, Y. H. (2014). Beyond the credibility of electronic word of mouth: Exploring eWOM adoption on social networking sites from affective and curiosity perspectives. *International Journal of Electronic Commerce*, 18(3), 67-102.

Feng, Y. (2016). Are you connected? Evaluating information cascades in online discussion about the RaceTogether campaign. *Computers in Human Behavior*, 54, 43-53.

Festinger, L. (1957 (Reprint 1997)). *A Theory of Cognitive Dissonance*. Evanston, White Plains (Reprint: Stanford).

Festinger, L., & Carlsmith, J. M. (1959). Cognitive Consequences of Forced Compliance. *Journal of Abnormal and Social Psychology.*, 58, 203-211.

Fiore, A. T., Tiernan, S. L., & Smith, M. A. (2002). *Observed behavior and perceived value of authors in usenet newsgroups: bridging the gap*. Paper presented at the Proceedings of the SIGCHI conference on Human Factors in Computing Systems.

Forbes, L. P., & Vespoli, E. M. (2013). Doe social media influence consumer buying behavior? An investigation of recommendations and purchases. *Journal of Business & Economics Research*, 11(2), 107-111.

Freeman, L. C. (1984). Turning a profit from mathematics: The case of social networks. *Journal of Mathematical Sociology*, 10(3-4), 343-360.

Freeman, L. C.; White, D. R.; Romney, K.A. (Eds.) (1989): *Research Methods in Social Network Analysis*. New Brunswick, London: Transaction.

Freeman, L.C. (2004): *The Development of Social Network Analysis. A Study in the Sociology of Science*. Vancouver (BC): Empirical

Friemel, T. N. (2005). Die Netzwerkanalyse in der Publizistikwissenschaft. In U. Serdült (Ed.), *Anwendungen Sozialer Netzwerkanalyse* (pp. 25-36). Zürich: Universität Zürich, Institut für Politikwissenschaft.

Friemel, T. N. (2008a). *Mediennutzung im sozialen Kontext. Soziale Netzwerkanalyse der Funktionen und Effekte interpersonaler Kommunikation über massenmediale Inhalte*. (Dissertation), Universität Zürich, Zürich.

Friemel, T. N. (2008b). Anatomie von Kommunikationsrollen. *KZfSS Kölner Zeitschrift für Soziologie und Sozialpsychologie, 60*(3), 473–499.

Friemel, T. N. (2012). Network dynamics of television use in school classes. *Social Networks, 34*(3), 346–358.

Friemel, T. N. (2013). *Sozialpsychologie der Mediennutzung: Motive, Charakteristiken und Wirkungen interpersonaler Kommunikation über massenmediale Inhalte.* Konstanz, München: UVK.

Friemel, T. N. (2015). Influence Versus Selection: A Network Perspective on Opinion Leadership. *International Journal of Communication, 9,* 1002–1022.

Früh, W. (2011). *Inhaltsanalyse: Theorie und Praxis.* Stuttgart: UTB.

Fuhse, J. A. (2016). *Soziale Netzwerke: Konzepte und Forschungsmethoden.* Stuttgart: UTB.

Gehrau, V. (2002). *Die Beobachtung in der Kommunikationswissenschaft: Methodische Ansätze und Beispielstudien.* Konstanz: UVK.

Gil de Zúniga, H., Jung, N., & Valenzuela, S. (2012). Social media use for news and individuals' social capital, civic engagement and political participation. *Journal of Computer-Mediated Communication, 17*(3), 319–336.

Gitlin, T. (1978). Media Sociology. *Theory and society, 6*(2), 205-253.

Gnambs, T., & Batinic, B. (2012). A Personality-Competence Model of Opinion Leadership. *Psychology & Marketing, 29*(8), 606–621.

Goffman, E. (2002). *Interaktionsrituale. Über Verhalten in direkter Kommunikation.* Frankfurt: Suhrkamp.

Goldsmith, R. E., & Desborde, R. (1991). A validity study of a measure of opinion leadership. *Journal of Business Research, 22*(1), 11–19.

Granovetter, M. S. (1973). The strength of weak ties. *American journal of sociology,* 1360–1380.

Greenberg, B. S. (1964a). Diffusion of news of the Kennedy assassination. *Public Opinion Quarterly, 28*(2), 225–232.

Greenberg, B. S. (1964b). Person-to-person communication in the diffusion of news events. *Journalism and Mass Communication Quarterly, 41*(4), 489.

Grewal, R., Mehta, R., & Kardes, F. R. (2000). The role of the social-identity function of attitudes in consumer innovativeness and opinion leadership. *Journal of Economic Psychology, 21*(3), 233–252.

Hanneman, G. J., & Greenberg, B. S. (1973). Relevance and diffusion of news of major and minor events. *Journalism and Mass Communication Quarterly*, 50(3), 433–437.

Hartmann, T. (2010). *Parasoziale Interaktion und Beziehungen. Konzepte. Ansätze der Medien- und Kommunikationswissenschaft*. Baden-Baden: Nomos.

Hautzer, L., Lünich, M., & Rössler, P. (2012). *Social Navigation. Neue Orientierungsmuster bei der Mediennutzung im Internet*. Baden-Baden: Nomos.

Hayes, A. F., Matthes, J., & Eveland, W. P. (2011). Stimulating the quasi-statistical organ: Fear of social isolation motivates the quest for knowledge of the opinion climate. *Communication Research*, 40(4), 439–462.

Hennig-Thurau, T., Gwinner, K. P., Walsh, G., & Gremler, D. D. (2004). Electronic word-of-mouth via consumer-opinion platforms: what motivates consumers to articulate themselves on the internet?. Journal of interactive marketing, 18(1), 38–52.

Herz, A. (2012). Erhebung und Analyse ego-zentrierter Netzwerke. In K. Frank & S. Kulin (Eds.), *Soziale Netzwerkanalyse und ihr Beitrag zur sozialwissenschaftlichen Forschung. Theorie - Praxis – Methoden* (pp. 133-150). Münster: Waxmann.

Hill, R. J., & Bonjean, C. M. (1964). News diffusion: A test of the regularity hypothesis. *Journalism & Mass Communication Quarterly*, 41(3), 336–342.

Ho, S. S., & McLeod, D. M. (2008). Social-psychological influences on opinion expression in face-to-face and computer-mediated communication. *Communication Research*, 35(2), 190–207.

Höflich, J. (2005). Medien und interpersonale Kommunikation. In M. Jäckel (Ed.), *Mediensoziologie: Grundfragen und Forschungsfelder* (pp. 69–90). Wiesbaden: VS.

Horton, D., & Strauss, A. (1957). Interaction in audience-participation shows. *American Journal of Sociology Vol. 62, No. 6 (May, 1957)*, 579–587.

Horton, D., & Wohl, R. (1956). Mass communication and para-social interaction: Observations on intimacy at a distance. *Psychiatry*, 19(3), 215–229.

Houston, J. B., Hansen, G. J., & Nisbett, G. S. (2011). Influence of user comments on perceptions of media bias and third-person effect in online news. *Electronic News*, 5(2), 79–92.

Huffaker, D. (2010). Dimensions of leadership and social influence in online communities. *Human Communication Research, 36*(4), 593–617.

Jäckel, M. (2011). *Medienwirkungen: Ein Studienbuch zur Einführung.* Wiesbaden: VS.

Jackson, D. J., & Darrow, T. I. (2005). The influence of celebrity endorsements on young adults' political opinions. *The Harvard international journal of press/politics, 10*(3), 80–98.

Jansen, D. (1999). *Einführung in die Netzwerkanalyse.* Wiesbaden: Springer Fachmedien.

Johnson, T. J., & Kaye, B. K. (2014). Credibility of social network sites for political information among politically interested Internet users. *Journal of Computer-Mediated Communication, 19*(4), 957–974.

Ogata Jones, K., Denham, B. E., & Springston, J. K. (2006). Effects of Mass and Interpersonal Communication on Breast Cancer Screening: Advancing Agenda-Setting Theory in Health Contexts. *Journal of Applied Communication Research, 34*(1), 94–113.

Kadushin, C. (2012). *Understanding social networks: Theories, concepts, and findings.* Oxford, New York: Oxford University Press.

Karlsen, R. (2015). Followers are opinion leaders: The role of people in the flow of political communication on and beyond social networking sites. *European Journal of Communication, 30*(3), 301-318.

Karnowski, V. (2011). *Diffusionstheorien. Konzepte: Ansätze der Medien- und Kommunikationsforschung.* Baden-Baden: Nomos.

Katz, E. (1957). The two-step flow of communication: An up-to-date report on an hypothesis. *Public Opinion Quarterly, 21*(1), 61–78.

Katz, E. (1961). The social itinerary of technical change: two studies on the diffusion of innovation. *Human Organization, 20*(2), 70-82.

Katz, E. (2015). Where Are Opinion Leaders Leading Us? *International Journal of Communication, 9*(2015), 1023–1028.

Katz, E., & Gurevitch, M. (1976). *The secularization of leisure: culture and communication in Israel.* Cambridge: Harvard University Press.

Katz, E., & Lazarsfeld, P. F. (1955). *Personal influence: the part played by people in the flow of mass communications.* Glencoe, Illinois: Transaction.

Katz, E., & Lazarsfeld, P. F. (1962). *Persönlicher Einfluß und Meinungsbildung.* München: Oldenbourg.

Kavanaugh, A., Zin, T. T., Carroll, J. M., Schmitz, J., Pérez-Quiñones, M., & Isenhour, P. (2006). *When opinion leaders blog: New forms of citizen interaction*. Paper presented at the Proceedings of the 2006 international conference on Digital government research.

Kepplinger, H. M., & Martin, V. (1986). Functions of mass media in interpersonal communication. *Communicatio, 12*(2), 58–69.

Kepplinger, H. M., & Maurer, M. (2005). *Abschied vom rationalen Wähler: Warum Wahlen im Fernsehen entschieden werden*. Freiburg: Alber.

King, C. W., & Summers, J. O. (1970). Overlap of Opinion Leadership Across Consumer Product Categories. *Journal of Marketing Research (JMR), 7*(1), 43–50.

Koeppler, K. (1984). *Opinion Leaders. Merkmale und Wirkung*. Hamburg: Heinrich.

Ku, Y. C., Wei, C. P., & Hsiao, H. W. (2012). To whom should I listen? Finding reputable reviewers in opinion-sharing communities. *Decision Support Systems, 53*(3), 534–542.

Kwak, N., Williams, A. E., Wang, X., & Lee, H. (2005). Talking politics and engaging politics: An examination of the interactive relationships between structural features of political talk and discussion engagement. *Communication Research, 32*(1), 87–111.

Larsen, O. N., & Hill, R. J. (1954). Mass media and interpersonal communication in the diffusion of a news event. *American Sociological Review, 19*(4), 426–433.

Lasswell, H. D. (1948). The structure and function of communication in society. *The communication of ideas, 37*, 215–228.

Lazarsfeld, P., Berelson, B., & Gaudet, H. (1948). *The people's choice: How the voter makes up his mind in a Presidential campaign*. New York: Columbia University Press.

Lazarsfeld, P., Berelson, B., & Gaudet, H. (1969). *Wahlen und Wähler. Soziologie des Wählerverhaltens*. Neuwied/Berlin: Luchterhand.

Lazarsfeld, P., & Menzel, H. (1973). Massenmedien und peronaler Einfluss. In W. Schramm (Ed.), *Grundfragen der Kommunikationsforschung* (pp. 117–139). München: Juventa

Leißner, L., Stehr, P., Rössler, P., Döringer, E., Morsbach, M., & Simon, L. (2014). Parasoziale Meinungsführerschaft. *Publizistik, 59*(3), 247-267.

Levy, M. R. (1979). Watching TV news as para-social interaction. *Journal of Broadcasting & Electronic Media, 23*(1), 69–80.

Lowery, S. A., & DeFleur, M. L. (1995). *Milestones in Mass Communication Research* Upper Saddle River: Pearson.

Lyons, B., & Henderson, K. (2005). Opinion leadership in a computer mediated environment. *Journal of Consumer Behaviour, 4*(5), 319–329.

Maier, M., Stengel, K., & Marschall, J. (2010). *Nachrichtenwerttheorie. Konzepte. Ansätze der Medien- und Kommunikationswissenschaft.* Baden-Baden: Nomos.

Maletzke, G. (1963). *Psychologie der Massenkommunikation.* Hamburg: Hans Bredow Institut.

Maletzke, G. (1976). *Ziele und Wirkungen der Massenkommunikation. Grundlagen und Probleme einer zielorientierten Mediennutzung.* Hamburg: Hans-Bredow-Institut.

Marcus, A. S., & Bauer, R. A. (1964). Yes: There are generalized opinion leaders. *The Public Opinion Quarterly, 28*(4), 628–632.

Martin, V. (1980). *Massenmedien im Gespräch von Kleingruppen. Eine verdeckt-teilnehmende Beobachtung.* (Magisterarbeit), Mainz.

Mathes, R., & Czaplicki, A. (1993). Meinungsführer im Mediensystem: Topdown -und Bottom-up-Prozesse. *Publizistik, 38*(2), 153–166.

Mathes, R., & Pfetsch, B. (1991). The role of the alternative press in the agenda-building process: Spill-over effects and media opinion leadership. European Journal of Communication, 6(1), 33–62.

McGuire, W. J. (1989). Theoretical foundations of campaigns. In R. E. Rice & C. K. Atkin (Eds.), *Public Communication Campaigns* (pp. 43–65). Newbury Park: Sage.

Menzel, H., & Katz, E. (1955). Social relations and innovation in the medical profession: the epidemiology of a new drug. *Public Opinion Quarterly, 19*(4), 337–352.

Merten, K. (1976). Kommunikation und Two-Step-Flow of Communication. *Rundfunk und Fernsehen, 24,* 210–220.

Merten, K. (1988). Aufstieg und Fall des „Two-Step-Flow of Communication". Kritik einer sozialwissenschaftlichen Hypothese. *Politische Vierteljahresschrift,* 610–635.

Merton, R. K. (1949). Patterns of influence. A study of interpersonal influence and of communications behavior in a local community. In P. F. Lazarsfeld & F. N. Stanton (Eds.), *Communications Research 1948–1949* (Vol. 5, pp. 180–219). New York: Harper.

Merton, R. K. (1968). *Social Theory and Social Structure.* Glencoe: Free Press.

Messing, S., & Westwood, S. J. (2014). Selective exposure in the age of social media: Endorsements trump partisan source affiliation when selecting news online. *Communication Research, 41*(8), 1042–1063.

Metzger, M. J., Flanagin, A. J., & Medders, R. B. (2010). Social and heuristic approaches to credibility evaluation online. *Journal of Communication, 60*(3), 413–439.

Meyen, M., & Löblich, M. (2006). *Klassiker der Kommunikationswissenschaft: Fach- und Theoriegeschichte in Deutschland*. Konstanz: UVK.

Mill, J. S. (1859 (Reprint 1975)). Essays On Liberty. New York: Norton.

Miller, D. C. (1945). A research note on mass communication. How our community heard about the death of President Roosevelt. *American Sociological Review, 10*, 691–694.

Monge, P. R., & Contractor, N. S. (2003). *Theories of communication networks*: Oxford University Press.

Mutz, D. C., & Young, L. (2011). Communication and Public Opinion Plus ca Change? *Public Opinion Quarterly, 75*(5), 1018–1044.

Nisbet, E. C. (2005). The Engagement Model of Opinion Leadership: Testing Validity within a European Context. *International Journal of Public Opinion Research, 18*(1), 3–30. doi:10.1093/ijpor/edh100

Noelle-Neumann, E. (1983). Persönlichkeitsstärke – Ein neues Kriterium zur Zielgruppenbestimmung. In SPIEGEL-Dokumentation (Ed.), *Persönlichkeitsstärke. Ein neuer Maßstab zur Bestimmung von Zielgruppenpotentialen* (pp. 7–21). Hamburg: Spiegel Verlag.

Noelle-Neumann, E. (1985): Die Identifizierung der Meinungsführer. 38. ESOMAR-Kongreß. Wiesbaden.

Noelle-Neumann, E. (2002). *Die soziale Natur des Menschen: Beiträge zur empirischen Kommunikationsforschung*. München: Alber.

Noelle-Neumann, E., & Köcher, R. (1997). *Demoskopische Entdeckungen* (Allensbacher Jahrbuch der Demoskopie 1993-1997, Bd. 10). München: K.G. Saur.

Nonnecke, B., & Preece, J. (2003). Silent participants: getting to know lurkers better. In C. Lueg & D. Fischer (Eds.), *From Usenet to CoWebs: Interacting with Social Information Spaces*. (pp. 110–132). Amsterdam: Springer.

Norris, P., & Curtice, J. (2008). Getting the message out: A two-step model of the role of the Internet in campaign communication flows during the 2005 British general election. *Journal of Information Technology & Politics, 4*(4), 3–13.

Papacharissi, Z. (2002). The virtual sphere. *New Media & Society* *4(1)*, 9–27.

Park, C. S. (2013). Does Twitter motivate involvement in politics? Tweeting, opinion leadership, and political engagement. *Computers in Human Behavior, 29*(4), 1641–1648.

Perse, E. M., & Rubin, R. B. (1989). Attribution in social and parasocial relationships. *Communication Research, 16*(1), 59–77.

Peters, B. (1996). *Prominenz. Eine soziologische Analyse ihrer Entstehung und Wirkung.* Opladen: Westdeutscher.

Podschuweit, N., & Geise, S. (2015). Wirkungspotenziale interpersonaler Wahlkampfkommunikation. *Zeitschrift für Politik, 62*(4), 400–420.

Podschuweit, N., Meißner, C., & Wilhelm, C. (2015). *Two-Step Flow Reloaded: YouTubers as Adolescents' Opinion Leaders?* Paper submitted to the International Communication Association, Fukuoka, Japan.

Price, V., Nir, L., & Cappella, J. N. (2006). Normative and informational influences in online political discussions. *Communication Theory, 16*(1), 47–74.

Pürer, H. (2003). *Publizistik- und Kommunikationswissenschaft.* Konstanz: UTB.

Reinemann, C. (2003). *Medienmacher als Mediennutzer: Kommunikations-und Einflussstrukturen im politischen Journalismus der Gegenwart.* Köln: Böhlau.

Renckstorf, K. (1970). Zur Hypothese des „two-step-flow" der Massenkommunikation. *Rundfunk und Fernsehen, 18*(S 314).

Renckstorf, K. (1985). Zur Hypothese des "two-step flow" der Massenkommunikation. In D. Prokop (Ed.), *Medienforschung, Bd. 2. Wünsche, Zielgruppen, Wirkungen* (pp. 29–52). Frankfurt a.M.: Fischer.

Robinson, J. P. (1976). Interpersonal Influence in Election Campaigne Two Step-flow Hypotheses. *Public Opinion Quarterly, 40*(3), 304–319.

Robinson, J. P., & Levy, M. R. (1986). Interpersonal communication and news comprehension. *Public Opinion Quarterly, 50*(2), 160–175.

Rogers, E. M. (2000). Reflections on news event diffusion research. *Journalism & Mass Communication Quarterly, 77*(3), 561–576.

Rogers, E. M. (2003). Diffusion of News of the September 11 Terrorist Attacks. In M. A. Noll (Ed.), *Crisis Communications: Lessons from September 11* (pp. 17–30). Oxford: Rowman & Littfeld.

Rogers, E. M. (2010). *Diffusions of Innovations*. New York: Free Press.

Rogers, E. M., & Cartano, D. C. (1962). Methods of Measuring Opinion Leadership. *Public Opinion Quarterly*, 26(3), 435–441.

Rosengren, K. (1973). News diffusion: An overview. *Journalism and Mass Communication Quarterly*, 50(1), 83.

Rosengren, K. E. (1987). Conclusion: The comparative study of news diffusion. *European Journal of Communication*, 2(2), 227–255.

Rössler, P. (1997). *Agenda-Setting. Theoretische Annahmen und empirische Evidenzen einer Medienwirkungshypothese*. Opladen: Westdeutscher.

Rössler, P. (2010). *Inhaltsanalyse*. Konstanz: UVK.

Rössler, P. (2011). *Skalenhandbuch Kommunikationswissenschaft*. Wiesbaden: VS.

Rössler, P., & Geise, S. (2013). Standardisierte Inhaltsanalyse: Grundprinzipien, Einsatz und Anwendung. In W. Möhring & D. Schlütz (Eds.), *Handbuch standardisierte Erhebungsmethoden der Kommunikationswissenschaft*. Wiesbaden: VS.

Rössler, P., Hautzer, L., & Lünich, M. (2014). Mediennutzung im Zeitalter von Social Navigation. In Loosen, W., & Dohle, M. (Eds): *Journalismus und (sein) Publikum* (pp. 91–112). Wiesbaden: SpringerVS.

Rössler, P., & Scharfenberg, N. (2004). Wer spielt die Musik? *KZfSS Kölner Zeitschrift für Soziologie und Sozialpsychologie*, 56(3), 490–519.

Rossmann, C. (2010). Gesundheitskommunikation im Internet. Erscheinungsformen, Potenziale, Grenzen. In W. Schweiger & K. Beck (Eds.), *Handbuch Online-Kommunikation* (pp. 338–363). Wiesbaden: VS.

Rudzio, W. (2015). *Das politische System der Bundesrepublik Deutschland*. Wiesbaden: Springer VS.

Ryan, B., & Gross, N. C. (1950). *Acceptance and diffusion of hybrid corn seed in two Iowa communities. Research Bulletin (372)*. Iowa: College of Agriculture and Mechanic Arts.

Sarcinelli, U. (2005). *Politische Kommunikation in Deutschland. Zur Politikvermittlung im demokratischen System*. Wiesbaden: VS.

Schäfer, M. S., & Taddicken, M. (2015). Mediatized Opinion Leaders: New Patterns of Opinion Leadership in New Media Environments? *International Journal of Communication*, 9(2015), 960–981.

Schäfers, B. (1980). *Einführung in die Gruppensoziologie: Geschichte. Theorien, Analysen* Heidelberg: UTB.

Scheiko, L. & Schenk, M. (2013): Meinungsführerschaft und Persönlichkeitsstärke der Web-2.0-Nutzer. In Schenk, M., Jers, C. & Gölz, H. (Eds.): Die Nutzung des Web 2.0 in Deutschland. (pp. 154–160). Baden-Baden: Nomos.

Schenk, M. (1989). Perspektiven der Werbewirkungsforschung. *Rundfunk und Fernsehen*, 37, 445–457.

Schenk, M. (1993). Die ego-zentrierten Netzwerke von Meinungsbildnern („opinion leaders"). *Kölner Zeitschrift für Soziologie und Sozialpsychologie*, 45(2), 254–269.

Schenk, M. (1995). *Soziale Netzwerke und Massenmedien. Untersuchungen zum Einfluss der persönlichen Kommunikation*. Tübingen: Mohr.

Schenk, M. (2007). *Medienwirkungsforschung*. Tübingen: Mohr.

Schenk, M. (2010). Medienforschung. In: Stegbauer, C. & Häußling, R. (Eds.). *Handbuch Netzwerkforschung* (pp. 773–784). Wiesbaden: SpringerVS.

Schenk, M., & Rössler, P. (1997). The rediscovery of opinion leaders. An application of the personality strength scale. *Communications*, 22(1), 5–30.

Schiappa, E., Gregg, P. B., & Hewes, D. E. (2005). The parasocial contact hypothesis. *Communication Monographs*, 72(1), 92–115.

Schmitt-Beck, R. (2000). *Politische Kommunikation und Wählerverhalten. Ein internationaler Vergleich*. Wiesbaden: Westdeutscher.

Schnell, K., & Friemel, T. N. (2005). Überschätzte Meinungsmacher. Auf der Suche nach Opinion Leaders. *Media Trend*, 60(3), 473–499.

Schulz, W. (2011). *Politische Kommunikation. Theoretische Ansätze und Ergebnisse empirischer Forschung*. Wiesbaden: VS.

Shah, D. V., & Scheufele, D. A. (2006). Explicating Opinion Leadership: Nonpolitical Dispositions, Information Consumption, and Civic Participation. *Political Communication*, 23(1), 1–22. doi: 10.1080/10584600500476932

Slater, M. D., Rouner, D., & Long, M. (2006). Television dramas and support for controversial public policies: Effects and mechanisms. *Journal of Communication*, 56(2), 235–252.

Smith, T., Coyle, J. R., Lightfoot, E., & Scott, A. (2007). Reconsidering models of influence: the relationship between consumer social networks and word-of-mouth effectiveness. *Journal of Advertising Research, 47*(4), 387–397.

Stefanone, M. A., Saxton, G. D., Egnoto, M. J., Wei, W. X., & Fu, Y. (2015). *Image attributes and diffusion via Twitter: the case of #guncontrol*. Paper presented at the System Sciences (HICSS), 2015 48th Hawaii International Conference on System Sciences.

Stegbauer, C. (2016). *Grundlagen der Netzwerkforschung: Situation, Mikronetzwerke und Kultur*. Wiesbaden: SpringerVS.

Stehr, P. (2014). Der parasoziale Meinungsführer als Akteur der politischen Willensbildung. Quantitative Prüfung eines Modellentwurfs. In D. Frieß, J. Jax, & D. Michalski (Eds.), *Sprechen Sie EU? Das kommunikative Versagen einer großen Idee. Beiträge zur 9. Fachtagung des DFK* (pp. 219–238). Berlin: Frank & Timme.

Stehr, P., Leißner, L., Schönhardt, F., & Rössler, P. (2014). Parasoziale Meinungsführerschaft als methodische Herausforderung. Entwicklung eines Fragebogeninstruments zur Messung des Einflusses von Medienpersonen auf die politische Meinungs- und Einstellungsbildung. *M&K Medien & Kommunikationswissenschaft, 62*(3), 395–416. doi:10.5771/1615-634x-2014-3-395

Stehr, P., Rössler, P., Leißner, L., & Schönhardt, F. (2015). Parasocial Opinion Leadership Media Personalities' Influence within Parasocial Relations: Theoretical Conceptualization and Preliminary Results. *International Journal of Communication (19328036), 9*, 982–1001.

Summers, J. O. (1970). The identity of women's clothing fashion opinion leaders. *Journal of Marketing Research*, 178–185.

Svensson, M. (2000). *Defining and Designing Social Navigation*. Licentiate Thesis. Stockholm: Stockholm University. [http://eprints.sics.se/88/1/thesis.pdf]

Tajfel, & Turner. (1986). The social identity theory of intergroup behavior. In W. Austin & S. Worchel (Eds.), *Psychology of intergroup relations* (pp. 7–24). Chicago: Nelson-Hall.

Tan, K. W., Swee, D., Lim, C., Detenber, B. H., & Alsagoff, L. (2008). The impact of language variety and expertise on perceptions of online political discussions. *Journal of Computer-Mediated Communication, 13*(1), 76–99.

Tanis, M., & Postmes, T. (2003). Social cues and impression formation in CMC. *Journal of Communication, 53*(4), 676–693.

Thorson, K., Vraga, E., & Ekdale, B. (2010). Credibility in context: How uncivil online commentary affects news credibility. *Mass Communication and Society, 13*(3), 289–313.

Trepte, S., & Boecking, B. (2009). Was wissen die Meinungsführer? Die Validierung des Konstrukts Meinungsführerschaft im Hinblick auf die Variable Wissen. *Medien- und Kommunikationswissenschaft, 57*(4), 443–463.

Trappmann, M., Hummell, H. J., & Sodeur, W. (2005). *Strukturanalyse sozialer Netzwerke: Konzepte, Modelle, Methoden*. Wiesbaden: VS.

Trepte, S., & Scherer, H. (2010). Opinion leaders – Do they know more than others about their area of interest? *Communications: The European Journal of Communication Research, 35*(2), 119–140. doi: 10.1515/COMM.2010.007

Troldahl, V. C. (1966). A field test of a modified "two-step flow of communication" model. *Public Opinion Quarterly, 30*(4), 609–623.

Troldahl, V. C., & Van Dam, R. (1965/1966). Face-to-Face Communication about Major Topics in the News. *Public Opinion Quarterly, 29*(4), 627.

Tsang, A. S., & Zhou, N. (2005). Newsgroup participants as opinion leaders and seekers in online and offline communication environments. *Journal of Business Research, 58*(9), 1186–1193.

Turcotte, J., York, C., Irving, J., Scholl, R. M., & Pingree, R. J. (2015). News recommendations from social media opinion leaders: effects on media trust and information seeking. *Journal of Computer-Mediated Communication, 20*(5), 520–535.

Turnbull, P. W., & Meenaghan, A. (1980). Diffusion of innovation and opinion leadership. *European Journal of Marketing, 14*(1), 3–33.

Vaccari, C., & Valeriani, A. (2015). Follow the leader! Direct and indirect flows of political communication during the 2013 general election campaign. *new media & society, 17*(7), 1025–1042.

Valente, T. W. (1995). *Network Models of the Diffusion of Innovations*. Cresskill: Hampton Press.

Velasquez, A. (2012). Social media and online political discussion: The effect of cues and informational cascades on participation in online political communities. *new media & society, 14*(8), 1286–1303.

Vraga, E. K., Anderson, A. A., Kotcher, J. E., & Maibach, E. W. (2015). Issue-Specific Engagement: How Facebook Contributes to

Opinion Leadership and Efficacy on Energy and Climate Issues. *Journal of Information Technology & Politics*, 12(2), 200–218.

Warnick, B. (2007). *Rhetoric online: Persuasion and politics on the World Wide Web*. Bern: Peter Lang.

Weimann, G. (1982). On the importance of marginality: One more step into the two-step flow of communication. *American Sociological Review*, 764–773.

Weimann, G. (1991). The Influentials: Back to the Concept of Opinion Leaders? *Public Opinion Quarterly*, 55(2), 267–279.

Weimann, G. (1992). Persönlichkeitsstärke: Rückkehr zum Meinungsführer-Konzept? In J. Wilke (Ed.), *Öffentliche Meinung. Theorie, Methode, Befunde* (pp. 87–102). Freiburg: Alber.

Weimann, G. (1994). *The Influentials. People Who Influence People*. New York: State University of New York Press (Suny).

Weimann, G., & Brosius, H.-B. (1994). Is there a two-step flow of agenda-setting? *International Journal of Public Opinion Research*, 6(4), 323–341.

Weischenberg, S., Malik, M., & Scholl, A. (2006). Zentrale Befunde der aktuellen Repräsentativbefragung deutscher Journalisten. Journalismus in Deutschland 2005. Media Perspektiven, o. Jg, 7, 346–361.

Weyer, J. (2014). Zum Stand der Netzwerkforschung in den Sozialwissenschaften. In: Weyer, J. (Ed.). *Soziale Netzwerke. Konzepte und Methoden der sozialwissenschaftlichen Netzwerkforschung* (pp. 39–69). München: Oldenbourg.

Wilke, J. (1999). Leitmedien und Zielgruppenorgane. In J. Wilke (Ed.), Mediengeschichte der Bundesrepublik Deutschland (pp. 302–329). Köln: Böhlau.

Wilke, J. (2009). Historische und intermediale Entwicklungen von Leitmedien. In Müller, D., Ligensa, A., & Gendolla, P. (Eds.): *Leitmedien: Konzepte, Relevanz, Geschichte. Band I.* (pp. 29–53). Bielefeld: transcript Verlag.

Wise, K., Hamman, B., & Thorson, K. (2006). Moderation, response rate, and message interactivity: Features of online communities and their effects on intent to participate. *Journal of Computer Mediated Communication*, 12(1), 24–41.

Woodly, D. (2008). New competencies in democratic communication? Blogs, agenda setting and political participation. *Public Choice*, 134(1–2), 109–123.

Wright, C. R., & Cantor, M. (1967). The opinion seeker and avoider: steps beyond the opinion leader concept. *The Pacific Sociological Review, 10*(1), 33–43.

Wright, M. F., & Li, Y. (2011). The associations between young adults' face-to-face prosocial behaviors and their online prosocial behaviors. *Computers in Human Behavior, 27*(5), 1959–1962.

Wright, S., & Street, J. (2007). Democracy, deliberation and design: the case of online discussion forums. *new media & society, 9*(5), 849–869.

Xu, W. W., Sang, Y., Blasiola, S., & Park, H. W. (2014). Predicting opinion leaders in twitter activism networks the case of the wisconsin recall election. *American Behavioral Scientist, 58*(10), 1278–1293.

Yale, L. J., & Gilly, M. C. (1995). Dyadic perceptions in personal source information search. *Journal of Business Research, 32*(3), 225–237.

Zhang, X., & Dong, D. (2008). Ways of identifying the opinion leaders in virtual communities. *International Journal of Business and Management, 3*(7), 21–27.

Zubayr, C., & Geese, S. (2009). Die Informationsqualität der Fernsehnachrichten aus Zuschauersicht. Ergebnisse einer Repräsentativbefragung zur Bewertung der Fernsehnachrichten. *Media Perspektiven, 4*(2009), 158–173.

Bildnachweise

Paul Felix Lazarsfeld im Jahr 1941
Bildquelle: https://commons.wikimedia.org/wiki/File:Lazarsfeld1941_Lge.jpg

Robert K. Merton im Jahr 1965 (Foto aus dem Nationaal Archief von Eric Koch)
Bildquelle: https://commons.wikimedia.org/wiki/File:Robert_Merton_(1965).jpg

Elihu Katz an der University of Pennsylvania im Jahr 2006, aufgenommen von Andymiah
Bildquelle: https://commons.wikimedia.org/wiki/File:ElihuKatz.jpg

Gabriel Weimann Bildquelle: https://www.wilsoncenter.org/person/gabriel-weimann

Bisher in der Reihe erschienene Bände

Band 1: Agenda-Setting
Von Marcus Maurer, 2010, 101 S., brosch., 17,90 €,
ISBN 978-3-8329-4585-5

Band 2: Nachrichtenwerttheorie
Von Michaela Maier, Karin Stengel, Joachim Marschall, 2010, 163 S., brosch., 19,90 €,
ISBN 978-3-8329-4266-3

Band 3: Parasoziale Interaktion und Beziehungen
Von Tilo Hartmann, 2010, 131 S., brosch., 19,90 €,
ISBN 978-3-8329-4338-7

Band 4: Theory of Reasoned Action - Theory of Planned Behavior
Von Constanze Rossmann, 2011, 135 S., brosch., 19,90 €,
ISBN 978-3-8329-4249-6

Band 5: Das Elaboration-Likelihood-Modell
Von Christoph Klimmt, 2011, 117 S., brosch., 19,90 €,
ISBN 978-3-8329-6176-3

Band 6: Diffusionstheorien
Von Veronika Karnowski, 2011, 107 S., brosch., 17,90 €,
ISBN 978-3-8329-4269-4

Band 7: Schweigespirale
Von Thomas Roessing, 2011, 113 S., brosch., 19,90 €,
ISBN 978-3-8329-6041-4

Band 8: Third-Person-Effect
Von Marco Dohle 2013, 113 S., brosch., 19,90 €,
ISBN 978-3-8329-6801-4

Band 9: Domestizierung
Von Maren Hartmann 2013, 173 S., brosch., 19,90 €,
ISBN 978-3-8329-4279-3

Band 10: Framing
Von Jörg Matthes, 2014, 105 S., brosch., 19,90 €,
ISBN 978-3-8329-5966-1

Band 11: Determination, Intereffikation, Medialisierung
Theorien zur Beziehung zwischen PR und Journalismus
Von Wolfgang Schweiger, 2013, 145 S., brosch., 19,90 €,
ISBN 978-3-8329-6935-6

Band 12: Wissenskluft und Digital Divide
Von Nicole Zillien und Maren Haufs-Brusberg, 2014, 121 S., brosch., 19,90 €, ISBN 978-3-8329-7857-0

Band 13: Fallbeispieleffekte
Von Benjamin Krämer, 2015, 134 S., brosch., 19,90 €,
ISBN 978-3-8487-0599-3

Band 14: Priming
Von Bertram Scheufele, 2016, 104 S., brosch., 19,90 €,
ISBN 978-3-8487-2217-4

Band 15: Involvement und Presence
Von Matthias Hofer, 2016, 123 S., brosch., 19,90 €,
ISBN 978-3-8487-1508-4

Band 16: Gatekeeping
Von Prof. Dr. Ines Engelmann, 2016, 126 S., brosch., 19,90 €,
ISBN 978-3-8487-1349-3